Vera Krause

Abtprimas Notker Wolf

Grenzgänger zwischen Himmel und Erde

W0052956

Vera Krause

Abtprimas Notker Wolf

Grenzgänger zwischen Himmel und Erde

Die Biografie

Vier-Türme-Verlag

Bibliografische Information der Deutschen Nationalbibliothek

Die Deutsche Nationalbibliothek verzeichnet diese Publikation in der Deutschen Nationalbibliografie. Detaillierte bibliografische Daten sind im Internet über http://dnb.d-nb.de abrufbar.

1. Auflage 2010
© Vier-Türme GmbH, Verlag, Münsterschwarzach 2010
Unser herzlicher Dank gilt dem EOS-Verlag, Sankt Ottilien, für dessen Kooperation und Unterstützung beim Entstehen dieses Buches.

Lektorat: Dr. Kristin Haas-Heichen
Umschlaggestaltung: Thomas Uhlig, www.coverdesign.net
Umschlagfotos: Thomas Uhlig, www.coverdesign.net (Akrobatin)
                         Thomas Gampl, Sankt Ottilien (Portrait Notker Wolf)
Druck und Bindung: Friedrich Pustet KG, Regensburg
ISBN 978-3-89680-471-6

www.vier-tuerme-verlag.de

Der Glaube an Gott ist eine fröhliche Angelegenheit.
Etwas anderes sollte man sich nicht einreden lassen.

NOTKER WOLF

Stationen eines Lebens

Jesus sagt: »Wo dein Schatz ist,
da ist auch dein Herz.«

EINE ERINNERUNG AUS DER BERGPREDIGT,
MATTHÄUSEVANGELIUM, KAPITEL 6, VERS 21

Der Abt halte in allem Maß,
damit die Starken finden, wonach sie verlangen,
und die Schwachen nicht davonlaufen.

EINE WEISUNG DES HL. BENEDIKT VON NURSIA,
BENEDIKTSREGEL, KAPITEL 64, VERSE 18–19

Anschauen und Zuhören
sind eine Form der Liebe.

NOTKER WOLF

Ich glaube, wenn du jemanden hast, mit dem du mal
eine Minute still sein und die Stille genießen kannst,
dann hast du jemanden Besonderen gefunden.

MIA WALLACE, GANGSTERBRAUT AUS »PULP FICTION«,
ZU IHREM BEGLEITER VINCENT VEGA

Blick durchs Schlüsselloch

Rom lässt die Zeit vergessen. Das ist vielleicht die schönste Lektion, die die alte Stadt am Tiber den Menschen erteilt, die sich durch ihre Straßen treiben lassen. Unweigerlich stolpert man in den inneren Bezirken von einer Sehenswürdigkeit zur nächsten. Es kann einem fast schwindelig werden angesichts der Superlative am Wegesrand aus Antike, Renaissance, Barock oder Moderne. Stadtteil für Stadtteil ziehen fast dreitausend Jahre Menschheitsgeschichte an einem vorüber. Ob Mosaiksteinchen oder Kolosseum: Rom lässt nur allzu gern den Atem seiner Besucher stocken. Bereitwillig erzählen tausende steinerner Zeugen davon, wie die Welt einst ausgesehen hat – ob unter Julius Caesar oder unter Benito Mussolini. Live darf man miterleben, wie sich die rasant (ab-)wechselnden Hausherren im »Palazzo Chigi« auch heute noch nach Macht und Weltruhm sehnen – und in ihrem »Glanz« doch schneller vergehen als ihre Vorgänger. Wer könnte sich auch vorstellen, den berühmten Statuen Roms nur eine einzige weitere hinzuzufügen?

Wird Abtprimas Notker Wolf nach seiner römischen Bleibe gefragt, wiegelt er ab. »Schön ist der Blick aus meiner Klosterzelle in Sankt Ottilien«, gibt er stets zu Protokoll. Da hat er recht. Sanfte Hügel. Felder, Wald und Wiesen. Frische Landluft. Himmlische Ruhe. Die Alpen in Sichtweite. Oberbayern wie aus dem Reiseführer. »In Rom dagegen lärmt der Verkehr von der ›Via Marmorata‹ in mein Zimmer herauf. Und die Aussicht ist auch nicht besonders. Ganz abgesehen vom Smog, der wie eine Käseglocke auch über dem Aventin hängt«, so der Abtprimas weiter. Diese Art von Antwort führt meist zu einer eher unfreiwilligen Interviewpause. »Haben Sie da nicht vielleicht noch ein paar Dinge vergessen?« – »Nein!« Es bleibt beim gepflegten Understatement. Das beherrscht der oberste Benediktiner perfekt.

Sei's drum! »Città eterna« nennen die Italiener – und mit ihnen die ganze Welt – stolz ihre Hauptstadt: »Ewige Stadt«. Längst reichen ihre Grenzen weit über die berühmten sieben Hügel hinaus, auf denen das alte Rom einst erbaut wurde. Geschichtsträchtig sind sie alle, romantisch ist vor allem einer: der Aventin. Südlich des antiken Zentrums erhebt sich der nur sechsundvierzig Höhenmeter zählende Felsen inmitten der Sechs-Millionen-Metropole heute als grüne, verwunschene Stille. Geht man am Circus Maximus den »Clivo dei Publicii« hinauf, lässt man spätestens nach Erreichen der »Via di Santa Sabina« Verkehr und Menschengewimmel hinter sich. Im Jahr 2004 besuchen achtzehn Millionen Touristen Rom – so viele wie nie. Doch hier oben spürt man nichts mehr von dem Hype um Götter, Kaiser, Künstler, Heilige, Baumeister oder Päpste. Vielleicht kommen deswegen auch die Römer selbst so gern hier herauf, mit Vorliebe am Sonntag. Dann sind die Hauptstädter in ureigener Weise unterwegs: »Passeggiata delle Chiese«. Das ist eine Wortkomposition, die ins Deutsche kaum zu übersetzen ist – weniger mangels sprachlicher Fertigkeiten denn aus Gründen der Mentalität.

Die »Passeggiata delle Chiese« ist ein typisch italienisches Freizeitvergnügen, dem sich auch die verliebt, verlobt, verheirateten Hauptstädter auf ihren Wochenendspaziergängen mit einer Gemächlichkeit hingeben, die uns Nordeuropäer in der Mehrzahl wohl eher stolpern ließe. Mit Kind und Kegel führt die ungewohnt stille Leidenschaft zeit- und nur scheinbar ziellos durch die malerischen Gassen, über die schönen Plätze, in die zahlreichen Parks, doch vor allem von einer Kirche (ital.: »chiesa«) zur nächsten – gerade so, wie die geliebten Gotteshäuser den Weg säumen. In der Weihnachtszeit steigert sich das Ganze zur »Passeggiata dei Presepi«: Krippenbummel.

So oder so: Offensichtlich spaziert es sich nirgendwo schöner als auf dem Aventin. Hier ist es ruhig und grün und so romantisch. Zwischen riesigen Oleanderbüschen, Akazien, Zypressen, Schirmpinien, Palmen, Zitrusbäumen, wunderschönen Patriziervillen und stattlichen Klosteranlagen hindurch erreicht man gepflegte öffentliche Gärten, die den Blick nach Westen über den Tiber und den Stadtteil »Trastevere« freigeben nach Sankt Peter und weit darüber hinaus. Nicht einmal an der Spanischen Treppe oder am Trevi-Brunnen küssen sich die zahlreichen Liebespärchen so gern wie im »Parco Savello«. Haben sich die Schmetterlinge im Bauch erst einmal beruhigt, führt der Weg weiter – von Kirche zu Kirche: »Santa Prisca«, »Santa Sabina«, »Santi Bonifacio e Alessio«, »Sant'Anselmo«.

Auch Notker Wolf reiht sich vor seiner Haustür ab und zu unter die Spaziergänger. Es ist ein eher seltenes Vergnügen. Doch wenn es der (über-)volle Terminkalender erlaubt, gönnt er sich gern eine halbe Stunde Gemächlichkeit – ohne »Habit«. Auf dem Weg bis zum Rosengarten oberhalb des Circus Maximus lässt der Abtprimas sein Mönchsgewand lieber zu Hause. Wenn er Glück hat, schenkt ihm das eine gewisse Ungestörtheit. Denn selbst deutsche Pilgergruppen laufen so schon einmal an ihm vorbei, ohne um Erinnerungsfotos, Autogramme oder ein Gespräch zu bitten.

Wer so gefragt ist wie Notker Wolf in den letzten Jahren, der freut sich, wenn er einmal nach nichts gefragt wird. Nicht einmal nach dem Weg. Und auch nicht nach den frühchristlichen Mosaiken im lichten Inneren der Kirche »Santa Sabina«. Viel lieber nimmt der Abtprimas selbst dort in aller Ruhe Platz. Für einen Moment ganz allein mit Gott. Dann ist er immer schon auf dem Rückweg von einem seiner Spaziergänge: »Nur eines erbitte ich vom Herrn, danach verlangt mich: die Freundlichkeit Gottes zu schauen und im Haus des Herrn zu wohnen alle Tage meines Lebens. Amen« (Buch der Psalmen, Psalm 27, Vers 4).

Traditionell endet die »Passeggiata delle Chiese« auf der »Piazza dei Cavalieri di Malta«. Hier staut es sich fast ein wenig. Grund dafür ist das Schlüsselloch des Eingangsportals zum meist ziemlich verschanzten Anwesen der Ritter des Malteserordens. Jedem, der hindurchschaut, öffnet sich ein ganz und gar überraschender Blick auf den Petersdom. Grün umrankt erscheint, wie durch ein Teleskop, die von Michelangelo entworfene Kuppel der Basilika zauberhaft nah. Nahezu märchenhaft ist dieses Bild – und offensichtlich von unerschöpflichem Reiz. So wundert es längst niemanden mehr, dass auf keinem anderen halben Quadratkilometer Roms so viel geheiratet wird, wie in den vier Kirchen rund um die »serratura magica«, das »zauberhafte Schlüsselloch«. Genervt vom vielen Nachfragen, sagen die Anwohner selbst übrigens mitunter etwas arg lieblos »il buco«, »das Loch«!

Der Ansturm auf dem Aventin jedenfalls hat eine strenge Reglementierung durch die kirchlichen Behörden provoziert. Höchstens drei Brautpaare dürfen sich noch pro Tag und Kirche das Ja-Wort fürs Leben geben und dazu den Segen des Himmels erbitten. Den verteilt übrigens auch der Abtprimas selbst nur allzu gern. Und es sind nicht in erster Linie die Kinder oder die Kindeskinder der Familie, alter Freunde oder guter Bekannter, die Notker Wolf in Sant'Anselmo verheiratet. Nach wie vor ist es ihm eine große Freude, wenn ehemalige Schülerinnen und Schüler aus Sankt Ottilien ihren schönsten Tag im Leben von »ihrem« ehemaligen Erzabt begleiten lassen wollen.

Manchmal beginnt die kirchliche Ehevorbereitung auch nachts vor dem großen Eingangstor der »Primatialabtei« der Benediktiner. Laue Sommerabende werden nicht nur für die glücklich Verliebten lang und länger, sondern auch für die verliebt Verzweifelten. Tränen vor Sant'Anselmo! So müde kann der Abtprimas nicht sein, dass er das auf der Rückreise von Gott weiß woher nicht mitbekäme. »Was ist denn passiert?« Die überraschende Anteilnahme des Mannes mit schwarzem Habit und Brustkreuz hilft, so manchen Kloß im Hals in Worte zu fassen. In einem Fall sind die Umstände, mit denen ein junges Paar zu kämpfen hat, mindestens so dramatisch wie bei Romeo und Julia. Nein, eine schnelle Lösung gibt es da nicht. Und es werden noch mehr Tränen fließen müssen als die in jener Nacht.Inzwischen aber sind die Schatten verjagt und Ilaria und Marco glücklich miteinander verheiratet – mit dem Segen von »Nonno Notker« versteht sich, von »Opa Notker«, der bereits dabei ist, die Taufe des kleinen Gianmarco vorzubereiten.

Nicht nur weil Rom mehr Kirchen als das Jahr Tage hat, reihe ich mich an diesem Wochenende bereitwillig in die »Passeggiata delle Chiese« ein. Mit dem Zug gerade an der »Stazione Ostiense« angekommen, bleibt mir nicht mehr viel Zeit bis zu meinem verabredeten Besuch in Sant'Anselmo. Doch ein wenig römische Luft mag ich schon noch schnuppern, bevor ich für die kommenden Tage hinter Klostermauern abtauche. Nein, es sind nicht Hochzeitspläne, die mich auf den Aventin führen. Im Stau auf der »Piazza dei Cavalieri di Malta« frage ich mich vielmehr, ob mir der Blick durchs Schlüsselloch wohl auch in den nächsten Tagen, Wochen und Monaten noch des Öfteren gelingen wird.

Als ich wenige Augenblicke später den verwunschenen Ausblick auf Sankt Peter genieße und auch innerlich langsam in Rom zu landen beginne, wandelt sich meine Angespanntheit in eine neugierige Vorfreude. Keine zehn Minuten später habe ich auch schon zwei Türen hinter mir gelassen. Ich werde erwartet. »Eigentlich dürfen Frauen hier nicht herein – aber für Sie machen wir gern eine Ausnahme.« Diese Worte werden bald wie eine Verheißung in meinen Ohren klingen.

Nach ausgiebiger Lektüre seiner Bücher und alles Möglichen und Unmöglichen, was in der medialen Öffentlichkeit über Notker Wolf zu finden ist, freue ich mich auf die persönliche Begegnung, die jede Biografie braucht. Dafür bin ich nach Rom gekommen. Es ist Sonntag. Und tatsächlich strahlt ganz Sant'Anselmo etwas von der großen Stille aus, die Gott seiner Welt am siebten Schöpfungstag ans Herz legt: Sabbatruhe. Die ist alles andere als selbstverständlich. Selbst hier. Denn eigentlich ist Sant'Anselmo, so etwas wie der Generalsitz der Benediktinerorden, ein durch und durch geschäftiger Ort.

Die gut hundertzwanzig Jahre alte Anlage am nordwestlichsten Zipfel des Aventin beherbergt die Kurie der weltweiten Benediktinischen Konföderation, die Päpstliche Hochschule Sant'Anselmo, das gleichnamige Kolleg – und eine der beliebtesten Hochzeitskirchen Roms. Das Leben in diesem Gefüge hält alle, die hier für eine mehr oder weniger bestimmte Zeit zu Hause sind, ziemlich auf Trab. Meist auch noch am Sonntag. Mönchtum im Ausnahmezustand. Für keinen gilt das mehr als für den Chef des Hauses: Notker Wolf, Abt von Sant'Anselmo, Großkanzler der ordenseigenen Päpstlichen Hochschule selbigen Namens und Abtprimas der Benediktinischen Konföderation sowie der »Communio Internationalis Benedictinarum«, der internationalen Vereinigung der benediktinischen Schwestern- und Nonnenklöster.

Es ist einer der seltenen Ruhetage im Leben dieses Topmanagers im Ordensgewand, als wir uns zum ersten Mal begegnen. Wir kommen uns auf einem langen Flur entgegen. Größer und irgendwie »mächtiger« im Auftreten habe ich ihn mir vorgestellt. Als wir voreinander stehen, füllt zusätzlich eine Irritation den Raum zwischen uns. Notker Wolf weiß, dass ich dreißig Jahre jünger bin als er. Doch dass das *so* jung ist, überrascht ihn offensichtlich. Der Weltgewandte zuckt ein wenig zurück.

»Danke, dass Sie die weite Reise gemacht haben.«

»Danke, dass Sie Zeit für mich gefunden haben.«

Wir geben uns erst einmal die Hand und freuen uns höflich über das Zusammentreffen. Doch es dauert, bis wir in der Ruhe eines Sprechzimmers zueinander finden. Es braucht ein vorsichtiges Herantasten, bevor sich unsere Augen treffen – und nicht mehr unsicher das Weite suchen. Das verändert alles. Plötzlich ist die pure Lust an der Begegnung da und mit ihr ganz viel Gespanntheit und Neugierde auf einen Menschen, den man zum ersten Mal trifft.

In diesem Moment lerne ich Notker Wolf als jemanden kennen, der sich nach kürzester Zeit auf einen eben noch fremden Menschen einlassen kann. Ehrlichen Herzens. Das hat er sich bis in seine hohen Ämter hinein bewahrt. Für ihn selbst ist das freilich nichts Besonderes und darum auch nicht der besonderen Erwähnung wert. Da kann man anderer Meinung sein. Denn es ist alles andere als selbstverständlich, dass Männer seines Standes ihrem Umfeld mit so viel Zuneigung begegnen. Das öffnet nicht einfach nur Räume, das füllt sie: mit einem Vorschuss an Vertrauen, den man nutzen darf – und nutzen muss. Denn die Zeit ist knapp. Und die Zeit bleibt knapp im Terminkalender dieses Prototyps des Mönchs im Ausnahmezustand. So beginnen wir von einem Augenblick zum nächsten »einfach« unser Gespräch, das alles in allem einige Monate dauern wird.

»Eigentlich tun Sie mir ja leid«, sagt Notker Wolf verschmitzt mit Blick auf die von seinen missionsbenediktinischen Mitbrüdern auf den Weg gebrachte Biografie. Er weiß, dass es nicht leicht ist, ihn zu fassen. Das ist noch ziemlich untertrieben. Es ist ein Kunststück, ihn in Sant'Anselmo selbst oder überhaupt irgendwo zwischen Rom, Sankt Ottilien, Peking, New York oder Johannesburg zu erwischen – und zum Verweilen einzuladen. »Ich bin aber auch ganz gespannt darauf, was dabei herauskommt, wenn eine junge Frau ihren Blick auf einen, nun ja, doch schon alten und ziemlich exzentrischen Mönch wirft«, fügt er an. Diese Gespanntheit teile ich. Das sieht mir der Abtprimas an. Er lacht sein jungenhaftes Lachen. Ich lasse mich gern davon anstecken.

So stehen wir irgendwann gemeinsam auf. Es geht einen weiteren langen Flur entlang und ein großes steinernes Treppenhaus hinauf. Etage für Etage schaut man in lange Flure hinein, in denen Tür an Tür die Klosterzellen liegen. Mönche aus über vierzig Nationen lehren oder lernen, beten und arbeiten – und leben miteinander in Sant'Anselmo. Fast alles davon geschieht mit außergewöhnlicher Geschäftigkeit. Entsprechend ist das Tempo derer, die uns auf den Fluren begegnen. Junge, Alte, Große, Kleine, Weiße, Schwarze, mit Bart oder ohne, ernst, gesammelt, schüchtern oder mit leisem Lächeln und mitunter sehr attraktiv, »schweben« vorbei. Schreiten im Eiltempo. »Benedikt predigt das rechte Maß, nicht die Mittelmäßigkeit; Aktion, nicht Passivität«, wirft der Abtprimas halb erklärend, halb entschuldigend ein. Das hätte es gar nicht gebraucht, denn der schwarze Habit der Mönche umgibt *jede* Geschwindigkeit mit einer Prise himmlischer Gelassenheit. Ich schließe kurz die Augen und lasse mich bereitwillig davon bestäuben. – Weiter geht's.

»Eigentlich dürfen Frauen hier nicht ...« Begleitet von einem Augenzwinkern nimmt mich Notker Wolf dennoch mit in seine privaten Räume. Pfeifengeruch. Regale vom Fußboden bis zur Decke. Davor kleine Trittleitern, die der Abtprimas leichtfüßig hoch und wieder herunter turnt. »Hier, die können Sie vielleicht gebrauchen.« DVDs einiger seiner Fernsehauftritte. »Danke!« Ein großer Schreibtisch. Reichlich Ablage. Ein Laptop. Mails im Minutentakt. Bibeln in allen möglichen Sprachen, auch die in Kiswahili mit deutlichen Gebrauchsspuren. Viel Fachliteratur. Theologie, Philosophie, Wirtschaft, Politik und Zeitgeschichte. Mehrere Bibelkommentare. Das Lexikon für Theologie und Kirche und eine Geschichte des abendländischen Mönchtums. Überall schauen kleine Lesezeichen aus den Büchern heraus: Schnipsel des permanenten Gefragtseins über Gott und die Welt.

Hier und da Ikonen verschiedenster Traditionen. Eine Kerze brennt. Sie wärmt mit ihrem Licht die Szene, in der Jesus mit fünf Broten und zwei Fischen eine ganze Menschenmenge satt bekommt. Krimskrams hier und da. Eine gemütliche Sitzecke, schon ein bisschen durchgesessen. Große, bodentiefe Fenster, die viel Licht hereinlassen. Darunter Palmenwipfel und ein Meer aus Dächern und Antennen: »Testaccio«, ein unter Touristen noch wenig bekannter Kleiner-Leute-Stadtteil im Herzen Roms. Eineinhalb Schritt weit kann man nach draußen treten. Tatsächlich dringt der berüchtigte römische Verkehr an dieser Seite auf den Aventin hinauf. Der Fernseher ist kaum sichtbar, dafür eine ordentliche Musikanlage. Ein Notenständer. Geschenke aus aller Welt. Von dort her scheint es nichts Unpassendes zu geben: ein lachender chinesischer Buddha, ein paar bayerische Löwen, Bergbauutensilien, der tanzende Shiva im Feuerkranz und Krishna mit seiner Flöte, ein nostalgisches Bahnschlusslicht, moderne Malerei, daneben eine barocke Gottesmutter mit Kind, ein Flötenspieler aus der Hand des brasilianischen Künstlers Claudio Pastro, Giraffen aus Tansania, Glücksbringer aus Korea, eine kleine Skulptur eines Gitarristen aus Stahlschrauben und zwischen all dem mehr als einmal der gute Hirte mit dem verirrten Schaf auf den Schultern. Alltagsspuren eines Grenzgängers.

Ein kleines Bad, ein Schlafzimmer und ein schalldichtes Musikzimmer komplettieren die Räumlichkeiten, die dem Abtprimas zur Verfügung stehen. Geräumig ist es darin. Besonders repräsentativ ist es nicht. Das braucht es auch nicht zu sein. Denn wenn Notker Wolf irgendetwas nicht hat, dann ist es ein Standesbewusstsein, das sich in vorzeigbaren Statussymbolen ausdrückt. Er braucht anderes: Wärme, Licht, natürliche Materialien wie Holz oder Wolle, die vielen Zeichen vom Weg – und Menschen, denen er vertrauen kann. Das ist das Umfeld, das ihm die Konzentration auf seine vielfältigen Aufgaben erlaubt. Und eine gewisse Unermüdlichkeit.

Ein schwarzer Christus, Makondekunst aus Tansania, fängt in dem vielen den Blick ein und – wenn es sein muss – die Unruhe, die sich immer wieder breitmacht in den vier Wänden des dauerbeschäftigten Benediktiners. Dem nackten Korpus des Menschensohns gehört eine ganze Wand. Warum *dieser* Christus? »Es ist der friedliche Christus am Kreuz: Es ist vollbracht!« – »Die Last ist weg. Endlich.« Ganz still wird es, wenn sich Notker Wolf hier treffen lässt. So still, dass man ihn aufatmen hört. Ihn, den (zu) oft Atemlosen.

Lebenstraum Kloster

Ob er es je bereut habe, Mönch geworden zu sein? »Nein. Nie. Das ist meine Berufung«, sagt Notker Wolf. Eindeutiger kann ein Mensch eine Frage nicht beantworten, die nach dem ganzen Leben Ausschau hält. Und das ganze Leben, das umfasst bei Notker Wolf bis heute immerhin siebzig Jahre. Davon trägt er neunundvierzig Jahre den schwarzen Habit der Benediktinermönche am Leib. Nahezu ein halbes Jahrhundert Leben also im Takt von »ora et labora«, von »beten und arbeiten«.

»Beten und arbeiten«, das ist der Grundton des Lebens von 7.500 Mönchen und 16.500 Nonnen und Schwestern weltweit, die noch heute nach der tausendfünfhundert Jahre alten Ordensregel des heiligen Benedikt von Nursia leben. Im Jahr 2000 haben sie Notker Wolf an ihre Spitze gewählt: als ihren Abtprimas. Der ist inzwischen 300.000 Flugkilometer im Jahr unterwegs, um »für die Menschen da zu sein und den Orden zusammenzuhalten«. So knapp und unprätentiös fasst der ranghöchste Benediktiner selbst seinen Joballtag, nein: seine Mission zusammen, wie er sich überhaupt oft schnörkellos bis keck zu Wort meldet zu vielem, was zwischen Himmel und Erde seine Wege kreuzt. Das passt nicht jedem. Der drahtige Mann in Kutte fällt auf, eckt an. Er nervt mitunter mit seiner E-Gitarre, seiner direkten Art, seiner Unverblümtheit. In den Führungsetagen von Kirche und Welt sind eher glatte Auftritte und gefällige Worte erwünscht. Notker Wolf weiß das. Doch er kümmert sich wenig darum. Vielmehr weiß er die Freiheit zu schätzen, die ihm das Kloster bietet. Dort leistet er sich ein Leben lang ein hohes Maß an Authentizität. Nicht nur von heute aus betrachtet: ein Luxusgut.

Der Lebensraum Kloster erweist sich für den jungen Mann aus dem kleinen Ort Grönenbach bei Memmingen als eine gesunde Schule des Lebens, die auf ehrliches und aufrechtes Menschsein zielt – auch wenn dieses Gefüge vor allem in den frühen Jahren nicht ohne Brüche auskommt. Die sinnstiftende Beziehung zu Gott, Gemeinschaft, Gebet und eine Arbeit, die den Einzelnen fordert und fördert, bilden das Gerüst dieser alternativen Lebensform, die heute eher Querdenker als Duckmäuser hervorbringt.

Jedes Kloster hat sein mehr oder weniger strenges Ordnungsgefüge. Und kein Kloster kommt ohne Gehorsam aus. »Das ist allerdings nicht gleichbedeutend mit einem Betriebsklima, in dem ich fürchten muss, meine Stellung zu verlieren oder ins Karriereabseits zu geraten, nur weil ich offen meine Meinung vertrete«, sagt Notker Wolf. Sich irgendwann nicht mehr ducken zu müssen, das gehört zu den wichtigsten Erfahrungen, die er im Kloster macht. Und weil er sich im Großen und Ganzen ernst genommen fühlt hinter den nicht allzu dicken Mauern der oberbayerischen Erzabtei Sankt Ottilien am Ammersee, gelingt dem Schneidersohn dort der Sprung in ein erfülltes Erwachsenenleben.

Das hat sich Notker Wolf zu allen Zeiten etwas kosten lassen. Er läuft nie nur mit. Etwas tun, weil alle anderen es machen, kommt für ihn selten in Frage. Der lernwillige Mönch sucht nach Argumenten. Und er bleibt wachsam, wenn er die Dinge nicht oder nicht mehr durchschaut. Dann kann es unbequem werden in seiner Nähe. Dann redet er auch schon mal über seine Verhältnisse. Trotzdem oder vielleicht auch deswegen ist Notker Wolf ein geschätzter Gast – nicht nur im Umfeld der gut achthundert benediktinischen Klöster weltweit, sondern auch auf der Frankfurter Buchmesse, unter Topmanagern, in Funk und Fernsehen, auf Kirchentagen, in politischen Debatten, im Hörsaal oder auf der Bühne. Was macht den Reiz aus?

Der »hochwürdigste Herr oder Vater Abtprimas«, wie es in offizieller Anrede heißt, hat keine Berührungsängste. Sein Grenzgang zwischen Himmel und Erde kommt an. Denn da traut sich einer was. Da wagt sich einer über das hinaus, was man üblicherweise von ihm erwartet. Ganz bewusst. Offenbar hat das Seltenheitswert – innerhalb wie außerhalb der Kirche. Und es führt zu entsprechenden Schlagzeilen: »Mönch und Mahner«, »rockender Abt«, »Bestsellerautor«, »Managerflüsterer«.

Ja, Notker Wolf ist längst auch eine Marke, die Publikum verspricht und damit Quote oder Absatzzahlen. Das wissen die Boulevardzeitungen ebenso zu schätzen wie renommierte Buchverlage oder die Spartensender des öffentlich-rechtlichen Fernsehens; die kirchlichen Medien sowieso. Ihn selbst stört das wenig, solange nicht verloren geht, wer er eigentlich ist: (Missions-)Benediktiner. Zuerst und zuletzt. Ein Mensch also, den die »Gottsuche« immer von neuem in Bewegung setzt und der aus dieser Bewegung heraus die entscheidenden Lebensimpulse erhält.

Mit denen mag der oberste Benediktiner nicht hinter dem Berg halten, wobei er nicht unbedingt der ist, der von sich aus die Öffentlichkeit sucht. Das muss er auch nicht. Jedenfalls muss er es nicht mehr. Denn es landen heute weit mehr Anfragen auf seinem Schreibtisch, als er beantworten kann. So darf er sich aussuchen, wo und mit wem er sich zeigen will. Und vielleicht ist es genau das, was Notker Wolf von vielen anderen – vor allem männlichen – Verantwortungsträgern unterscheidet: Er zeigt *sich.* Und er tut das auch in der Öffentlichkeit. Natürlich macht ihn das angreifbar. Na und? »Im Kloster leben wir nach dem Evangelium«, sagt er, »darin geht es um Menschwerdung und um erfülltes Leben. Das macht es uns Mönchen leichter; wir sind frei vom Erfolgszwang.« Was hätte der Mann, der freilich nicht frei ist vom Erfolgsstreben, also zu verlieren?

Das Kostbarste, das er besitzt, ist seine Querflöte. Ein Stück Handarbeit aus Japan – gefertigt aus Silber und mit offener Gis-Klappe. Befreundete buddhistische und shintoistische Mönche schenken sie ihm, als sie im Jahr 1984 zur Hundertjahrfeier des Klosters Sankt Ottilien bei ihren christlichen Brüdern im fernen Oberbayern zu Gast sind. Die Flöte ist ein Zeichen der Wertschätzung und des Respekts für einen Kirchenmann, der sich auch noch ganz oben um eine Verständigung zwischen den Religionen und Weltanschauungen bemüht. Der tatsächliche Wert dieses Musikinstruments ist für andere also kaum zu bemessen. Und auch sonst ist das Leben von Notker Wolf eher in Schätzen angelegt, die weder für Diebe noch für Motten oder Würmer ein gefundenes Fressen wären (vgl. Matthäusevangelium, Kapitel 6, Verse 19–21). Deshalb kann er es sich leisten, Dinge nicht üblicherweise nur zur Chefsache zu machen, sondern zur Herzensangelegenheit.

So kommt der oberste Benediktiner für einen Mann seiner Stellung ungewohnt lebenslustig daher: voller Neugierde auf Gott und die Welt, ohne Scheu und ohne Berechnung, in aufrechtem Gang und mit »freier Schnauze«, bereit zu intensiven Dialogen oder streitbaren Auseinandersetzungen mit unterschiedlichsten Gesprächspartnern. Das alles ist keine Masche. Notker Wolf hat nie ein professionelles Medientraining durchlaufen, und verkaufen will er auch nichts. Menschen laden ihn ein und hören ihm zu, weil er ihnen etwas zu sagen hat. Ebenso unterhaltsam wie lehrreich werden seine Auftritte empfunden.

Jedenfalls von vielen. Mitunter hagelt es auch heftige Kritik. Als zu vorlaut, zu oberflächlich, zu wenig sachlich kommt er dann rüber und nicht unbedingt standesgemäß für einen kirchlichen Würdenträger. Die renommierte Wochenzeitung »DIE ZEIT« hat ihm auch schon einmal »Nachhilfeunterricht in Sachen Buddhismus« empfohlen.

Mitbrüder und Mitschwestern in Deutschland und weltweit vermissen mitunter die gehörige Portion »spirituelle Tiefe«. Und auch im Kontext der mehr und mehr zur Sprache kommenden Fälle von Gewalt und sexuellem Missbrauch in kirchlichen Einrichtungen in Deutschland spielt der Abtprimas keine so überzeugende Rolle. Man vermisst seine Empathie und wünschte sich deutlichere Worte auch an anderen Orten als dort, wo es um innerkirchliche Zuständigkeiten geht. Prompt schlägt ihm, dem Medienliebling, ein ungewohnt scharfes Öffentlichkeitsecho entgegen.

Trotzdem: Die Bücher von Notker Wolf sind Bestseller, und seine Anwesenheit garantiert jeder Veranstaltung ein buntes, interessiertes Publikum. Hier und da trägt er das Herz auf der Zunge. Wenn er für seine postmodernen Zeitgenossen »Fremdwörter« wie Demut, Vollkommenheit, Schuld, Liebe oder Freiheit zu entschlüsseln versucht oder seine Interviewpartner mit eher unfrommen Kommentaren zur vermeintlichen Bequemlichkeit (zu) vieler Hartz-IV-Empfänger überrascht bis entsetzt. Viel Herz ist auch dabei, wenn er sich aufregt: über jüngst in Japan entwickelte Pflegeroboter zum Beispiel oder über großmäulige Gewerkschaftsbosse, die in den Luxusurlaub fliegen, während »ihre« Arbeitnehmer streiken.

Mönch zu sein bedeutet für Notker Wolf nicht, »im stillen Kämmerlein zu hocken«. Sich zu Wort zu melden, gehört für ihn zur christlichen Berufung. Und für die hat er sich nun einmal entschieden. Die Hinwendung zu Gott und die Zuwendung zur Welt trennt er nicht. Nicht umsonst hat er sich unter den zwanzig Kongregationen, in die die Benediktinische Konföderation je nach geistlicher Prägung weltweit aufgeteilt ist, dauerhaft die der »Missionsbenediktiner« ausgesucht. So bewahrt ihn seine »Mönchszelle« nicht vor der Verantwortung für die Welt. Ganz im Gegenteil: Unermüdlich engagiert er sich von dort aus mit seinen Brüdern und Schwestern in aller Welt, die Erde um ein Stück Himmel zu erweitern.

Ja, Notker Wolf liebt das Leben. Und er stürzt sich immer wieder mitten hinein. Trotz seiner siebzig Jahre. Ob er manchmal daran denke, »alles« ruhiger angehen zu lassen? »Nein!« Stattdessen lässt er sich täglich neu ein auf die heilige Unruhe, in die Amt und Promistatus sein Leben versetzen. Das bringt ihm nicht wenige kritische Anfragen auch aus den eigenen Reihen ein: »Ob es wirklich immer der Heilige Geist sei, der ihn antreibe?«, hat ihn schon so mancher Mitbruder gefragt. Eine Anfrage, die sich Notker Wolf gefallen lassen muss. Das tut er nicht gern. Er fühlt den Stachel. Doch er weiß auch um die Berechtigung der Anfrage. Denn er genießt es, so »begehrt« zu sein. Und natürlich ist das Scheinwerferlicht auch für ihn, den Mönch, verführerisch. So ist ihm die Klostergemeinschaft nicht nur Zuhause, sondern im Idealfall auch Korrektiv.

»Dem Gottesdienst soll nichts vorgezogen werden«, heißt es in der Regel Benedikts (Kapitel 43, Vers 3). Wie wichtig diese Weisung ist, wird dem Benediktinerprimas alltäglich am ehesten in der Mittagshore bewusst. Heilsam unterbricht die liturgisch eher unspektakuläre Viertelstunde vor dem Mittagessen sein oft aus allen Ritzen platzendes Tagwerk. Fünfzehn Minuten, die erden, was oder wofür sich der Himmelsstürmer gerade vorbereitet. »Beten heißt: nicht alles steht in meiner Macht«, sagt Notker Wolf. Er spricht diese Worte für niemanden deutlicher aus als für sich selbst.

Was immer der Abtprimas tut oder lässt, er weiß oder ahnt zumindest die Gefahr, sich selbst zu verlieren in sechzehnstündigen Arbeitstagen an mehr als dreihundert Tagen im Jahr. Darum braucht er immer wieder auch Zeit für sich allein. Und in Stille. Dort ist der Ort, das »Ohr des Herzens zu neigen«. Das ist kein frommer Kitsch, sondern der anspruchsvolle Impuls, mit dem die berühmte Ordensregel des heiligen Benedikt von Nursia beginnt (Benediktsregel, Prolog, Vers 1). Es ist gleichsam der Grundton, in dem die Benediktiner immer aufs Neue bei sich selbst ankommen. Fehlt dieser heilsame Raum, weil zu viele Anliegen und Verpflichtungen Tag- und Nachtzeiten auffressen, schlägt sich das bei Notker Wolf nicht nur in seelischem, sondern auch in körperlichem Schmerz nieder. Wer genau hinschaut, sieht ihm das an – und spürt, wie dünnhäutig er eigentlich ist.

»Ganz bei sich sein«, das ist im Leben des Notker Wolf nahezu gleichbedeutend mit »ganz nah bei Gott sein«. Es ist sein zentrales Beziehungsgefüge: so lebendig, wie er selbst. Das regelmäßige Gebet im Kreise seiner Brüder erinnert ihn daran. Seine Ranghöhe ändert nicht, dass Notker Wolf Mitbruder ist. Was immer er sonst noch ist oder in der Öffentlichkeit darstellt, er ist es als Bruder unter Brüdern und Schwestern, die ihm als ihrem Abtprimas seit zehn Jahren ihr Vertrauen schenken. Dieses Vertrauen nicht zu enttäuschen, ist seine erste Verantwortung. Leichtes Gepäck ist das nicht. Davon bekommt man in der Öffentlichkeit wenig mit. Der »rockende Abt«, der »Klartext spricht« und »gern aneckt«, ist den Medien lieber – und auch der prominenten Fangemeinde, die sich zunehmend mit dem »unkonventionellen Kirchenmann« zeigen mag. Doch wer ist Notker Wolf? Wer ist er wirklich? Was macht diesen quirligen Mann, der die Musik so sehr liebt, schnelle Autos mag und als Mönch nicht ein Lebensopfer, sondern die Lebensfreude sucht, »eigentlich« aus? Was treibt ihn an? Wofür lebt er? Und woraus?

Was ist im Laufe von mehr als einem halben Jahrhundert aus dem »Lebenstraum Kloster« geworden, den Notker Wolf als Vierzehnjähriger mit einem Missionsblatt in den Händen auf dem Dachboden seines Elternhauses zu träumen beginnt? Damals wird er von allen noch Werner gerufen, besucht die Jungen-Oberrealschule in Memmingen, begeistert sich fürs Singen und die Messdienerei und streift nachmittags mit seinen Freunden Gerhard, Helmut, Wolfgang und Heidi am liebsten durch die Nachbarschaft oder die umliegenden Wälder seines Allgäuer Geburtsstädtchens. Eine Woche lang behält er ganz für sich, was seinem Leben Richtung geben wird: »Christus braucht mich!«

Der christliche Glaube ist eine Kraft,
die sich stets aufs Neue im Alltag bewährt.
Das ist meine Erfahrung.
Das ist mein ganz persönliches Glaubensbekenntnis
— ein Leben lang gereift.

NOTKER WOLF

Kriegskind

Das Leben von Josef Wolf ist mit dem seines Sohnes Werner aufs Engste verwoben. Enger noch, als man es ohnehin zwischen Vater und Kind vermuten möchte. Erst recht in Zeiten des Krieges. Der Polenfeldzug der deutschen Wehrmacht ist fast schon Geschichte, als der Schneidergeselle »Jupp« zum Kriegsdienst eingezogen und aus dem Allgäu zur Luftabwehr nach Helgoland abkommandiert wird. Die Hochzeit mit seiner Frau Katharina liegt da noch nicht einmal ein Jahr zurück. Sie ist schwanger, und beide sind glücklich miteinander im ersten gemeinsamen Zuhause, das für das junge Paar von Saar und Mosel ein wenig in der Fremde liegt. Die Verhältnisse sind einfach. Beide sind es nicht anders gewohnt.

Josef Wolf wächst in Alf bei Bullay an der Mittelmosel unter vielerlei Entbehrungen auf. Seine Mutter stirbt, als er zwei Jahre alt ist. Das ist 1908. Von da an kümmert sich seine erst neunjährige Schwester um den Haushalt, den der Vater durch eine Anstellung auf der Amtsstube spärlich unterhält. Der Junge hütet neben der Schule die beiden Ziegen der kleinen Familie. Alle tragen zum

Auskommen bei, wo sie können. Nach einigen schweren Jahren stirbt auch die Schwester, wohl an Schwindsucht, wie Jahre zuvor schon die Mutter. So genau weiß das heute niemand mehr. Bis zum nicht allzu fernen Tod auch des Vaters wird Josef Wolf Haushalt und Alltagssorge für das gemeinsame Leben der beiden »übrig gebliebenen« Männer der Familie übernehmen. Mit achtzehn Jahren begräbt er schließlich auch seinen Vater und beginnt eine Schneiderlehre, die er drei Jahre später erfolgreich abschließt.

Es fühlt sich für den jungen Mann ganz fremd an, die ihm zur Verfügung stehenden Kräfte von nun an ganz für die eigene Entwicklung einsetzen zu dürfen. Vom Überleben zum Leben – in schwieriger Zeit. Die goldenen 1920er-Jahre sind in Deutschland längst vorbei. So treibt es den Schneidergesellen nach Luxemburg, wo er Arbeit findet und weiter lernen kann. Das bedeutet ihm viel. Er fühlt sich wohl im kleinen Nachbarland, in dem er endlich unbeschwerter zu leben beginnt. Die Tage des Hungers und der alltäglichen (Überlebens-)Sorge sind erst einmal überstanden.

Zur Unbeschwertheit dieser Zeit gehört auch der allabendliche Besuch im Wirtshaus. Es ist nicht nur der gute Wein und die Musik, die die Vorfreude auf diese Stunden wecken. Das Glück hat ein schönes Gesicht und einen Namen: Katharina Haas. Die junge deutsche Frau arbeitet als Bedienung im Stammlokal von Josef Wolf. Die beiden lernen sich kennen und lieben. »Kättche, Kättche, bréng mer nach e Pättchen« – ein beliebter Schlager dieser Zeit gibt der zarten Romanze erste Worte und eine Melodie: »Kätchen, Kätchen bring mir noch ein Pöttchen«. Sein ganzes Leben lang wird Josef Wolf dieses Lied gern auf den Lippen tragen, abends, wenn er »für'n Appel und'n Ei« noch bis kurz vor Mitternacht anderer Leute Kleider stopft. Es ist Teil des Schatzes, den Familien, die lange gemeinsam durchs Leben gehen dürfen, nicht müde werden untereinander auszuteilen.

Dazu gehört in der Familie Wolf auch die Geschichte um die Geburt des Sohnes, der sich verdammt viel Zeit lässt, um auf die Welt zu kommen. Alle sind in Sorge. Familie, Nachbarn, Freunde. Alle wissen, wie gefährlich es werden kann für Mutter und Kind, wenn sich die Geburt allzu lange hinauszögert. Es ist Juni 1940. In Grönenbach im Allgäu leben damals gut zweitausend Menschen. Hebammen kommen in der ländlichen Region zur Hausgeburt. Im Hause Wolf sorgt sich auch der werdende Vater mit: Sonderurlaub von der Truppe. Doch die kostbaren Tage vergehen. Bald muss Josef Wolf zurück zu seiner Einheit. So verleben alle die Tage in großer Angespanntheit.

Die Spannung legt sich ein wenig, als der Wehrmachtsgefreite Nachricht erhält, dass er in jedem Fall bis zur Geburt seines ersten Kindes zu Hause bleiben darf. Seine Kameraden werden derweil schon abkommandiert in Richtung Ostfront. Weitere Tage vergehen. Am 21. Juni ist es dann endlich so weit. Zangengeburt. Die erlösende Nachricht macht die Runde: Mutter und Kind sind wohlauf. Der »kleine« Werner Johann, so der Taufname von Abtprimas Notker Wolf, ist ein ziemlicher Brocken. Weitere zehn Tage darf sein stolzer Vater zu Hause bleiben, denn noch herrscht siegreiche Hochstimmung in Nazi-Deutschland.

Als Josef Wolf wieder zur Wehrmacht einrückt, ahnt niemand, dass der 21. Juni 1940 nicht nur als Geburtstag des Sohnes in die Familiengeschichte eingehen wird. Auch der Vater bekommt an diesem Tag zum zweiten Mal sein Leben geschenkt. Denn für ihn geht es nun dank der »Verspätung« des Sohnes nicht mehr an die Ostfront, von der keiner seiner ursprünglichen Kameraden zurückkehren wird, sondern zunächst ins faschistische Italien und von dort aus weiter nach Kreta. Einmal bekommt er noch für vierzehn Tage Heimaturlaub, bevor er sich in Jugoslawien durchs letzte Kriegsjahr kämpft und in Kärnten schließlich in englische Kriegsgefangenschaft gerät. Als er im

Sommer 1947 endlich heimkehrt, schließt er zu mitternächtlicher Stunde überglücklich seine Frau in die Arme – und seinen siebenjährigen Sohn, für den er ein Fremder ist.

»Papa, hast du mir eine Schokolade mitgebracht?«, so platzt es aus Werner heraus, als er verschlafen vor seinem Vater steht, für den er allabendlich gemeinsam mit der Mutter um eine gute Heimkehr gebetet hat. Seit er denken kann. »Vater unser im Himmel, geheiligt werde dein Name, dein Reich komme, dein Wille geschehe wie im Himmel so auf Erden …« Das Gebet an den Vater im Himmel für einen Vater, den der Sohn nicht kennt – und den er doch liebt, weil er spürt, wie sehr die Mutter ihren Mann liebt. So sehr, wie sie ihn vermisst, um ihn bangt, für ihn betet, sich nach ihm sehnt. Sieben Jahre lang.

Diese sieben Jahre sind für Katharina Wolf und ihren zunehmend kränklichen Sohn eine echte Herausforderung. Der Sold des Vaters reicht schwerlich zum Leben. Und die Großfamilie ist weit weg. Die zwei sind angewiesen auf Zuwendungen von Freunden, Nachbarn oder einfach hilfsbereiten Zeitgenossen. Es gibt Tage, an denen Mutter und Sohn zwei Stunden Fußmarsch auf sich nehmen für den halben Liter Milch, den sie von einem Bauern geschenkt bekommen. Und auch Frau Kimmerle, die Hauseigentümerin, bei der Katharina Wolf und ihr Sohn im Obergeschoss zur Miete wohnen, kümmert sich – wenn auch manchmal ein wenig zu streng.

Hin und wieder zieht es Mutter Wolf und ihren Sohn auch nach Mannebach bei Saarburg in der Nähe von Trier auf den kleinen großelterlichen Bauernhof, auf dem die Mutter mit acht Geschwistern ärmlich aufgewachsen ist. Im Laufe der Jahre wird dieser Ort zu einer Art zweitem Zuhause für Werner, wo er begeistert den Dialekt seiner Eltern erlernt und mit seinem Cousin Manfred und seiner Cousine Irene karge und doch glückliche Kindheitstage verlebt.

Den Krieg bekommen die Kinder erst spät und nur aus der Ferne zu hören oder zu sehen. Etwas näher kommt er mit den Städtern, die aufs Land evakuiert werden, und mit den ersten Flüchtlingen. Direkt spüren sie ihn, wenn der Magen knurrt oder wenn die Trauer um gefallene Söhne, Ehemänner, Väter oder Großväter plötzlich bekannte Namen trägt. Auch der Name von Herrn Kimmerle gehört eines Tages dazu. Und der Name von Onkel Fritz auch. Eingetrübt werden diese Jahre zusätzlich durch die mehr und mehr angegriffene Gesundheit von Werner. Rachitis und Durchfallerkrankungen machen dem Jungen zu schaffen: lebensbedrohliche Folgen der unzureichenden Ernährung eines Kriegskindes.

Wochen und Monate liegt Werner krank im Bett. Immer wieder. Er bleibt in seiner körperlichen Entwicklung zurück. Das hindert ihn allerdings nicht daran, diese Zeiten anderweitig zu nutzen. Der unruhige Junge lernt noch im Vorschulalter lesen und dabei so manches (Über-)Lebenswichtige aus den Medizinbüchern seiner Mutter oder über das bewegte Leben der Heiligen. Entsprechend heftig ist seine Gegenwehr, als man ihn als zu schwach für die bevorstehende Einschulung einstuft. »Ich habe geschrien und gezetert«, erinnert sich der Abtprimas bis heute, »wochenlang. Und ich weiß es noch so, als wäre es erst gestern gewesen, wie ich mit meinem Schulranzen auf dem Rücken und meiner Schultüte in den Händen dann doch eines Morgens stolz von Zuhause losgelaufen bin für den ersten Schultag.« Das ist im Sommer 1946.

Werner gefällt es in der Schule. Und ihm gefällt seine Klassenlehrerin: Fräulein Rauscher. Sie fördert den Jungen, der den gebotenen Lehrstoff aufsaugt wie ein trockener Schwamm. Gern überlässt sie ihm auch ein Stückchen des Schulgartens, das Werner in ein kleines Blumenparadies verwandelt. Ob er ein Lieblingsfach gehabt habe? »Nein. Ich mochte das alles: Das Zusammensein mit den Klassenkameraden und mit ihnen wirklich alles, was es da zu lernen gab«, erinnert sich der Abtprimas. Das bleibt so bis zum Ende der Schulzeit.

Auch wenn Werner Wolf bis zum Abitur nicht so recht weiß, ob er lieber Sprachen oder noch lieber Naturwissenschaften studieren will, zeigt sich doch früh seine musische Vorliebe. Mit vier Jahren beginnt er zu singen – und er singt bis heute sehr gut. In der Volksschule lernt er die Blockflöte zu spielen und ab dem elften Lebensjahr auch die Geige. Querflöte und Gitarre kommen in späteren Jahren dazu, auch das Theater und das Verfassen von Gedichten. Der immer noch oft kranke Junge ist in vielerlei Hinsicht begabt. Die einzig wirklich schwere Lektion in seinen Kinder- und Jugendjahren zeigt sich ihm in der Beziehung zu seinem Vater, gegen den er mit sieben Jahren zunächst eifersüchtig zu kämpfen beginnt.

Als Josef Wolf aus der Kriegsgefangenschaft heimkehrt, sind sich Vater und Sohn völlig fremd. Nach der Freude über die doch noch glückliche Geburt sieht der einfache Frontsoldat sein Kind während der Kriegsjahre nur noch ein einziges Mal. Vierzehn Tage Heimaturlaub. Vierzehn Tage, die nicht ausreichen, um Zugang zu finden zu einem damals knapp vierjährigen Jungen, der sich hauptsächlich irritiert zeigt ob der Anwesenheit des fremden Mannes, dem plötzlich ein Großteil der Aufmerksamkeit der Mutter gehört. Der kleine Werner bekommt diesen Mann nicht überein mit dem »Papa«, von dem seine Mutter immer wieder spricht. Verblasst – und doch in vager, schmerzlicher Erinnerung sieht sich der Abtprimas bis heute auf dem Arm von Frau Kimmerle erleichtert aufatmen, als die Mutter »den fremden Mann endlich wieder wegbringt«. Zurück in den Krieg.

Knapp dreieinhalb Jahre später findet die kleine Familie dann endgültig zusammen. Doch so rasch das Glück zu Katharina und Josef Wolf zurückkehrt, so schwierig gestaltet sich die immer neue Begegnung zwischen Vater und Sohn. Werner lernt schmerzlich, die Mutter mit dem Vater zu teilen und auch den Vater als Autoritätsperson anzuerkennen. Diese Annäherung vollzieht sich äußerst zäh und gipfelt immer wieder in heftigen Auseinandersetzungen – bis irgendwann eine deftige Ohrfeige der trotzigen Provoziererei des Sohnes ein Ende bereitet. Von da an finden Vater und Sohn eine Ebene, auf der sie sich aneinander herantrauen. Sie nehmen sich füreinander Zeit, immer öfter und immer länger. Gemeinsam bestellen sie den Garten, hacken Holz oder verbringen miteinander Stunden im Wald, aus dem sie meistens mit gesammeltem Feuerholz zurückkommen. Das transportieren sie mit einem kleinen Wägelchen heim: obenauf Werner, der sich stolz und glücklich von seinem Vater nach Hause ziehen lässt. »Mit offenen Wunden kann man nicht leben, schon gar nicht im Frieden miteinander«, sagt der Abtprimas sichtlich ergriffen, »egal, wie sehr die Dinge schmerzen, an einem offenen Gespräch führt kein Weg vorbei.« Diese Gesprächsfähigkeit schätzen viele Mitbrüder und Mitschwestern an ihrem Abtprimas bis heute.

Als Werner Wolf elf Jahre alt ist, erfährt er, dass seine Mutter schwanger ist. Hurra! Endlich! Wie oft hat er als Kind Zuckerstückchen auf die Fensterbank gelegt: für den Storch, der doch bitte, bitte, bitte (mindestens) ein Geschwisterchen bringen soll. Auch die intensiven Freundschaftsbeziehungen nehmen dem Jungen nicht eine gewisse Einsamkeit. Sie verfliegt, als am 15. Dezember 1952 seine Schwester Rita zur Welt kommt. Die Geburt per Kaiserschnitt erfordert allerdings einen Krankenhausaufenthalt von Mutter und Neugeborenem auch noch über die bevorstehenden Weihnachtstage, für die sich Vater und Sohn gemeinsam vornehmen, trotzdem alles so zu gestalten, als wenn alle miteinander daheim wären. Und tatsächlich: Die beiden allein gelassenen Männer bringen sogar das traditionelle Feiertagsessen der Familie (leicht angebrannt) zustande – Brätknödelsuppe, Kotelett, Kartoffelsalat mit handgerührter Mayonnaise und grünem Salat –, und sie verbringen natürlich viel Zeit bei ihren beiden Lieben im Krankenhaus in Memmingen. Das Leben von Werner ist um einen Herzensmenschen reicher.

Familie Wolf lebt inzwischen in einem kleinen Haus mit Garten. Der Vater arbeitet wieder als Schneider in derselben Kleiderfabrik, in der er auch vor dem Krieg beschäftigt ist. Einst ist es diese Anstellung, die es ihm nach Jahren auf der Walz ermöglicht, überhaupt um die Hand seiner Katharina anzuhalten und ihr ein »anständiges Zuhause« zu bieten – von dem aus sie dann doch noch (Kriegs-)Jahre auf ein dauerhaftes, gemeinsames Glück warten müssen. Doch endlich ist die Familie angekommen: in einem immer noch äußerst einfachen, doch guten Leben. Es ist nicht viel Geld da, kein Fernseher, kein Auto. Auch gibt es das Jahr hindurch keine großartigen Ausflüge und auch keine »Urlaube«. Doch alle verbringen viel Zeit miteinander, sitzen lange bei Tisch, vor allem abends. Die Kinder fühlen sich geborgen in dem verlässlichen Lebensgefüge, das ihnen die bodenständigen Eltern bieten.

Tief gerührt erinnert sich der Abtprimas heute an den familiären Tagesrhythmus von damals, der an den Arbeitszeiten des Vaters ausgerichtet ist und dem gemeinsamen Leben einen gewissen inneren Frieden gibt. Wenn der Vater morgens um kurz vor sieben Uhr aus dem Haus geht, wissen Werner und seine kleine Schwester Rita – und ihre Mutter natürlich auch –, dass er stets pünktlich zum gemeinsamen Mittagessen wieder daheim sein wird. Das ist so sicher wie das Amen in der Kirche. Genauso wie die Zeitungslektüre und das kurze Schläfchen des Vaters nach dem Essen. Und wie der pünktliche Feierabend um fünf Uhr nachmittags, der die Abendstunden einläutet, die alle gern miteinander teilen. »Alle«, das sind auch Freunde und

Nachbarn, die einander unter die Arme greifen, wo es Not tut, und die das Leben unbeschwert miteinander teilen, wo es sich gütig zeigt und zur Freude Anlass gibt. Die Einfachheit und die Unerschütterlichkeit, die in all dem wohnen, haben fast etwas Klösterliches.

Über die Jahre bleibt Familie Wolf angewiesen auf Zuwendungen, um dem begabten Sohn weitere Schritte auf seinem schulischen Weg zu ermöglichen. Ohne falsche Scham nimmt sie die gebotene Hilfe gern an, wie Werner selbst, der jede Chance dankbar ergreift, die ihm für seine Entwicklung angeboten wird. Nach fünf Volksschuljahren wechselt er zunächst auf die Jungen-Oberrealschule nach Memmingen. Die Aufnahmeprüfung dort schafft er nicht zuletzt durch das ungewöhnliche Engagement von Volksschullehrer Ägidius Waigel, der die letzten sechs Wochen vor den Sommerferien jeden Nachmittag mit einigen »seiner« Jungen kräftig paukt, damit ihnen der Sprung in die höhere Schullaufbahn gelingt. Aus Eigeninitiative. Und unentgeltlich. Werner Wolf meistert die Prüfung schließlich als einer der zwei Besten seines Jahrgangs. Stolz bringt er an Weihnachten 1951 fünfzig Mark von der Schule mit nach Hause: Anerkennung der Schulbehörde aus einem speziellen Beihilfetopf für die ausgezeichneten Leistungen des Jungen aus ärmlichen Verhältnissen. Werner leistet sich davon einen warmen Mantel und sein erstes Paar Lederstiefel. Auch in den kommenden beiden Jahren bringt er dieses erste »selbst verdiente« Geld mit nach Hause. Nicht mehr ganz so aufgeregt, doch nicht weniger stolz.

Über die höhere Schule in Memmingen weitet sich für den fleißigen Schüler auch noch ein anderer Raum: die Kirche. Der engagierte Pfarrjugendliche und begeisterte Messdiener lernt über seinen Klassenkameraden Richard Dlouhy die »Marianische Kongregation« kennen, die weltweite Laienorganisation der Jesuiten (heute: »Gemeinschaft Christlichen Lebens«). Die Idee, in Gemeinschaft christlich zu leben und das Leben – auch außerhalb der Pfarrgemeinde – engagiert christlich zu gestalten, spricht den inzwischen Dreizehnjährigen sehr an. Und auch wenn er von Grönenbach aus nicht an den Gruppenaktivitäten teilnehmen kann, macht er sich doch jeden Donnerstagmorgen in aller Herrgottsfrühe mit dem Arbeiterbus auf, um noch vor der Schule wenigstens an den Gemeinschaftsmessen teilnehmen zu können. Daran ist ihm die Liebenswürdigkeit von Oma Dlouhy, die ihn auf dem langen Fußweg zur Josefs-Kirche immer schon mit einer warmen Tasse Milchkaffee erwartet, genauso kostbar wie die geistliche Nahrung, die er anschließend im Gottesdienst bekommt. »Wichtig ist, dass du nicht krank wirst«, sagt sie stets, »daran ändert auch das ›Nüchternheitsgebot‹ der Kirche nichts.« Das gefällt Werner. Vor allem im Winter.

Die für die Marianische Kongregation charakteristische Suche nach der Einheit von Glaube und Alltag bildet trefflich die Art von Religiosität ab, in der Werner Wolf aufwächst. Die Familie besucht die Sonntagsmesse, betet bei Tisch und nie lässt die Mutter die Kinder ohne Segenskreuzchen auf der Stirn aus dem Haus. Auch der spätere Erzabt wird so noch lange Kind bleiben und über Jahre und Jahrzehnte dankbar dieses zärtliche Zeichen des Himmels mit in seinen Alltag nehmen. In der Familie Wolf ist der christliche Glauben die Kraft, die sich im Alltag bewährt: als Stütze, als Hoffnung, als Licht, als Trost, als Freude, als (Nächsten-)Liebe, als gutes Lebenswissen. Um nichts davon machen die Eltern ein besonderes Aufheben.

Viele Jahre später wird Abtprimas Notker Wolf diese Frömmigkeitskultur als sein »ganz persönliches Glaubensbekenntnis« bezeichnen. Es ist eine in gleichem Maße tiefe wie nüchterne Alltagsfrömmigkeit, die ihm als Kind und Jugendlichem alle Freiheit gibt, seinen *eigenen* Glauben zu entdecken. Und es ist tatsächlich so etwas wie eine »Entdeckung«, die er macht, als er eines Tages in einer Ausgabe der »Missionsblätter« die Lebensgeschichte des Südseemissionars Pierre Chanel liest. Beim Stöbern auf dem Dachboden fällt ihm das Heft in die Hände, das er so schnell nicht wieder hergibt. Es ist die Juli-August-Ausgabe des Jahrgangs 1954. Schon etwas verstaubt. Doch die Welt, die sich dem Jungen aus dem Allgäu darin öffnet, ist atemberaubend. Er findet sich im 19. Jahrhundert in Ozeanien wieder. Zwischen Fidschi und Samoa: auf der Insel Futuna. Der Maristenpater Pierre Chanel, ein konstitutionell auch eher schwächlicher junger Mann, pflegt hier Kranke und Sterbende.

Der Schäfersohn aus La Potière im bergigen Südwesten Frankreichs ist die perfekte Identifikationsfigur für Werner, der die Lebensbeschreibung des fernen Gottesmannes förmlich verschlingt. Heimlich. Unter der »berühmten« Bettdecke. Was er hier findet, macht er zum ersten großen Geheimnis seines Lebens: »Nacht über der Südsee. Geheimnisvoll umspülen in ihrem ewigen Murmeln und Branden die blauen Wasser die tausend und abertausend Inseln und die tückischen Korallenriffe und singen ihr Lied von der großen Vergangenheit dieser Inselwelt und raunen von den seltsamen, oft ungeheuerlichen Menschen, die auf diesen winzigen Eilanden ihr Leben fristen ... Der Südseemissionar Chanel kniet in seiner armen Hütte, die nach vier Seiten offen ist und den herben Meerduft durchs Gehäuse streichen lässt. Stunde um Stunde kniet er schon im Gebete, mischt seine Seufzer und seine Tränen in das Raunen der Meeresbrandung – ach, seine Gebete sind seit eh und je nichts anderes als ein immer gleiches, wogendes Flehen um Gnade und Licht, um das Erbarmen Gottes über die Menschen dieser Inselwelt, in die den Missionar das heiße Drängen seines Herzens und der Wille seiner Oberen geführt haben.«

Werner Wolf lässt sich anstecken von der Furchtlosigkeit und der Glaubensstärke des Missionars aus der »Gesellschaft Ma-

riens«, der sich mit nur vierunddreißig Jahren am anderen Ende der Welt auf einem unbekannten Flecken Erde absetzen lässt,
um dort Gottes Wort zu verkünden. Die einheimische Bevölkerung weist den Fremden allerdings zurück. Man gestattet ihm
letztlich nur die Sorge um die Kranken, um die Sterbenden. Bis
er den Tod findet. Mord. Häuptling Niuliki fühlt sich bedroht
und in seiner Autorität gefährdet, als sich sein Sohn, Thronfol-
ger Meitala, als einer der wenigen im Volk taufen lassen will.
Auch einer der Minister, Malingi, sympathisiert mit dem Chris-
tenmenschen, der seinen Gott »König« nennt. Da beauftragt das
Inseloberhaupt kaltblütig seinen Schwager Musumusu mit der
Ermordung des christlichen Glaubensboten. Der junge Missionar wird erschlagen. Fünf Schergen bringen den Tod. Ziemlich
brachial. Als Pierre Chanel gefunden wird, weist sein ganzer Körper Wunden schlimmster Misshandlungen auf. Und eine Hacke
steckt in seinem Schädel. Die traurige Geschichte bringen Mitbrüder ans Licht, die ein Jahr später auf der Insel landen, dort
freundlich aufgenommen und von einem Großteil der Einwohner um die Taufe gebeten werden!

Das Martyrium Pierre Chanels ist also nicht ohne Wirkung
geblieben. In der Folge dauert es nur wenige Jahre, bis sich die
gesamte Bevölkerung des Pazifikatolls zum Christentum bekehrt
und katholisch taufen lässt. Pierre Chanel wird zum Schutzpatron Ozeaniens. Bis heute gilt er als einer der Kirchenväter des
Pazifiks. Seine Seligsprechung erfolgt am 16. November 1889
durch Papst Leo XIII., die Heiligsprechung am 13. Juni 1954
durch Papst Pius XII. Als beispielhaft gilt nicht nur Chanels Martyrium, sondern auch sein makelloses Priestertum. Ein »Mit-
alumne«, ein Kursgenosse während der Priesterausbildung, berichtet im Heiligsprechungsprozess: »Die Erinnerung an ihn
macht das Glück meines Lebens aus ... Sein einfaches, gleichmä-
ßiges Leben, seine zarte Frömmigkeit, seine vollkommene Be-

scheidenheit übten auf alle, die ihn kannten, eine unwiderstehliche Anziehungskraft aus. Der Diakon, der Pierre Chanel am Primizaltar assistierte, sagte: Es stand kein Mensch am Altar, sondern ein Engel.«

Die Frömmigkeit, die Bescheidenheit, die Menschenfreundlichkeit, der Mut, die Beharrlichkeit, die Glaubens- und Schaffenskraft des Pierre Chanel – all das fasziniert Werner. Und mehr noch: dass die Mühe des Pierre Chanel trotz des frühen und heimtückischen Todes nicht umsonst und nicht verloren ist; dass die Saat, die der tapfere christliche Glaubensbote aussät, doch noch aufgeht; dass es nicht der Missionar selbst ist, der seinem Leben Sinn geben muss; dass Gott Lebensfülle schenkt auch über den Tod hinaus – und dass der schnelle Erfolg nicht alles ist und oft nicht das Entscheidende im Leben. Nein, offensichtlich kommt es nicht darauf an, dass ich selbst die Früchte meines Schaffens heimtrage! Wenn ich mich nur ehrlichen Herzens einsetze für Gott und die Welt!

»Da ist eine Aufgabe, die auch auf mich wartet«, schießt es Werner durch den Kopf, »das Leben, *mein* Leben hat einen Sinn. Ich werde Missionar!« – Was für ein verwegener Gedanke! Auch noch in den 1950er-Jahren weiß man nie, ob die Missionare, die ausgesendet werden, je zurückkommen. Viele sterben früh an den immer noch recht unbekannten und daher schwer zu behandelnden Tropenkrankheiten. Auf jeden Fall bedeutet das Missionarsleben den Abschied von allen bisherigen Bindungen. Über Jahre, oft über Jahrzehnte. Trotzdem: »Christus braucht mich!« Dieser Gedanke ist es, der Tag für Tag mehr Raum greift im Herzen des Jugendlichen aus behüteten Verhältnissen. Ein Gefühl von Freiheit kommt dazu. Ein Leben zu führen, für das man keine materiellen Reichtümer mitbringen muss, das nicht zuerst auf vorzeigbaren oder zählbaren »Erfolgen« gründet und nicht auf einem bestimmten gesellschaftlichen Stand, das beseelt Werner

Wolf während dieser ersten Märztage im Jahr 1955. Es entlastet ihn wohl auch, gibt es doch dem Leben, wie seine Eltern es führen, im Gefüge zwischen Himmel und Erde einen guten und würdigen Platz. So, wie sie es verdient haben.

Für die Sache Jesu unterwegs sein: nichts erscheint plötzlich als Lebensperspektive verlockender. Doch zunächst erfährt niemand davon. Würde er, Werner Johann Wolf, die großen Entfernungen, die Einsamkeit, die Gefährdungen, eine immer mögliche Ablehnung durch die Einheimischen aushalten können? All die Entbehrungen auf sich nehmen? Die Angst besiegen? Wenn es sein muss, Würmer essen? »Was hatte Pierre Chanel nicht alles erleben und mit ansehen müssen«, wird in den Missionsblättern konstatiert, »die Insulaner, malaiischer Herkunft, waren ein Volk voll rohester Sinnlichkeit – nicht zu beschreiben, was die Männer mit den Frauen taten. Und die Frauen selbst! Es gab Mütter, die ihre Neugeborenen wenige Tage nach der Geburt schlachteten und zum Mahle richteten. Als Pierre Chanel einmal zum Mahle des Königs geladen war, ward ein Korb mit lebenden Fischen vorgesetzt, jeder griff sich einen zappelnden Schwanz und schlang ihn roh herunter. Dazu gab es fette, gelbe Holzwürmer, die man aus faulenden Stämmen gezogen hatte. Schauerlich waren die Kriege des Volkes untereinander! Es gab Sieger und Besiegte. Die Toten wurden aufgefressen, den Verwundeten leckten die Frauen und Kinder das Blut aus den Wunden.«

Angesichts dieser Beschreibungen – die viele Gleichaltrige wohl eher abgeschreckt hätten – will Werner, so gut es geht, Sicherheit gewinnen, bevor er etwa seine Mutter zu sehr in Sorge versetzt. Nach einer Woche spricht er sich dann aber doch zuallererst bei ihr aus. Gefasst und wohlwollend nimmt die Mutter die Lebenspläne ihres Sohnes auf, der sie gleichwohl damit überrascht. Dieser Lausbub, der es nicht lassen kann, Äpfel von fremder Leute Bäumen zu stibitzen, und der so gern mit seiner kleinen Schwester im Wägelchen um die Ecken saust – Rita landet dabei auch schon mal im hohen Bogen im Gras –, ein Missionar! »Ein Missionar wie Pierre Chanel«, präzisiert Werner mit Nachdruck.

»Was wird Papa wohl dazu sagen?« Die Mutter ist es, die die aufregende Neuigkeit weitergibt. Verständnisvoll. Und so versucht auch der Vater nicht, dem Jungen dreinzureden: »Das ist *deine* Sache«, sagt er ruhig. Gemeinsam wird der nächste Schritt überlegt, der ins Leben holen soll, wofür sich der Sohn zu begeistern begonnen hat. »Du musst zum Pfarrer gehen«, beschließt der Familienrat. Einstimmig. Der ins Vertrauen gezogene Geistliche muss nicht eigentlich lange überlegen. Trotzdem mustert er den Knirps, der da vor ihm steht, gründlich. Einwände gibt es freilich keine: »Wie ich dich kenne, gehörst du nach Sankt Ottilien!« Was es da zu kennen gibt? Die Neugierde, die Lebenslust, den Übermut, eine durchaus ernstzunehmende Religiosität – und die eher ungewöhnliche Liebe eines Teenagers zur Liturgie.

Gesagt, getan. Bereits eine Woche später sitzen Pfarrer Johannes Hartl und Werner Wolf gemeinsam im Zug. Der eine eher streng und wortkarg wie immer. Der andere ziemlich aufgeregt. Und gespannt. Bis zum Platzen gespannt! Es ist der 21. März 1955, Festtag des heiligen Benedikt von Nursia, der bis zur Liturgiereform in der ganzen Kirche am Todestag des Ordensgründers begangen wird: als »Hochfest des Heimgangs unseres heiligen Vaters Benedikt«. Davon weiß Werner wenig. Er weiß auch nicht wirklich, wer oder was »Benediktiner« sind, obwohl er nur sieben Kilometer von der Abtei Ottobeuren aufwächst und dort auch gefirmt wird. Er weiß nur, dass er Missionar werden will – ein Missionar wie Pierre Chanel, der von den christlichen Bewohnern der Südsee auch gern »Tagata aga malie« genannt wird: »Mann mit dem guten Herzen«. Von heute aus betrachtet ist diese Umschreibung tatsächlich nicht die unpassendste auch für Notker Wolf selbst. Warum? Weil es doch vor allem seine Herzensqualitäten sind, die ihn in seine hohen kirchlichen Ämter führen werden. Karriere mit Seltenheitswert(en).

Ordnung ist menschlich.
Unordnung ist unmenschlich.
Unordnung begünstigt den Starken
und benachteiligt den Schwachen.
Ordnung verhilft dem einen und dem anderen
zur Entfaltung seiner Kräfte.

NOTKER WOLF

Wilde Kerle – *oder:*
Missionsseminaristen

Der Prior von Sankt Ottilien, Pater Paulus Hörger, ist der Erste, der den kühnen Zukunftsplänen des Oberrealschülers Werner Wolf Gesicht und Stimme gibt. »Ob er denn auch ein richtiger Grönenbacher sei«, will der stattliche Mönch von seinem jungen Landsmann aus dem Allgäu wissen, als der plötzlich mit seinem Pfarrer in der Sakristei der Abteikirche auftaucht. Das beeindruckt Werner. Genauso wie der kräftige Handschlag des Priors, der einfach »nur« wissen will, was für ein »Kerl« der Junge ist – nicht, wie fromm oder religiös gebildet er daherkommt.

Kurze Momente später ministriert Werner die heilige Messe, verdrückt beim Mittagessen zwei leckere Schnitzel und vier Gläser Most (!) und lässt sich hinreißen von so ziemlich allem, was ihm an seinem ersten Tag in der Erzabtei der Missionsbenediktiner in Sankt Ottilien begegnet – mit der entsprechenden Konsequenz: Vierzehn Tage später erhält er seinen festen Platz in

43

Schlaf-, Speise- und Studiersaal des »Missionsseminars«, wie das Internatsgymnasium der Abtei damals heißt. Das spricht für den begeisterungsfähigen Jungen. »Neuaufnahmen« werden zur dieser Zeit nur in sehr beschränktem Rahmen gemacht: aus »Raumnot« in der hoch angesehenen und stark frequentierten Klosterschule. Trotzdem ist nach den Osterferien 1955 der Schulwechsel für Werner perfekt und damit auch der Ortswechsel, der schließlich leichter fällt als zunächst befürchtet.

Als sich der Abschied von Zuhause, vor allem von der kleinen Schwester und der Mutter, arg tränenreich vollzieht, stellt Katharina Wolf vorsichtshalber noch einmal klar: »Werner, wenn du doch nicht ins Missionsseminar willst, dann musst du da auch nicht hin!« Erlösende Worte einer Mutter, die den Jungen wieder neuen Mut zu seiner zart keimenden Klosterberufung fassen lassen: »Doch, ich muss, denn der liebe Heiland will das so.« Und tatsächlich: Das Internatsdasein gibt Werners Leben Auftrieb. »Weg von Zuhause«, das tut ihm gut. Hier findet er sich unter Gleichgesinnten wieder, mit denen er den großen Traum von einem Leben in der Mission teilt. Voller Lebensfreude. Und voller Abenteuerlust. Und in der Sicherheit, dass ihm in seinem Elternhaus die Türen weit offen stehen.

Üblicherweise beginnen die Jungen ab dem zehnten Lebensjahr im Missionsseminar zu lernen. Werner Wolf kommt also recht spät in dieses »Kloster im Kleinen«, wie die Nachwuchsschmiede der Missionsbenediktiner bei den Leuten in der Umgebung auch gern genannt wird. Er ist knapp fünfzehn Jahre alt – und von seiner Mutter ziemlich verwöhnt. Anders als viele seiner Mitschüler kommt er aus keinem ausgesprochen »frommen« Zuhause. Niemand hat je von ihm erwartet, einen geistlichen Weg einzuschlagen. Natürlich sehen viele gern, was er tut, auch in der heimatlichen Pfarrei, aus der es eine entsprechende Unterstützung gibt, die es Familie Wolf überhaupt erlaubt, das Schulgeld für ihren Sohn aufzubringen. Trotzdem lernt der frei und ohne konkreten Erwartungsdruck. Nur verantwortlich soll er mit dem Gegebenen umgehen: »Werner, denke bitte immer daran, dass das alles hier nicht nur dein Opfer ist, sondern auch das unsrige«, mahnt ihn der Vater, der hart für das Auskommen der Familie arbeitet. Der Sohn beantwortet das in jenen Jahren mit einem Übermaß an Engagement und Fleiß. Und er wird die Messlatte zeit seines Lebens nicht mehr niedriger legen.

Der Bruch mit den familiären Lebensgewohnheiten ist mit Beginn des Internatslebens gewaltig. Zuhause bewohnt Werner ein eigenes Zimmer unterm Dach seines Elternhauses. Von seiner Mutter und seinem Vater erhält er für so ziemlich alles, was er tut oder lässt, viel Aufmerksamkeit. Im Missionsseminar gibt es keine eigenen Zimmer für die im Laufe der Jahre neunzig bis hundertfünfzig Schüler, die von gerade einmal zwei oder später drei »Präfekten«, Patres im Erziehungsdienst, beaufsichtigt werden. Der intime Bereich beschränkt sich auf ein paar Quadratmeter im Schlafsaal: ein Bett und ein Hocker, der auch als Nachttisch zu gebrauchen ist; der Spind steht auf dem Flur.

Sechzig Jungen finden in dem Schlafsaal Platz, in den Werner Wolf am 18. April 1955 einzieht. Wochentags ist dort um 5.30 Uhr die Nacht vorbei: »Benedicamus domino«, schallt es durch den Raum. »Deo gratias«, schallt es zurück. Jedenfalls dann, wenn der fromme Weckruf genügend Jungen aus dem Schlaf geholt hat. Wen das Reich der Träume nicht so schnell freigibt, der bekommt noch eine zweite Chance: »Laudetur Jesus Christus» – »In aeternum. Amen.« Es ist jeweils der Älteste im Saal, der die Verantwortung dafür trägt, dass alle unter dem »Lobpreis Gottes« und der »Freude in Christus« pünktlich aus den Federn kommen. Dass er »nie so ein Ältester gewesen ist, auch später im Noviziat nicht«, das schmunzelt der Abtprimas auch heute noch erleichtert heraus.

Gewaschen wird sich eilig mit (eis-)kaltem Wasser im offenen Nassbereich, der schon seit Jahren renovierungsbedürftig ist. Es folgt der gemeinsame Frühsport. Eine knappe halbe Stunde Drill. Draußen. Bei Wind und Wetter. Anschließend Morgenlob. Heilige Messe. Dem Gottesdienst folgt eine Stunde Frühstudium. Betten machen. Endlich Frühstück, zu dem die Schüler den Brotaufstrich von zu Hause beisteuern müssen. Für Werner heißt das: Griebenschmalz oder Honig, Honig oder Griebenschmalz. Wenn die eisernen Reserven aufgebraucht sind, gibt es trockenes Brot und Milchkaffee. Tagein, tagaus.

Wenn um 8.00 Uhr der reguläre Schulunterricht im klostereigenen humanistischen Gymnasium beginnt, sind also bereits einige Tagesordnungspunkte stramm abgehakt. Nach dem Mittagessen, zu dem stets auch der Tischdienst gehört, geht es raus: Herumtoben, Fußballspielen, Schmökern in unerlaubten Zeitschriften, erste Zigaretten paffen, »frei« und unreglementiert Zeit verbringen – jedenfalls meistens. Ab und zu werden die jungen Missionsseminaristen auch zur Geländepflege des stattlichen Klosterdorfs mit herangezogen, das damals mit den umliegenden Ländereien knapp dreihundert Hektar umfasst: die vielen kleinen und großen Wege sauber halten, Laub rechen, Fallobst aufsammeln, Graszupfen auf der Aschenbahn, Rodungsarbeiten im Wald.

Den späteren Nachmittag füllt eine strenge, stille Studierzeit aus. Es ist ein anspruchsvoller Lehrstoff, der im Missionsseminar vermittelt wird, quer durch alle Fächer. Die Schüler werden gefordert – und gefördert. Es wird viel Aufmerksamkeit da-rauf verwendet, dass auch die schwächeren Schüler kontinuierlich mitkommen. Das liegt nicht nur in der Verantwortung der Lehrer; es ist auch Erziehungsziel, dass sich Leistungs- und Hilfsbereitschaft nicht ausschließen. Werner Wolf gehört zu den Überfliegern, die in dieser Kultur lernen (müssen), ihr Tempo auch einmal zu drosseln. Dadurch macht der Einser-Abiturient die heilsame Erfahrung, dass die Unterstützung, die er seinen Mitschülern gibt, auch für ihn selbst die beste Prüfungsvorbereitung ist. (Nicht nur) im Businessalltag nennt man das heute gern eine »Win-win-Situation«.

Das Abendgebet der Kirche, die »Vesper«, schließt auch im »kleinen Kloster« den Nachmittag ab. Nach dem Abendessen, das wie das Mittagessen schweigend eingenommen und von einer mehr oder weniger »frommen« Tischlesung begleitet wird, folgt nach kurzer Freizeit eine weitere Studierzeit, bevor das kirchliche Nachtgebet, die »Komplet«, die Nacht und damit auch die Bettruhe in den Schlafsälen des Missionsseminars einläutet. Die allerdings ist unter dem Haufen wilder Kerle, der sich da zur Ruhe betten soll, alles andere als einfach herzustellen. Heimweh meldet sich am ehesten zu dieser Zeit genauso wie oft noch heraus will, was sich über den stark reglementierten Tag so alles angestaut hat: das quälend frühe Aufstehen, die Müdigkeit, die die erste Tageshälfte begleitet, (zu) schwerer, interessanter oder auch eintöniger Unterrichtsstoff, Freude oder Streit untereinander, Ermutigung auf dem eigenwilligen Weg, den die Jungen hier gehen, oder aufkeimendes Unbehagen, wachsende Unsicherheit. – Wo könnte man das loswerden?

Vertraute Ansprechpartner gibt es für die Jungen wenige. Das hat System. Die Missionsseminaristen sollen früh lernen, es mit sich selbst auszuhalten. Im Jahrbuch des Seminars von 1957/1958 liest sich das so: »Das ganze Tagewerk der Jugend unseres Internats ist, entsprechend dem Ausbildungsziel unserer Anstalt, ins Religiöse eingebettet und von Gottesdienst und Gebet begleitet. Die Jungen werden immer wieder in Ansprachen, Konferenzen und Aussprachen mit den Erziehern auf die Wichtigkeit eines selbstständigen religiösen Strebens und der Selbsterziehung hingewiesen. Auch die jährlich üblichen zwei Einkehrtage dienen dem gleichen Ziel. In diesem Schuljahr war Dr. Josef Stimpfle, Subregens in Dillingen, den jungen Menschen Führer und Helfer und hat ihnen klar und eindringlich Mittel und Wege zur Bewältigung ihrer Probleme zu geben versucht.«

Dementsprechend erscheinen die leitenden Patres als distanzierte Autoritäten. Da ist etwa Pater Dr. Ildefons Stegmann, der Schulleiter, ein alter Mann mit weißem Spitzbart und stets bestpolierter Glatze, unnahbar und doch gern zum »Scherzen« aufgelegt. Die, denen der seltene Humor des gelehrten, leicht stotternden Mönchs gilt, müssen allerdings meist erst mühsam lernen, sich davon nicht weiter erschrecken zu lassen. »Na, Lausbub, komm dadada mal her! Nix wert bist du! Aufgehängt gehörst du ...«, so oder ähnlich hört man es nicht selten auf den Fluren des Gymnasiums. Diese Art von Ansprache gilt freilich allen oder auch keinem der Schüler – jedenfalls niemandem persönlich. Trotzdem finden es die wenigsten in dem Moment witzig, wo sie selbst es sind, die ihrem Oberstudiendirektor in die Arme laufen. Das geht auch Werner so. Und auch dessen Mutter. Es dauert jedenfalls eine ganze Weile, bis Katharina Wolf *mit* Pater Ildefons lachen kann, nachdem der seine obligatorische Beurteilung über ihren Sohn abgegeben hat: »Der taugt nichts! Aus dem wird nichts!«

Im Unterricht selbst erscheint Pater Ildefons ähnlich unnahbar wie auf dem Flur. Den einzelnen Schülern nur im Nötigsten zugewandt, unterrichtet er Latein und Griechisch mit der vermeintlich nötigen Strenge. Und auch außerhalb des Unterrichts tun im Schulalltag alle gut daran, sich in Gegenwart »des Alten« nichts »zuschulden« kommen zu lassen – ein unerwarteter Ruf ins Direktorenzimmer jedenfalls verheißt in der Regel nichts Gutes.

Drüben im Seminar ist es vor allen anderen Pater Regens Bernward Zint, der Internatsleiter, der »seinen« Zöglingen stets äußerst diszipliniert begegnet, manchmal zynisch, alles in allem aber vor allem streng, sachlich, nüchtern – und gerecht, ja, doch ein irgendwie väterlicher Typ ist er für die Jungen auch nicht. Dass das eigentlich auch anders ginge, erleben Werner und seine Kameraden etwas wehmütig dann, wenn ihr asketischer Regens Besuch von seinen eigenen Nichten und Neffen bekommt. Da darf die harte Schale dann getrost weich werden. Ein seltenes Ereignis. Leider. Nur ein wenig bleibt davon manchmal auch für das Internat übrig, abends, wenn Pater Bernward noch klassische Musik in den Studiersaal überträgt, in dem man normalerweise höchstens die sprichwörtliche Stecknadel fallen hören darf.

Auch die in der Regel noch deutlich jüngeren Präfekten schaffen kein spürbares Gegengewicht im Beziehungsgefüge des Missionsseminars. In der Verantwortung für dreißig bis fünfzig Schüler pro Erzieher bleibt kaum Raum für differenzierte Wahrnehmung und individuelle Zuwendung. Allein schon die Sorge um die Einhaltung der Ordnung kostet einen großen Teil der Aufmerksamkeit aller Beteiligten – die freilich vor allem die Kinder und Jugendlichen nicht immer aufbringen (können oder wollen). Auch Missionsseminaristen pubertieren. Auch Missionsseminaristen schlagen mal über die Stränge. Auch Missionsseminaristen brauchen Freiräume, in denen sich das Leben zeigen darf – das *ganze* Leben.

»Auswüchse« dieser Art bleiben allerdings nicht ohne Konsequenz. Eine sogenannte »Watsch'n« auf die Wange fangen sich die Jungen relativ schnell ein. Gefürchteter ist das »Tatzenstrecken«, bei dem die Jungen zwei, drei, vier, fünf Schläge mit einem Bambusrohr auf die ausgestreckten Finger »erhalten« – oder besser: über sich ergehen lassen müssen. Fast alle kennen das auch schon aus der Volksschule. Und viele der Jungen haben bitter erfahren müssen, dass sie in dem Augenblick, wo sie zu Hause zur Sprache bringen, dass sie in der Schule geschlagen werden, die gleiche Strafe noch einmal erhalten: »Wirst schon verdient haben, die Tracht Prügel vom Herrn Lehrer!« Schmerzhafte Lektionen. Dicke Freundschaftsbande untereinander helfen, diese Momente – wie auch die Strafarbeiten im Seminar, die sich über Monate hinziehen können – zu überstehen. Ein heimliches nächtliches Picknick etwa, bei dem eine Gruppe Jungen ausgelassen die Hühnchen verspeist, die eine Mutter ihrem Sohn und seinen Freunden ins Internat schickt, hat eine halbes Jahr lang die Mitarbeit auf einer der Klosterbaustellen zur Folge: täglich eine halbe Stunde Schubkarren schieben. Und der »natürlich« nicht gestattete Ausflug zum Faschingsball ins nahegelegene Türkenfeld kostet alle Beteiligten die Eintrittskarten zu den Passionsspielen in Oberammergau. Stattdessen: Hausarrest!

Gott sei Dank gibt es doch einen Menschen, den die Jungen sehr verehren und dem sie herzlich vertrauen. Auch Werner tut das. Dieser Mensch ist Pater Willigis Erhardt, einer der Lehrer. Der hagere, sportliche Mann mit großer Brille, gerade einmal Mitte dreißig, kommt frisch von der Münchener Uni. Er zeigt, dass es möglich ist, nicht nur das Fach Deutsch, sondern auch die Fächer Latein und Griechisch »alternativ« zu unterrichten. Und dass man als ordensangehörige Lehrperson an einem Missionsseminar streng, gradlinig, anspruchsvoll *und* liebenswürdig, warmherzig, verständnisvoll, grundehrlich, achtsam und zugewandt sein kann. Auch spricht Pater Willigis die Jungen hin und wieder von sich aus an, wenn er spürt, dass es irgendwo brennt. Das gilt unter den Präfekten annähernd als Tabu. Schließlich will man, so die gängige Ansicht, die angehenden Missionare nicht verhätscheln! Entsprechend groß ist die Ablehnung, die der junge Benediktinerpater bei einigen seiner Mitbrüder erntet. Wofür? Dafür, dass er die Kinder und Jugendlichen, die ihm anvertraut sind, eher durch vorbehaltloses Vertrauen und durch Einfühlungsvermögen als durch Strafen lenken will. So jedenfalls erleben es die Jungen um Werner zum Ende der 1950er-Jahre.

Ja, so wie Pater Willigis, so möchten sie einmal werden. So möchten sie später ihren Glauben in die Welt hinaustragen. Da sind sich die Jungen einig. Dafür ertragen sie alles Mögliche um sich herum. Dafür beißen sie sich durch den strengen Schulalltag. Schließlich sind sie ja »Ottilianer«. Das will schon etwas heißen! Und tatsächlich heißt »Ottilianer sein« ja auch, eine erstklassige Schulausbildung zu erhalten. Unterrichtet werden die Fächer Deutsch, Latein, Griechisch, Englisch, als Wahlfach Französisch, Religion, Geschichte, Sozialkunde, Geografie, Mathematik, Physik, Chemie, Biologie, Kunst, Musik, Sport und als weiteres Wahlfach sogar Kurzschrift.

Obwohl das Missionsseminar ein pures Berufsseminar ist – das heißt: wer dort zur Schule geht, hat (eigentlich) anschließend ins Kloster zu gehen –, kennt der Lehrbetrieb keinerlei Engführungen. Der Lesestoff ist anspruchsvoll und breit gefächert; er reicht von Goethe bis Kafka, von Schiller bis Rilke, von Hölderlin bis Borchert. Die Schüler gehen mit Brentano auf Reisen, bangen mit Gottfried Keller um Romeo und Julia, erleben mit Thomas Mann schwere Stunden oder lernen mit Lessing von Nathan dem Weisen Grundlegendes über Toleranz und die Gleichberechtigung der Religionen. Zum Ende der Fremdsprachenklassen können sich die zukünftigen Missionare nicht nur fließend in Englisch oder Französisch unterhalten, sondern auch in klassischem Latein oder Griechisch – eine Fertigkeit, die Abtprimas Notker Wolf bis heute in den Höhen und Tiefen weltkirchlicher Räume dankbar zu schätzen und zu nutzen weiß.

Auch die naturwissenschaftlichen Fächer genießen einen hohen Stellenwert und werden möglichst lebensnah unterrichtet, finden also etwa, so oft es geht, in der freien Natur statt. Die technische Ausstattung beeindruckt dazu ebenso wie das vorhandene Anschauungsmaterial in den schuleigenen Ausstellungen: verschiedene Kunststoffe, natürliche und synthetische Textilien, Aluminium, Eisenerze, Gesteine und geologische Formationen, Salze, Erdöl, Düngemittel oder Naturseide und nicht zu vergessen das große Aquarium, das die Schüler laufend mit verschiedensten Tieren und Pflanzen besetzen und auch selbst pflegen.

Eine willkommene Abwechslung vom herkömmlichen Lehrbetrieb bieten die regelmäßig gezeigten Filme und Bildstreifen außerhalb wie innerhalb des regulären Unterrichts, in dem man sich im Übrigen ungewöhnlich viel Raum für die künstlerische und musische Entwicklung und Förderung der Schüler nimmt. Verblüffend aufgeschlossen heißt es etwa im Jahresbericht des Schuljahrs 1956/1957: »Die Kunsterziehung will die schöpferischen Kräfte pflegen und zur Entfaltung bringen. Zum freien Malen und Zeichnen nach der Fantasie, das in den unteren Klassen den Vorrang hat, kommt das freie Nachschaffen vor der Natur; das soll kein Abzeichnen sein, sondern ein ordnendes, klärendes Erfassen und ein künstlerisches Gestalten des Wesentlichen. Es werden dabei keine perfekten Kunstwerke erwartet, sondern der dem Alter und der individuellen Art des Schülers entsprechende Ausdruck künstlerischen Bemühens. Der Erfolg oder die Benotung hängen also nicht, wie viele Eltern annehmen, von einer außerordentlichen künstlerischen Begabung ab, sondern ebenso sehr von der hingebungsvollen Bereitschaft und dem ernsten Bemühen, sich einer musischen Aufgabe zu widmen.«

Dementsprechend werden Kunst und Musik in allen Klassen beständig unterrichtet. Und neben dem planmäßigen Klassenunterricht werden noch freie Kurse für verschiedenste Mal- und Schnitztechniken, für Kalligrafie, für Glasarbeiten, für Papierbatiken und Klebetechniken, für Stein- und Holzbearbeitung, für Architektur, für Klavier, für Streich- und Blasinstrumente, für

Stimm- und Gehörbildung angeboten sowie Orchesterübungen, Schola und Chorsingstunden abgehalten. Nein, im Missionsseminar sind nicht nur Choral oder geistliche Chormusik zu hören, sondern auch die sogenannten »Stilkreise der neuen Musik«, zum Beispiel Jazz – hierbei immer ganz vorne mit dabei: Werner Wolf, bei dem neben dem Gesang, der Geige und der Querflöte auch das Theater hoch im Kurs steht. Längst hat er seine Liebe zur »Bühne« entdeckt, ganz gleich, ob die in der Aula, im Musiksaal oder in der Kirche »steht«.

Für die kleineren und größeren Auftritte im ersten, noch bescheidenen Scheinwerferlicht opfert Werner unzählige Nachmittags- und Abendstunden. Und er strapaziert damit durchaus die Freundschaft seiner Kameraden. Nicht seine vielerlei Begabungen nerven sie mitunter, sondern sein ausgeprägtes Geltungsbedürfnis. Das ist der Schatten einer gleichermaßen intelligenten wie kreativen jungen Persönlichkeit, an der so vieles andere aller Achtung wert ist. Für seine Freundlichkeit, seine Begeisterungsfähigkeit, seine Beharrlichkeit und nicht zuletzt für sein stetes Bemühen, die anderen, vor allem die Schwächeren, mitzuziehen, lieben ihn (nicht nur) seine Klassenkameraden.

Spätestens im Sportunterricht verkriecht sich Werners Geltungsfreude ohnehin in den allerletzten Winkel. Seine Muskeln lässt er nicht so gern spielen. Kein Wunder! Da gibt es für den schmächtigen Teenager nicht viel zu gewinnen. So bringt er sie immer nur irgendwie hinter sich, die »körperlichen Ertüchtigungen«, auf die im Lehr- und Erziehungsgefüge des Missionsseminars gleichwohl höchster Wert gelegt wird: »Der Sportunterricht will nicht in erster Linie körperliche Fertigkeiten vermitteln oder große Leistungen erzielen, sondern die Leibeserziehung richtet sich auf eine harmonische Entfaltung der Gesamtperson des Schülers. So bemühen wir uns, durch systematische Körperschulung alle im jungen Menschen ruhenden Kräfte leiblicher, seelischer und geistiger Art zu wecken und zu fördern. Fleißiges Üben an den Geräten, an Reck, Kasten und Barren helfen manchem Schüler die Angst vor dem Wagnis überwinden, stärken Mut, Entschlusskraft und Selbstvertrauen«, so Pater Wolfram Gampel, einer der Seminarpräfekten und Sportlehrer, im Schuljahrbuch 1958/1959.

Neben dem täglichen Frühsport und den beiden Stunden Sportunterricht im regulären Wochenplan, wird durch Fußball-, Volleyball- oder Faustballspiel in der täglichen »Pflicht-Spielstunde des Internates« und die regelmäßige Teilnahme an den Bundesjugendspielen, am Jugend-Sportabzeichen oder an Fußballturnieren in der näheren und weiteren Umgebung dem Bestreben, »den notwendigen Ausgleich für Körper und Geist zu schaffen und Haltungsschäden zu bekämpfen«, ein spürbarer Ausdruck verliehen. Auch gehören alljährlich stattfindende Skiwochen in den Alpen zum durchaus privilegierten Sportangebot der Klosterschule. Und es sind nicht nur die zukünftigen Südseemissionare, die dankbar sind für das konsequente Bestreben der Sportlehrer, alle Schüler bis zum Abitur zu geübten »Freischwimmern« auszubilden – im stets instand gehaltenen klostereigenen Schwimmweiher, versteht sich.

Für einen eher unsportlichen Jungen wie Werner Wolf bedeutet solch ein Sportprogramm eine echte Herausforderung. Und tägliche Überwindung. Himmlischer Beistand hilft auch hier: »Unser Gott steht aufseiten derer, die im Leben einen starken Verbündeten brauchen.« Das gilt im Kleinen wie im Großen. Als Schüler nimmt Werner es für das Kleine dankbar in Anspruch. Als Abtprimas wird er einmal im Blick auf das Große in Kirche und Welt hinzufügen: »Das ist für mich einer der Gründe, Gott zu lieben.«

Aufatmen kann Werner, wenn es während seiner Internatszeit in die Oper oder ins Theater nach München oder Augsburg geht:

Turandot, Zauberflöte, Faust, das Tagebuch der Anne Frank, Fidelio, Don Camillo, Antigone, der Barbier von Sevilla, das fliegende Klassenzimmer, Aida ... Herrlich! Auch diese Nachmittage oder Abende sind nicht die Ausnahme, sondern die Regel in allen Schuljahren, die nie nur von sportlicher Disziplin, konsequenter Paukerei oder klösterlicher Strenge geprägt sind, sondern auch vom ausgelassenen Feiern. Die Anlässe sind zahlreich: Namenstag von Vater Erzabt, Professjubiläum von Pater Rektor, Advent, Nikolaustag, Weihnachten, Fasching, Ostern, Elterntag, Tag der Hausmusik oder Schulabschluss. Zu diesen Anlässen kann man erleben, dass den Schülern des Missionsseminars nicht »nur« künstlerische und musische Eindrücke vermittelt, sondern sie vor allem auch zur eigenen künstlerischen und musischen Tätigkeit angeregt werden sollen. Diesen Impuls nehmen sich viele der Jungen, auch Werner, begeistert zu Herzen. Unter der Leitung von Pater Konradin Rauh, Pater Guntram Hiemerer oder »ihrem« Pater Willigis schlüpfen sie lernbereit von einer Rolle in die nächste und treten zu den verschiedenen Feiern je mit kleineren und größeren Bühnenstücken auf. Für die Proben kommen die Jungs mitunter sogar eher aus den Ferien zurück. Zudem wird so mancher Festakt der Schule neben instrumentalen und gesanglichen Einzeldarbietungen eindrücklich vom Blasorchester des Seminars begleitet, das sich unter der Leitung von Pater Albert Rieger auch bei den Jugendfeiern des Eucharistischen Weltkongresses 1960 in München die Ehre geben darf. Gründungsmitglied dieses heute großen, renommierten und mit zahlreichen Preisen ausgestatteten Schülerblasorchesters: Werner Wolf!

Gemeinsam mit seinen musikalischen Seminargenossen gibt er selten Ruhe, wenn es ums gemeinsame Musizieren geht. Auch hier zeigen sich die Jungs äußerst engagiert. So spielen sie nicht nur am Sonntagnachmittag ausgelassen an der Klostergastwirtschaft auf, sondern geben auch Konzerte in der Gefängniskirche in Landsberg am Lech: vor bis zu vierhundert Häftlingen, die die Klosterschüler mit einer bis dahin fremden Lebenswirklichkeit konfrontieren. Es sind ungewohnt tiefe Eindrücke, die die abendlichen Gebete plötzlich ganz anders klingen lassen. Lebensnah. Und sehr konkret: »Ich will den Namen Gottes rühmen in meinem Lied, in meinem Danklied ihn preisen. Das gefällt dem Herrn mehr als ein Opferstier, mehr als Rinder mit Hörnern und Klauen. Schaut her, ihr Gebeugten, und freut euch; ihr, die ihr Gott sucht: euer Herz lebe auf! Denn der Herr hört auf die Armen, er verachtet die Gefangenen nicht« (Buch der Psalmen, Psalm 69, Verse 31–34).

Als Belohnung für die vielen gelungenen Auftritte gibt es für die Seminaristen auch schon einmal einen schulfreien Tag – der zu weiterem kreativen Schaffen anspornt. Als ein Highlight der Schulgeschichte gründen Pater Willigis und die Klasse um Werner im Schuljahr 1959/1960 die »Ottilianer Puppenkiste«, mit der die Jungs nicht nur zur Namenstagfeier von Erzabt Suso Brechter, sondern auch äußerst erfolgreich in der näheren Umgebung öffentlich auftreten. Bühne und Bühnenbild sind von den Schülern selbst gefertigt; die Puppen steuert eine dem Kloster nahestehende Kunsterzieherin bei. Nicht nur die umliegenden Schulen danken es den engagierten Missionsseminaristen, die an ihren unterrichtsfreien Tagen ansonsten gern miteinander unterwegs sind. Wandertage führen in die nähere und weitere Umgebung. Und die zahlreichen Bildungsfahrten eröffnen Ein- und Ausblicke, die den meisten Schülern von zu Hause aus niemals zugänglich gewesen wären: Eichstätter Dom, Ulmer Münster, Schloss Neuschwanstein, Insel Reichenau, die Solnhofener Steinbrüche, Donauschifffahrten oder Museumsbesuche in Augsburg oder München, die die »Kirchliche Architektur der Gegenwart« ebenso erschließen helfen, wie die »Internationale Fotokunst« oder die Süße des »Rokoko«.

Für eine Schule im ländlichen Raum im Deutschland der 1950er-Jahre hat der gesamte gebotene Lehr- und Internatsbetrieb des Missionsseminars von Sankt Ottilien absoluten Seltenheitswert. Ebenso die religiöse Erziehung freilich. Jedes Schuljahr im Missionsseminar beginnt und schließt mit einem feierlichen Gottesdienst. Und kein Tag dazwischen vergeht ohne gemeinsame Messfeier:»um Gottes Segen zu einem erfolgreichen Arbeiten an unserer Klosterjugend zu erflehen« und »im aufrichtigen Dank an Gott, den Vater aller guten Gaben«. Auch die einzelnen Tagzeiten werden lückenlos vom Gebet in seinen unterschiedlichen Ausdrucksformen begleitet, bevor das »Geistliche Wort« nach dem Abendgebet den Blick aller nochmals konzentrieren will: auf ein Leben für Gott und die Welt, auf das sich hier weit mehr als hundert Kinder und Jugendliche vorbereiten. Angestrebtes Berufsziel: Priester und Missionar. Ausnahmslos. Jedenfalls offiziell. Der Blick in die Herzen verrät im Laufe der Jahre auch anderes.

Die Teilnahme der Missionsseminaristen an den großen liturgischen Feiern in der Erzabtei lässt erahnen, wohin es einmal gehen soll. Regelmäßige geistliche Vorträge und Ansprachen der Präfekten und die jährlichen »Geistlichen Übungen«, geschlossene Tage der inneren Einkehr, »sollen dem persönlichen Suchen und Streben der Einzelnen immer neue Impulse geben«. Die »charakterliche und sittliche Selbsterziehung« zählt also nicht nur zu den pädagogischen, sondern auch zu den wichtigen katechetischen Zielen. Von heute aus betrachtet ist das für zehn- bis zwanzigjährige Kinder, Jugendliche und junge Erwachsene nahe an der Überforderung. In den 1950er-Jahren erscheint es als notwendige Grundvoraussetzung für ein Leben als Missionar in weiter Ferne, die nicht früh genug eingeübt werden kann. Irgendwann werden Werner und seine Schulkameraden nach wochenlangen Schiffsreisen und strapaziösen Landpartien mehr oder weniger auf sich allein gestellt eine Lebensaufgabe bewältigen müssen, von der sie sich im Moment nicht wirklich vorstellen können, was sie eigentlich bedeutet. Umso wichtiger sind die regelmäßigen Besuche der »echten« Missionare im Seminar, die in ihren Heimaturlauben bereitwillig aus dem Leben in den »ausländischen Missionen« berichten. So ziemlich alles, was es da aus den fernen »Heidenlanden« zu hören gibt, ist für die Jungen atemberaubend. Immer aufs Neue. Von einem Moment zum anderen steht das Ziel des längst eingeschlagenen Weges eindrücklich vor Augen, bekommt Herz und Stimme.

Bereits Ende des 19. Jahrhunderts gehen die ersten »Ottilianer« nach Deutsch-Ostafrika/Tanganjika, dem heutigen Tansania. Bald nach der Jahrhundertwende gelingt der Aufbau christlicher Zentren benediktinischer Prägung in Korea und in der chinesischen Mandschurei. In den 1920er-Jahren fasst die Gemeinschaft Fuß im südafrikanischen Zululand. In den 1930er-Jahren wird das erste Kloster in den Vereinigten Staaten von Amerika gegründet; nur ein Jahrzehnt später dürfen Mitbrüder erstmals auf dem südamerikanischen Kontinent mit dem klösterlichen Leben beginnen: in Venezuela. Von irgendwo dort her kommen also etwa Pater Ignaz Jutz, Pater Placidus Portmann, Pater Ernst Sieberts, Pater Osmund Kästner, Bruder Nikolaus Fuchs oder Pater Fabian Damm, die allesamt die große, weite Welt ins »kleine Kloster Sankt Ottilien« bringen. Nein, einfach nur »hinter Klostermauern« wird dort niemand groß. Das Leben, in das alle sich einzuüben versuchen, hat andere Grenzen. Die Welt ist dafür nicht genug.

Für viele Menschen in Deutschland liegt »die große, weite Welt« ein paar Jahre nach Ende des Zweiten Weltkriegs noch entweder in Trümmern oder zu einem Großteil eher geheimnisvoll und dunkel da. Was die Jungen um Werner im Missionsseminar aus erster Hand erfahren, ist in der inhaltlichen wie darstellerischen Dichte also annähernd spektakulär. Durch mitgebrachte Fotografien und sogar Filmaufnahmen setzen die gestandenen Missionare ihre alltagsnahen und ohnehin eindrücklichen Erzählungen noch zusätzlich in Szene.

»Mittendrin statt nur dabei«, lautet heute ein Werbeslogan für einen Sportsender. »Mittendrin statt nur dabei« sind an diesen Nachmittagen oder Abenden auch Werner und seinen Schulkameraden. Mittendrin im archaischen Leben der Menschen in den Massai-Dörfern Tanganjikas; mittendrin im »Land der tausend Hügel«, wie das Zululand im nordöstlichen Südafrika mit seinen stolzen Kriegern seit jeher genannt wird; mittendrin in der sprudelnden lateinamerikanischen Metropole Caracas, in der gut zweihundert Kinder – wie hier in Sankt Ottilien – bei den Missionsbenediktinern zur Schule gehen; mittendrin in der uralten Mönchskultur Asiens, die seit einigen Jahrzehnten nun auch eine christlich-benediktinische Prägung kennt; mittendrin auch in den Kerkern der nordkoreanischen Hauptstadt Pjöngjang oder im Arbeitslager Oksadok, wo mehr als dreißig Ottilianer Mönche grausam ums Leben kommen; mittendrin also auch in den Unsicherheiten, den Gefährdungen, den Schicksalen der Missionare, die noch in den 1950er-Jahren vielfach als »Blutzeugen« in die christliche Missionsgeschichte eingehen.

Werner Wolf liebäugelt zum Ende seiner Schulzeit trotzdem mit einem Missionseinsatz in Asien. Das liegt nicht zuletzt an Pater Eligius Kohler, Werners Nachhilfelehrer in Latein. Pater Eligius gehört zu den ehemaligen Korea-Missionaren, die die Schreckensjahre im Arbeitslager überleben. Im Jahr 1954 kehrt er überraschend nach Sankt Ottilien heim – und begeistert trotz aller Leiden nicht nur Werner für Korea und dessen feinsinnige Bevölkerung. Pater Eligius liegt viel an den Jungen, nicht zuletzt an Werner, der durch seinen späten Schulwechsel erst noch drei Jahre Latein nachlernen muss. Im ersten Jahr schreibt er abwechselnd Einsen und Sechsen. Es ist zum Verzweifeln. Für den Schüler genauso wie für den Nachhilfelehrer, der mit Herzblut bei der Sache ist, wenn es darum geht, den Traum von der Mission für die einzelnen Schüler nicht schon am ungeliebten Latein scheitern zu lassen. So lernt Werner den Mann, der Unvorstellbares durchlitten hat, schätzen.

Als Pater Eligius zu Weihnachten 1955 noch vom »alten« Erzabt Chrysostomus Schmid gebeten wird, schon im kommenden Jahr nach Korea zurückzugehen, um im Süden des Landes einen benediktinischen Neuanfang in Angriff zu nehmen, fließen Tränen. Das erste Mal schimmert für Werner jenseits des »Abenteuers Mission« etwas davon durch, was es heißen mag, das eigene Leben selbstlos für Christus und seine Botschaft hinzugeben. Und ganz langsam, eigentlich unmerklich noch, beginnen die romantischen Phantasien des Jugendlichen zu einer Lebensentscheidung zu reifen, in der die ungeahnten Herausforderungen eines missionsbenediktinischen Lebens angemessen mit einbezogen sind.

Dazu gehört, dass Werner es eigentlich kaum noch erwarten kann, endlich etwas zu *tun*. Die ganze Lernerei und Beterei ist ja schön und gut! Doch Werner will seinen Glauben vor allem in die Tat umsetzen. Damit ist er nicht allein. Die Klasse, in der er lernt, gehört zahlenmäßig zu den größten im Seminar. Und zu den engagiertesten. Für die Seminarleitung ist das nicht immer bequem. Mit ihren gerade einmal sechzehn Jahren trotzen sich die Jungs – als Novum in der Seminargeschichte – mutig den regelmäßigen Bezug einer Tageszeitung ab. Es reicht zwar »nur« zur »Tagespost«, doch die ist erst einmal besser als nichts im Vergleich zu den sonst einzig erlaubten Kirchenzeitungen.

Das »Grusellabyrinth«, das Werner und seine Klassenkameraden zu Fasching zusammenzimmern, gehört da eher zu harmlosen Herausforderungen, die Direktor, Regens oder Erzabt vor der versammelten Seminargemeinschaft »tapfer« annehmen. Der innig gehegte Wunsch, in Sankt Ottilien eine Pfadfindergruppe zu gründen, erfüllt sich allerdings nicht. Da rennt Werner mit seinen Freunden vor verdammt dicke Klostermauern. Der Jugendverband mit der »täglich einen guten Tat« gilt hinter vorgehaltener Hand als nicht fromm genug – und darum als »unpässlich« im Missionsseminar. Das ist die Totschlagbegründung schlechthin! Nicht nur zu dieser Zeit.

Die Jungs tun sich schwer mit der konsequenten Ablehnung einer ihrer Herzensangelegenheiten. Sie sind enttäuscht. Was ihnen bleibt, das ist die »Legio Mariens«. Erzabt Suso Brechter höchstpersönlich regt kurz nach seiner Wahl im Jahr 1957 die Gründung einer Ortsgruppe im Missionsseminar an. Widerspruch also ist zwecklos. So machen die Jungs das Beste draus – und wählen erst einmal Werner als erste offizielle Amtshandlung zu ihrem »Präsidenten«. Das ist so vorgesehen im strikten Regelwerk der aus Irland stammenden katholischen Laienbewegung, die seit den 1920er-Jahren versucht, im Glauben »die Welt zu erobern«. Die Mitglieder sind zunächst Frauen; erst nach einem knappen Jahrzehnt schließen sich auch Männer dem damals äußerst ungewöhnlichen Laienapostolat an, das die »Legionäre« in die Krankenhäuser, die Obdachlosenasyle oder in die Rotlicht-Milieus ihrer Heimatorte führt: »auf dass Gott mehr und mehr geliebt werde«.

Den Kirchenoberen ist diese Form tätigen Glaubens ziemlich suspekt. Das von heute aus gesehen deutlich konservative Gepräge der Legio ist im Zeitgeist der 1920er- bis 1950er-Jahre also durchaus »revolutionärer« einzuordnen. Es braucht erst eine Empfehlung von Papst Pius XII., um die Bedenken endgültig zu zerstreuen. Von da an breiten sich die »Präsidien«, die kleinsten Gruppen der Legio, in ganz Irland, in Schottland und in England aus, und ab den 1930er-Jahren auch in Indien, den Vereinigten Staaten von Amerika, in China und sogar in einigen afrikanischen Ländern. Ab den 1940er-Jahren greifen die apostolischen Ideen der marienbegeisterten Iren auch auf dem europäischen Festland Raum, ab den 1950er-Jahren ebenso in Lateinamerika.

Als Werner Wolf das erste Präsidiumstreffen der Legio Mariens im Missionsseminar zu Sankt Ottilien eröffnet, gehört er mit seinen Freunden durchaus zu den Pionieren einer religiösen Idee, die das regelmäßige gemeinsame Gebet mit einem strategisch geplanten Einsatz für die Schwächeren einer jeden Gesellschaft zu kombinieren weiß. Wöchentliche Ausgangspunkte für das Kirche und Gesellschaft gestaltende Engagement sind die regelmäßigen Präsidiumstreffen, die immer nach dem gleichen Schema ablaufen – überall auf der Welt und bis heute: gemeinsames Rosenkranzgebet, geistliche Lesung, Tätigkeitsbericht und Planung der neuen Arbeitsaufträge sowie eine kurze Ansprache des geistlichen Leiters, die »Allocutio«.

Kein Geringerer als Prior Paulus Hörger hat die geistliche Leitung der Legio Mariens im Missionsseminar inne. Das bezeugt die Ernsthaftigkeit, mit der diese Gruppenaktivität vom »großen Kloster« unterstützt wird. Von dort her gilt es, den religiösen Eifer der Junglegionäre allerdings eher zu bremsen. So erinnert Pater Paulus etwa auch den Legio-Präsidenten Werner an das benediktinische »rechte Maß«, als der die Aufnahmebestimmungen in die Gruppe allzu streng formuliert. Frömmigkeit und Tatendrang dürfen ruhig etwas bescheidener ausfallen, um sich als »Legionär Mariens« würdig zu erweisen! Für Werner ist das eine Lektion fürs Leben.

Leider bleibt es trotz allen Wohlwollens der Seminarleitung für die Schüler schwierig, in dem abgezirkelten Lebensumfeld, das sie umgibt, angemessene Tätigkeitsfelder zu finden. Doch auch diese Not macht erfinderisch. Internat, Schule, Kirche,

Missionsmuseum, Klosterdorf – all das machen die Junglegionäre zu »ihrer Welt«, die es im Geiste des Evangeliums zu gestalten gilt. Nicht nur Werner ist Feuer und Flamme. Gemeinsam
putzen die Jungs also Kirche oder Missionsmuseum, verschönern
die Gartenanlagen, renovieren Klassenräume, bringen die Schau-
kästen des Seminars auf Vordermann, setzen sich für soziale Ver-
besserungen im klösterlichen Erziehungsbetrieb ein oder erweisen sich vor allem für die vielen Wochenendbesucher der Abtei
als fachkundige und freundliche Führer durch Missionsmuseum
und Klosterdorf. Und schließlich setzen sie es doch noch durch,
auch außerhalb des Klosters »wirken« zu dürfen.

Dazu gehen die wohlerzogenen Seminaristen in ein nahege-
legenes Caritas-Altenheim, in dem viele eher mittellose und vom
Krieg gezeichnete Menschen leben: eine Begegnung zur Freude
für beide Seiten. Die Jungs erweisen sich als verlässliche Besucher
und als ebenso interessierte wir geduldige Zuhörer in der Lebensschule der Alten, die bereitwillig und dankbar ihre Türen und
ihre Erinnerungen öffnen – und ein begeistertes Publikum geben, wenn das Seminartheater Sankt Ottilien zu Weihnachten
oder Fasching allzu gern auch im Altenheim die eine oder andere
Vorstellung gibt. »Kaum mehr habe ich in so kurzer Zeit so viel
über das Leben gelernt, wie an diesen Sonntagnachmittagen in
den späten 1950er-Jahren«, sagt der Abtprimas noch heute nachdenklich. Das ist tatsächlich erstaunlich für einen Menschen, der
in den letzten gut drei Jahrzehnten gefühlte hundert Mal um die
ganze Welt gereist ist.

Als »Präsident« in der Legio Mariens genießt Werner Wolf
das Privileg, regelmäßig an der nächstgrößeren Einheit der
Junglegionäre teilnehmen zu dürfen. Einmal im Monat geht es
dafür nach München in die sogenannte »Kurie«, in der sich die
Präsidenten *und* die Präsidentinnen der einzelnen Legio-Orts-
gruppen zum Austausch treffen. Werner gewinnt dort nicht nur

neue Freunde, sondern auch eine Freundin: Paula Kugler, eine fesche kaufmännische Auszubildende aus München. Beide genießen das Beisammensein, den gegenseitigen Austausch, die geteilten Ideale, die Begeisterung für das Missionarische, das Lebenspraktische. »Mit dem Glauben etwas für die Menschen und die Welt anfangen«, das beflügelt auch Werners Beziehung zu Paula. Nebst einer ungewohnten Begeisterung für alles, was weiblich ist an ihr, versteht sich.

Schließlich aber werden beide ihrer ersten Liebe folgen. Paula lebt heute als Schwester Ehrenfrieda in der Gemeinschaft der Missionsdominikanerinnen vom Heiligsten Herzen Jesu im Kloster Strahlfeld im Bistum Regensburg. Im Jahr 2013 wird sie ihr goldenes Professjubiläum feiern. Auf dem Weg dahin macht sie im Kloster ähnliche Erfahrungen, wie auch Werner sie vor sich hat. Statt in die ersehnte Mission zu »dürfen«, wird sie viele Jahre als Berufsschullehrerin in Deutschland arbeiten – bevor sie schließlich mit vierundvierzig Jahren als Missionsprokuratorin ihres Ordens doch noch in die Missionsarbeit einsteigt. Anders als gedacht, »nur« von Deutschland aus, deswegen aber nicht mit weniger Herzblut.

Mit großer Begeisterung und tiefer Dankbarkeit lebt sich Werner Wolf im Laufe von sechs Schuljahren in die »Ottilianer Welt« hinein. Ja, die Mädchen sind aufregend und hübsch – eines, wie gesagt, ganz besonders –, und die Welt »draußen« scheint durchaus verheißungsvoll ins »kleine Kloster« von Sankt Ottilien hinein. Doch das, was sich für Werner und die Hälfte seiner Klassenkameraden im Schatten der Abteimauern verdichtet, deutet auf ein anderes Leben hin. In der Ordensregel des heiligen Benedikt von Nursia wird dieses andere Leben etwas martialisch »Kriegsdienst unter Regel und Abt« (Benediktsregel, Kapitel 1, Vers 2) genannt. Worauf lässt man sich da ein? Was erwartet die Missionsseminaristen?

Werner muss zum Ende des zwölften Schuljahres erst einmal feststellen, dass seine Tanzerei auf allen Hochzeiten – Musik und Theater und Legio Mariens und, und, und ... – zu einem deutlich verschlechterten Notendurchschnitt geführt hat. Der obligatorische Einser-Schüler findet sich hier und da »nur« noch im Mittelfeld wieder. Da hilft alle Begeisterung nichts. Im letzten Schuljahr muss eine andere Konzentration her, wenn Werner nicht riskieren will, sich eventuelle Zukunftsperspektiven auch außerhalb des Klosters zu verbauen. Man weiß ja nie. Ohne Stipendium würde er nicht studieren können. Nie. Und für ein Stipendium, am besten für das Maximilianeum in München, muss eine Eins im Abitur her! Dafür gibt Werner kurzerhand die Geige auf, schlüpft auf den Brettern, die die Welt bedeuten, eher in kleinere Nebenrollen und legt das Amt des Legio-Präsidenten nieder. Sein Mut, loszulassen, seine Konsequenz und sein Fleiß werden belohnt. Binnen weniger Monate gehört Werner wieder zu den drei besten Schülern seines Jahrgangs – und besteht sein Abitur mit einer (fast) glatten Eins.

Irgendwann in diesen letzten Wochen ihrer Schulzeit setzen sich die Abiturienten des Missionsseminars zu Sankt Ottilien zusammen, um sich über ihre jeweiligen Zukunftspläne auszusprechen. Hand aufs Herz: Wer plant, ins Kloster zu gehen? Und wer nicht? Alle sitzen gespannt da. Eher still. Es wird nicht diskutiert, nicht dreingeredet. Der Jahrgang mag sich sehr. Die Jungs erleben sich über die Jahre als »verschworene Gemeinschaft«. Alle vertrauen und respektieren sich. Keiner muss sich »blöd« vorkommen. Der Dümmste nicht. Der Schlauste nicht. Und der Frömmste auch nicht. Zehn der insgesamt zwanzig jungen Männer wollen schließlich den Schritt ins »große Kloster« wagen. Die anderen zehn werden zu Hause schonend »rüberbringen« müssen, warum sie nicht einlösen wollen, was die Eltern vor Jahren für ihre Söhne unterschrieben haben, als sie sie im Missionsseminar angemeldet haben. Im Jahr 1961 ist das im erzkatholischen Bayern keine leichte Mission. Im ebenso katholischen Münsterland ist es nicht leichter. Und im Erzgebirge auch nicht. Von überall dort stammen die Missionsseminaristen.

Überhaupt ist die gesamte Schulzeit im »kleinen Kloster« nicht eigentlich eine leichte Mission. Zucht und Ordnung dieser Jahre kosten manche Schüler mehr als Werner. Was er lange wegzustecken weiß ob seiner vielerlei Begabungen und seines durch und durch positiv gestimmten Naturells, erleben andere neben dem vielen, was sie dort für ihr Leben mitbekommen, als Last, manchmal als Entwürdigung: die strenge (Tages-)Ordnung, die entsprechend strikte Kontrolliererei, die vorgesehenen Strafarbeiten und Züchtigungen, die ausgesprochenen oder unausgesprochenen hohen Erwartungen, der durch und durch anspruchsvolle Unterricht, die alles durchdringende Religiosität.

Werner Wolf selbst erfährt sich in der »Ordnung« des Missionsseminars »in seinen Schwächen geschützt und in seinen Stärken gefordert«. Der gepflegte Blick auf beides bezeichnet für ihn einen besonderen Wert. Denn bei aller vorherrschenden Strenge gerät im Seminar niemand unter die Räder. Ganz im Gegenteil. Alle, die Begabten und die weniger Begabten, schaffen das Abitur und damit einen wichtigen Schritt in Richtung eines eigenverantwortlichen Lebens. Alle miteinander lernen das Lernen, lernen, sich durchzubeißen, lernen die Freude am Gelingen auch schwieriger Unternehmungen. So jedenfalls zeigt es sich einem, der das Gelingen oft auf seiner Seite hat. Und so werden diese Erfahrungen Werner Wolfs Denken und Handeln nachhaltig bestimmen. Eher unbewusst wahrscheinlich. Doch ein ereignisreiches Leben lang, in dem er immer wieder nach der Menschlichkeit oder Unmenschlichkeit von kleineren und größeren Systemen fragt, in denen das Leben der Menschen faktisch oder auch nur ideologisch stattfindet. Nein, vorgegebene Ordnungen sind keinesfalls per se schlecht. Und nicht jede Ordnung manifestiert gleichsam ein starres System. Vielmehr ist eine gewisse Ordnung Grundvoraussetzung dafür, dass sich das Leben überhaupt entfalten kann. »Nicht nur mein Leben, sondern auch das Leben der anderen.« So oder ähnlich liest oder hört man es heute von Abtprimas Notker Wolf in unterschiedlichsten Zusammenhängen immer wieder. Im Blick auf die in Anspruch genommene »Freiheit« und die angestrebte »Selbstverwirklichung« vieler Alt-68er fasst er es vor wenigen Jahren einmal so zusammen: »Ordnung ist menschlich. Unordnung ist unmenschlich. Unordnung begünstigt den Starken und benachteiligt den Schwachen. Ordnung verhilft dem einen und dem anderen zur Entfaltung seiner Kräfte.«

Tief dankbar und mit viel innerer Verpflichtung weiß der Abtprimas bis heute um die Einmaligkeit der Chance, die er, der Junge aus einfachsten Verhältnissen, in der Klosterschule der Missionsbenediktiner von Sankt Ottilien für die Entfaltung seiner Lebenspotenziale erhält. Dafür nimmt er während seiner Jugendjahre so manches in Kauf. Auch die quälend langen Monate, in denen er während der Internatsjahre nicht nach Hause darf. Drei Ankerpunkte teilen das Jahr: Weihnachten, Ostern und die Sommerferien. Und nun, nach dem Abitur, ist endlich wieder Sommer. Unbeschwert wie nie.

Notker Balbulus, der es nicht zum Heiligen,
sondern »nur« zum Seligen gebracht hat,
war mir als Namenspatron immer sehr sympathisch.
Es tut der eigenen Entwicklung gut, sich nicht ständig
nach ganz weit oben ausstrecken zu müssen.

NOTKER WOLF

Frater Notker

Am 18. Juli 1961 erhält die Abschlussklasse des Missionsseminars zu Sankt Ottilien die Abiturzeugnisse. Alle treten einzeln
vor und erhalten von Pater Dr. Ildefons Stegmann mit eher erns-
ter, strenger Miene die angestrebte »Reife« bestätigt. Ginge es
nach dem altgedienten Oberstudiendirektor, so würde mancher
hier natürlich nachsitzen müssen. Auch Werner Wolf, der mit
dem Auf und Ab seiner Noten im Laufe der Jahre so manchem
Lehrer den sprichwörtlichen »letzten Nerv« raubt. Der Feierlau-
ne tut das aber keinen Abbruch.

Dabei lassen sich die frohgemuten Schulabgänger nicht einfach nur feiern, sondern tragen auch selbst mit dem, was sie als
Klassenverband am besten können, zur guten Stimmung bei: mit
ihrer geliebten Musik. Werner spielt mit seiner Querflöte aus Jo-
seph Haydns Flötenkonzert, Reinhold Friedrich gibt einen Satz
aus Carl Maria von Webers Klarinettenkonzert zum Besten, und
Erich Wottawah glänzt mit seiner Geige und dem E-Dur-Kon-
zert von Johann Sebastian Bach. Als schließlich Gerdi Beusker und Johann Göschl mit einer Mischung aus noch jungen-

hafter Unschuld und grandiosem Können den Arien Wolfgang Amadeus Mozarts ihre ergreifenden Stimmen verleihen, versteht man im tosenden Applaus der Familien, der Heimatpfarrer und »Wohltäter« sein eigenes Wort nicht mehr. Freilich ist der feierliche Gottesdienst in der Abteikirche das Herzstück der offiziellen Schulabschlussfeier, an der auch das »große Kloster« gern Anteil nimmt. Die Predigt von Erzabt Suso hat es allerdings noch einmal in sich. Was soll's! Die benediktinischen Erziehungsideale – »liebevolle Beurteilung« (pia consideratio), »Wachsamkeit« (custodia) und »Zucht« (disciplina) – werden vor den Anwesenden heute ja zum letzten Mal gepriesen.

Glücklich und stolz schließt Werner irgendwann an diesem sommerlichen Dienstag seine Eltern und seine kleine Schwester Rita in die Arme. Vor Pfarrer Hartl macht er höflich einen Diener. Er hat's geschafft: Einser-Abitur. Entsprechend schick sieht er heute aus: dunkler Anzug, weißes Hemd und zart gesprenkelte Krawatte, blitzblanke neue Lederschuhe, ein flotter Haarschnitt – und ein breites Lächeln im Gesicht. An Werners Ehrgeiz nagt ein wenig, dass er bis hierher zwei Jahre seiner Schullaufbahn hat wiederholen müssen. Erst traut man dem Zehnjährigen den Sprung von der Volksschule in die weiterführende Oberrealschule nicht gleich zu: körperlich zu schwach und immer noch zu oft krank. Und später, am Gymnasium in Sankt Ottilien, da steckt man den immer noch recht zierlichen Fünfzehnjährigen auch lieber noch ein zweites Mal in die vierte Seminarklasse. Wie soll er es sonst schaffen, all das Latein nachzulernen?

So etwas möchte Werner von nun an nicht mehr erleben. Schließlich hat er es doch allen gezeigt! Für sein ausgezeichnetes Abitur jedenfalls ist er nicht zu klein, nicht zu krank und nicht zu schmächtig gewesen. Das mag nun bitte die ganze Welt endlich zur Kenntnis nehmen. Jawohl! Denn die »ganze Welt«, das ist es doch, was Werner nun im Blick hat. Er gehört zu den zehn Schülern seines Jahrgangs, die sich irgendwann zwischen den letzten Abiturprüfungen drüben an der Klosterpforte melden, um dort die Bitte um die »Aufnahme ins Postulat« loszuwerden. In jenen Jahren ist das nichts wirklich Besonderes. Zum Ende eines jeden Schuljahres finden mal mehr, mal weniger Abiturienten den Weg ins Kloster, der ja eigentlich genau so vorgegeben ist. Seit Jahren schon. Trotzdem ist dieser erste »offizielle« Schritt in Richtung »großes Kloster« auch für Werner Wolf mit einer gewissen Nervosität verbunden. Eigentlich möchte er doch Missionar werden. Darum geht es ihm. Darauf lebt er hin. Seit nunmehr sechs Jahren. Werner möchte in die Welt hinaus, mit seinem Glauben etwas anfangen. Hinter Klostermauern möchte er nicht unbedingt. Da geht es ihm wie vielen seiner Zeitgenossen. Doch es hilft ja nichts. Der Weg in die Mission führt nun einmal übers Kloster. So erhält Werner schlicht die obligatorische »Wäscheliste«, die »695« als seine persönliche Wäschenummer und den Hinweis, dass er sich über den Sommer schon einmal überlegen solle, welcher Ordensname für ihn vielleicht in Frage kommt.

Die Wäscheliste enthält fein säuberlich aufgeführt, was ein Mönch also an Bettzeug, Wäsche und Bekleidung (nur noch) braucht. Dazu gehört auch ein Hut. Doch wieso ein Hut? Wozu braucht ein Mönch denn einen Hut? Vielleicht könnte er eher sein Lieblingsbuch gebrauchen, Fotos der Familie oder andere kleine Kostbarkeiten aus Kinder-, Jugend- oder jungen Erwachsenenzeiten. Davon allerdings steht nichts auf der Liste, die exklusiv die Dinge benennt, mit denen die »Kandidaten« über die Türschwelle des Klosters gehen. Ein oder zwei Koffer nur braucht es mit dem Nötigsten für ein Leben, das nur noch das Nötigste brauchen will im Blick auf einen größeren Schatz: »die glühende Liebe um des Himmelreiches willen« (vgl. Benediktsregel, Kapitel 72, Verse 1–3). Zunächst aber brechen Werner und seine Klassenkameraden noch jenseits himmlischer Sphären zu der einen oder anderen Entdeckungsreise auf.

Mit dem ganzen Abiturjahrgang geht es als Abschluss der gemeinsamen Schulzeit nach Bonn. Ein paar Tage nur. Mehr können sich die Jungs nicht leisten. In den Klosterbetrieben arbeiten sie sich etwas Geld zusammen, um die erste Abiturfahrt in der Geschichte des Missionsseminars auf die Beine zu stellen. In Eigeninitiative. Werner schafft dafür kräftig in der Buchbinderei mit, was konkret bedeutet: unzählige Male Papierbögen falzen, gerade stoßen, als Buchblock zusammenfügen und leimen.

Ja, die Abschlussklasse von 1961 hat es in sich. Noch heute empfindet sie das sprichwörtliche »ein Herz und ein Seele«. Ein wenig davon wollen sich alle bewahren über die Zeit der Abiturwochen hinaus, in denen die Seminaristen schmerzlich zu spüren beginnen, dass es nicht ewig miteinander »so« weitergeht. Doch wenigstens einmal noch wollen sie möglichst ungezwungen etwas miteinander erleben.

In Pater Claudius Gerbl, ihrem eleganten Deutsch- und Englischlehrer, findet die Rasselbande einen Mitstreiter, der auch als offizieller Begleiter mitfährt. Das ist Bedingung. Neben seiner Lehrtätigkeit am Gymnasium leistet Pater Claudius schon seit Jahren seinen Dienst auch als Militärseelsorger auf dem Stützpunkt der US-Armee in Fürstenfeldbruck. Die Soldaten dort schätzen ihn – und unterstützen gern, wofür beziehungsweise für wen sich der smarte Mönch sonst engagiert. So bringt Pater Claudius aus den Kasernen der Amerikaner nicht nur Wünsche für eine gute Reise mit, sondern auch einen kräftigen Zuschuss für die Klassenkasse. Wow! Das begeistert alle: »God bless America!«

Als erste Etappe geht es mit der Bahn auf den Jakobsberg bei Bingen, wo die Missionsbenediktiner vor nicht einmal einem Jahr das »Priorat Herz Jesu« bezogen haben. Damals kauft die Erzabtei Sankt Ottilien den Trappisten der niederländischen

Abtei Echt für gut 225.000 Mark eines ihrer Klöster samt Wallfahrtsstätte zu den »heiligen vierzehn Nothelfern« ab. Das Angebot scheint günstig. Und die Nähe zum katholisch geprägten Rheinland ist für die missionarische Seele verführerisch. Nicht zuletzt verheißen die herrliche Lage und das gut ausgebaute Haus samt entwickelter Landwirtschaft ein lohnendes Einsatzgebiet. Inmitten malerischer Weinberge dürfen Werner und seine Freunde dort nun für eine Nacht kostenlos Quartier beziehen und den guten Wein des Klosterguts probieren. Legal und ausgiebig. Endlich. Bis zum Abitur ist es ihnen strikt untersagt gewesen, eine Gastwirtschaft zu betreten. Nun, in der ersten großen Freiheit ihres Lebens, darf es für die ehemaligen Missionsseminaristen ruhig ein Glas mehr sein. Alle genießen das. »Kardinal« heißt der Spitzenwein, den die Mönche ihren Gästen auf dem Jakobsberg bis heute gern anbieten.

Am nächsten Morgen geht es mit dem Schiff weiter: rheinabwärts nach Bonn. Auf die noch junge bundesdeutsche Hauptstadt sind alle sehr gespannt. Neben dem sehenswerten Münster steht natürlich auch der Bundestag samt Parlamentsdebatte auf dem Programm. Doch zur großen Enttäuschung ist der Plenarsaal gähnend leer. Wie kann das sein? Offensichtlich müssen Mitglieder des Bundestages nicht unbedingt zur Arbeit kommen! Trotzdem erwischen die »Ottilianer« einen Abgeordneten aus dem heimatlichen Augsburg – allerdings von der SPD. Wo gibt's denn so was? Nun gut, in der Legislaturperiode, in der CDU und CSU bei Bundestagswahlen die einzige absolute Mehrheit in der Geschichte der Bundesrepublik Deutschland erringen, darf man sich darüber wundern. Schon überhaupt, wenn man aus Bayern kommt! Immerhin sind die Zeiten vorbei, in denen ein intensiveres Gespräch zwischen »Missionsseminar« und »Sozialdemokratie« vorsichtshalber unterbunden worden wäre. Der, der am wenigsten auf den Mund gefallen ist, ist Werner. Natürlich!

Die Diskussion wird heftig. Bald dreht sich alles um die Todesstrafe. Niemand aus der Gruppe erinnert sich heute mehr an den Namen des Abgeordneten, der sich zwar gegen die Todesstrafe ausspricht, Schwerstverbrecher aber zum Beispiel in giftigen Quecksilberminen arbeiten lassen will. Hinrichtung auf Raten. Die Jungs sind entsetzt. Durch die Bank. Auch Werner ist ziemlich ungehalten. Das will schon etwas heißen. Denn trotz aller inneren Quirligkeit ist es nicht leicht, ihn aus der Fassung zu bringen. Das ist bis heute so. Doch angesichts dieser »Visionen« zeigt er sich tief erschüttert. Und getroffen. Woher nähme sich ein Mensch das Recht, solch ein Urteil gegen einen anderen Menschen zu vollstrecken? – Nachdenklich geht es in die Jugendherberge nach Bad Godesberg. Und es dauert eine Weile, bis sich alle auf ein gemeinsames abendliches Bier in der Altstadt zu freuen beginnen. Als dazu »Kölsch« in den typisch »kleinen« Gläsern serviert wird, ist es Pater Claudius, der die allgemeine Verwunderung ins Wort bringt – und alle wieder zum Lachen: »Wir haben doch kein Taschenbier bestellt!«

Zurück in Sankt Ottilien geht es langsam ans Packen. Und ans Abschiednehmen. Die Erleichterung über das bestandene Abitur aller, auch der Wackelkandidaten, tröstet nicht darüber hinweg, dass dicke Freunde sich nun bald werden trennen müssen. Alle wissen, dass das klösterliche Leben – vor allem zu Beginn – Kontakte »nach außen« entweder gar nicht oder nur punktuell und nur unter stark eingeschränkten Umständen vorsieht. Werner ist gottfroh, dass seine beiden besten Freunde, Alexander Lindenmaier und Erich Wottawah, wie er vorhaben, ins Kloster zu gehen. So fährt er erleichtert heim. Darauf freut er sich riesig. Und in Grönenbach freuen sich viele mit: »Herzlich willkommen zu Hause!«

Der »kleine« Werner hat es also geschafft. Er hat sein Abitur bestanden. Nun kann er Missionar werden. – Er könnte aber auch heiraten! Eine Frau fürs Leben lieb gewinnen, gemeinsam Kinder haben, Lehrer werden, vielleicht für Englisch. Oder doch lieber für eines der naturwissenschaftlichen Fächer? Wie auch immer: das sind Optionen, die Werner nicht fremd erscheinen. Und es wäre auch nichts falsch daran. Werner Wolf ist ein Familienmensch. Und er wird es zeitlebens bleiben. Nur wird er in der Klosterfamilie *seine* Familie finden. Dort schlägt sein Herz am stärksten aus. Da kommen alle Gedankenspiele immer wieder an. Das lässt ihn über den Sommer weiter Sicherheit gewinnen – in dem er das Leben ansonsten nach Kräften auskostet.

Werner Wolf ist kein Mensch, der ewig lange über die Dinge nachgrübelt. Er nimmt das Leben, so wie es sich ihm zeigt, »einfach« auf. Anschließend legt er immer aufs Neue in dem Tempo los, das ihm so ganz und gar eigen ist: beschwingt, fast beflügelt, arbeitsam, unermüdlich, alles in allem, wie es scheint, ständig mit den sprichwörtlichen »Hummeln im Hintern«. So hält es Werner auch im Sommer 1961 nicht übermäßig lange zu Hause aus. Er genießt die unbeschwerten Tage bei den Eltern und der Schwester. Bereitwillig lässt er sich verwöhnen mit allem, was es dort Gutes für ihn gibt – nicht zuletzt mit den leckeren Kuchen und den phantastischen Torten, die Katharina Wolf so unnachahmlich gut backen kann. Und so wie Werner seine Liebe austeilt, nimmt er all die Zuneigung von Herzen gern an, die ihm in der engeren und weiteren Familie entgegengebracht wird. Nicht weniger gern stromert er mit alten Freunden einfach so in der Gegend herum. Es gibt unendlich viel zu erzählen. Gestern. Heute. Morgen. Ja, das Leben ist schön. Und besonders schön ist es für Werner immer auch dann, wenn Tante Anny und Onkel Kurt vorbeischauen.

Tante Anny ist eine Frau mit Herz! Sie ist Werners Lieblingstante. Nicht von ungefähr stellen alle in der Familie immer wieder verblüfft fest, wie viel Werner doch von der älteren Schwester seiner Mutter hat. Die lebenslustige Frau aus dem westfälischen Iserlohn ist nicht auf den Mund gefallen. Ganz im Gegenteil! Sie liebt das gute Essen, Schwarzwälder Kirschtorte und die Musik. Und sie mag es, hier und da im Mittelpunkt zu stehen. Entsprechend gern geht sie auf Menschen zu. Und sie kann wirklich mit »jedem reden«, wie man so schön sagt. Sie mag auch das Theater – und sie mag ihren Neffen Werner.

Tante Anny hat keine eigenen Kinder. Ihren ersten Mann Fritz verliert sie im Krieg. Jahre später darf sie in Onkel Kurt ein zweites Glück finden. Die beiden leben in »wilder Ehe«, damit Anny Lokats Kriegswitwenrente nicht gestrichen wird. Das ist bezeichnend für die Familie, aus der Werner Wolf stammt. Vor dem Zweiten Vatikanischen Konzil gibt es das so gut wie in keiner katholischen Familie: partnerschaftliches Zusammenleben ohne den sakramentalen Segen der Kirche. Offiziell bedeutet das (mindestens) den Ausschluss von der Teilnahme an den Sakramenten, also etwa vom Kommuniongang. Was soll's! Von irgendetwas muss man ja leben. Vor allem das dürfte doch im Sinne Gottes sein. Erst recht in Nachkriegszeiten.

Gottinnigkeit mitten im Leben. Gottinnigkeit ohne große Worte oder demonstrative Gesten: auch das hat Werner von seiner Tante Anny, die es irgendwann nach dem Krieg ins ferne Westfalen verschlägt, weil sie dort als einfache Polsterin Anstellung in einer Möbelfabrik findet. Im eisern zusammengesparten Urlaub fährt sie mit ihrem Kurt gern an die Ostsee oder nach Italien. Das ungleiche Paar freut sich, wann immer Werner mit von der Partie ist. Er ist es auch im Sommer 1961. Gemeinsam geht es auf den Bauernhof von Ella Puntz, nahe der Ostseeküste. Nicht zum ersten Mal. Alle freuen sich und schließen sich bei der Ankunft herzlich in die Arme. »Was bist du groß geworden, Werner!« Ella Puntz versucht in den kommenden Wochen erst gar nicht zu verbergen, wie angetan sie von dem hübschen Abiturienten ist. Vielmehr versucht sie, ihn über den Sommer zu verkuppeln. Vergeblich. Wie schade! Denn auch ihr selbst wäre Werner als Schwiegersohn nur allzu lieb.

Ein wenig getrübt ist das Beisammensein mit Tante Anny und Onkel Kurt für Werner immer dadurch, dass er scheinbar keinen intensiveren Zugang zum Onkel findet. In diesen Ferien kommt dazu, dass sich Onkel Kurt über Werners Zukunftspläne wenig begeistert zeigt. Nein, es muss nicht jeder nachvollziehen können, warum es einen frischgebackenen Einser-Abiturienten partout ins Kloster zieht. Doch ein wenig mehr Anteilnahme an dem und Ermutigung für das, was er nun (vermutlich nicht nur) in den nächsten Wochen vor sich hat, würde sich Werner schon wünschen. Erst viel später erfährt er, dass der schweigsame Mann als Waise in einem Berliner Heim aufgewachsen ist – aus dem er als Jugendlicher irgendwann davonläuft, weil er die Zustände dort nicht mehr aushält. Das Heim ist zu jener Zeit in klösterlicher Trägerschaft. Die dunklen Erfahrungen dort lassen Kurt Schelsky für den Rest seines Lebens auf Abstand zu allem Kirchlichen gehen, was Werner bis dahin immer nur sehr bedauert, nun aber endlich zu verstehen beginnt.

Es ist nicht nur diese Erfahrung, die über die Jahrzehnte dazu führt, dass Werner Wolf sowohl als Erzabt Notker von Sankt Ottilien als auch als Abtprimas nicht dazu neigt, das real existierende Klosterleben zu verklären. Gewiss ist er immer wieder als erster Botschafter »seiner« ureigenen Sache unterwegs – und er ist das so gern wie überzeugend; manchmal übertreibt er auch ein wenig. Doch er nimmt auch in der Öffentlichkeit kein Blatt vor den Mund, wenn er von den Tabuisierungen oder vom (Alltags-) Stress im Kloster, von jammernden, faulen, verklemmten oder frömmelnden Mönchen, über die Schwierigkeiten im Umgang miteinander oder von der Versuchung, sich hinter Klostermauern aus der Lebensverantwortung zu stehlen, berichtet: »um die falschen Projektionen zu korrigieren«, wie er sagt, »von innen wie von außen«. Doch das ist noch Zukunftsmusik.

Als einundzwanzigjähriger »Kandidat«, wie die offiziellen Aspiranten fürs Klosterleben bis zu ihrem Eintritt noch heute genannt werden, sprüht Werner nur so vor Energie, Wissensdurst und Entdeckerfreude, wenn es darum geht, an den Berührungspunkten zwischen Himmel und Erde entlangzuwandern. Nach den ersten (gut organisierten und betreuten) Pilgererfahrungen als Schüler und Junglegionär zwischen München und Altötting zieht es ihn auch zwischen Schule und Klostereintritt noch einmal auf alte Wallfahrtswege. Jetzt ist allerdings eine gehörige Portion Mut und Abenteuerlust vonnöten. Denn gerade einmal knapp hundert Mark bringen Werner und sein Freund Alexander auf, als sie zusammenschmeißen, was sie kurz vor ihrem Eintritt ins Kloster noch in der Tasche haben.

Knapp hundert Mark für den Weg von Oberbayern nach La Salette in den französischen Westalpen und weiter nach Ars-sur-Formans im südlichen Burgund: zu »Unserer Lieben Frau von La Salette« und zu Jean-Marie Vianney, dem »heiligen Pfarrer von Ars«. Der Heilige aus jüngerer Zeit hat es den beiden ungleichen Freunden besonders angetan. Zu ihm, dem Schutzpatron aller Priester, wollen sie sich aufmachen, bevor sie selbst sich endgültig aufmachen, nicht »nur« einfache Mönche, sondern auch Priester zu werden. Den Marienwallfahrtsort La Salette nehmen die beiden mit ins Programm, weil weder Geld noch Zeit bis nach Lourdes reichen würden. Schade. Denn der traditionsreiche Wallfahrtsort am Fuße der Pyrenäen ist für die jungen Männer tatsächlich so etwas wie das »Ziel ihrer Träume« – was sie unverblümt und ohne falsche Scham zugeben, auch wenn ihre Altersgenossen hier eher Paris, Rom oder Rimini nennen.

Werner und Alexander lassen sich in jenen Wochen tragen von einem ziemlich verwegenen Maß an Gottvertrauen sowie einem Glauben, der aus dem Herzen kommt und immer wieder dahin zurückkehrt – mit Erlebnissen und Widerfahrnissen, die man eigentlich nur »draußen« machen kann: mehr oder weniger ungeschützt und darum verwiesen und gleichsam angewiesen auf Menschen, die man »zufällig« trifft, auf deren Freundlichkeit und Güte, nicht zuletzt auf deren Gastfreundschaft. Damit befinden sich Werner und Alexander in guter Gesellschaft. Ist es nicht Jesus selbst, der verheißt, dass die, die es nicht scheuen, das Leben »einfach« zu wagen und sich dabei demütig und bedürftig zu zeigen, reich beschenkt werden? Erste zaghafte Lektionen in der Lebensschule des Evangeliums (vgl. Matthäusevangelium, Kapitel 6, Verse 25–30).

Leider ist die Zeit, die bleibt, recht knapp. Nur zehn Tage haben Werner und Alexander für die vermeintlich letzte selbstbestimmte Tour ihres Lebens. Die soll unbedingt eine Pilgerreise sein. Aufgrund ihrer kargen Ausstattung sind die zwei auf allerlei Entbehrungen gefasst. Der Ernstfall lässt auch nicht lange auf sich warten. Die Zugfahrten von München nach Genf und weiter nach Grenoble verschlingen bereits einen Großteil des Reisebudgets. Darum nächtigen die beiden Freunde auf Stroh in Obdachlosenunterkünften und essen, was an Unverwüstlichem von zu Hause her im eigenen Rucksack steckt: Salami und Pumpernickel. Weite Strecken zu Fuß folgen, weil sich über Stunden kein einziger Autofahrer der beiden »Pilger« erbarmt – denen die fromme Mission freilich nicht anzusehen ist. Gott sei Dank findet sich irgendwann doch noch ein freundlicher Chauffeur, der den Platz in seinem Citroën 2 CV gerne teilt: ein Jesuitenpater.

So erreichen Werner und Alexander das Städtchen Gap, jenen Ort, der gut tausend Meter hoch an dem Berg liegt, den es bis nach La Salette hinauf noch gut neunhundert Höhenmeter weiter zu erklimmen gilt. Sofort machen sich die beiden Freunde an den Aufstieg. Sie wollen es unbedingt noch heute bis nach

La Salette schaffen. Besser, dass sie nicht wissen, was ihnen bevorsteht. Dadurch unterschätzen sie allerdings nach einer guten Stunde das mehr als »nur« gut gemeinte Angebot eines alten Bauernpaares, doch gern unter ihrem Dach unterzukommen. Dankbar nehmen Werner und Alexander je eine Schale frisch gemolkene, köstliche Kuhmilch entgegen, von ihrem Weg aber lassen sie sich trotz hereinbrechender Dunkelheit nicht abbringen.

Der weitere Aufstieg jedoch wird qualvoll. Der schmale Bergpfad will und will nicht enden; ohne das sanfte Licht des Vollmonds wären die jungen Pilger längst aufgeschmissen. Werner ist irgendwann so erschöpft, dass er zu weinen beginnt. Mit letzter Kraft aber erreichen er und Alexander noch in dieser Nacht die Grotte unterhalb von La Salette, in der im Jahr 1846 die vor Kummer um die Menschen und die Welt weinende Gottesmutter den Hirtenkindern Mélanie Calvat und Maximin Giraud erscheint. Brennende Kerzen erhellen bis heute die Szene, die mit lebensgroßen Figuren nachgestellt ist. Auch Werner und Alexander stellen direkt nach ihrer Ankunft eine Kerze dazu: für Pater Claudius Gerbl, der doch gerade erst mit ihnen auf der Abiturfahrt unterwegs war und nun nach einem schweren Motorradunfall im Sterben liegt.

Anschließend dürfen die zwei trotz »eigentlich« ausgebuchter Pilgerherberge auf einem provisorischen Matratzenlager im Gang selig in den Schlaf sinken – bis in der Frühe die Salettinerpatres des dazugehörigen Klosters auf dem Weg in ihr Morgengebet über sie stolpern. Egal! Nach den Anstrengungen des Vortages sind die beiden so tief und fest in den Schlaf gesunken, dass sie das kaum spüren: »Bevor des Tages Licht vergeht, o Herr der Welt, hör’ dies Gebet. Behüte uns in dieser Nacht durch deine große Güt’ und Macht. Hüllt Schlaf die müden Glieder ein, lass uns in dir geborgen sein, und mach’ am Morgen uns bereit, zum Lobe deiner Herrlichkeit. Dank dir, o Vater reich an Macht, der über uns voll Güte wacht, und mit dem Sohn und Heil'gen Geist, des Lebens Fülle uns verheißt. Amen« (Hymnus aus dem Nachtgebet der Mönche, Text aus dem 5./6. Jahrhundert).

Drei Tage bleiben die beiden Klosterkandidaten an dem wundersamen Ort, an dem sich die Gottesmutter tief betrübt über die sündige Menschheit zeigt. Sie beten viel, ziehen sich zu persönlichen Exerzitien zurück und nehmen an der nächtlichen Lichterprozession teil, bevor sie sich langsam – vor allem auch innerlich – in Richtung Ars-sur-Formans aufzumachen beginnen: dem eigentlichen Ziel ihrer Pilgerreise. Abgebrannt wie sie sind, stellt sich für Werner und Alexander allerdings die Frage, wie sie zunächst wenigstens die gut zweihundert Kilometer bis nach Lyon einigermaßen kostengünstig überbrücken können. Kurz entschlossen strolchen sie wie zufällig um die zahlreichen Pilgerbusse herum – und finden sich bald in einem Bus voller älterer Damen aus Paris wieder. Hocherfreut nehmen die betuchten Pilgerinnen zwei junge Männer – noch dazu angehende Benediktiner – in ihrer Mitte auf. In Lyon angekommen, dürfen sich Werner und Alexander gar über ein typisch französisches Mittagsmenü freuen: vier Gänge, nur vom Feinsten. Dank sei Gott! Dank sei den freundlichen Damen aus Paris!

So treffen Werner und Alexander recht entspannt in Ars ein: nicht so erschöpft und endlich einmal wieder richtig satt gegessen. Als sie vor dem gläsernen Sarg mit dem bis heute unverwesten Leichnam des heiligen Jean-Marie Vianney stehen, lassen sie sich ergreifen von einem Leben, das vor allem in einem kaum zu übertreffen ist: in seiner Einfachheit. Schlicht, selbstlos, urfromm, einfach in der Sprache wie im Umgang mit den Menschen, geradlinig und zupackend predigt sich der Dorfpfarrer in Wort und Tat binnen weniger Jahre nicht nur in die Herzen der Einwohner von Ars, sondern in die Herzen der Menschen von halb Frankreich.

Mit Blick auf den Lebenslauf des Heiligen nimmt Alexander, eher ein Schwerstarbeiter in der Schule, beruhigt zur Kenntnis, dass gewisse Lernschwierigkeiten der »Ehre der Altäre« nicht unbedingt im Wege stehen. Werner zeigt sich begeistert von der missionarischen Kraft, die der einfache Landpfarrer Vianney entfaltet. Gegen Mitte des 19. Jahrhunderts fahren täglich Postkutschen zwischen Lyon und Ars hin und her. Zusätzlich wird am Bahnhof von Lyon noch ein Schalter eingerichtet, an dem ausschließlich Fahrkarten nach Ars verkauft werden – all das zur Beförderung der vielen Menschen, die den dortigen Pfarrer zu Tausenden »live« erleben wollen: als Prediger, als Beichtvater, als unermüdlichen Seelsorger, als lebenden Heiligen. Der allerdings bleibt zeitlebens, was er ist: ein einfacher Landpfarrer und eben »Pfarrer von Ars«. Keine hohe Theologie also, kein exklusiver liturgischer Ritus, keine aufwändigen Missionsreisen, kein Personenkult.

Ziemlich demütig stehen Werner und Alexander da mit *ihren* Träumen vom Mönch-, Missionar- und Priesterwerden. Bislang stehen ihnen eher die »großen« Benediktiner vor Augen, die in alter Zeit halb Europa zivilisieren und missionieren und jetzt gerade dabei sind, in Afrika, Asien und Lateinamerika Klöster, Krankenhäuser, Schulen und Werkstätten zu errichten. In deren Fußstapfen wollen sie treten: durchaus heldenmutig und nicht gerade bescheiden. Das gilt vor allem für Werner, den Überflieger.

In Ars erfährt die immer noch zart keimende Klosterberufung nun eine andere Tönung. Sie wird ernsthafter und innerlicher. Begriffe wie »Selbstlosigkeit« und »Hingabe« bekommen Sitz und Sinn im echten Leben und verlieren dadurch ihren moralischen Unterton, der den ehemaligen Seminaristen aus unendlich vielen erzieherischen Ansprachen nur allzu vertraut ist. Und auch die »Demut« ist offensichtlich eine Haltung, die das Leben lehrt, manchmal fordert – keine Trockenübung in Sachen Religion. Solche Erfahrungen sickern in diesen unbeschwerten Sommerwochen im Jahr 1961 freilich eher unbewusst in tiefere Seelenschichten ein. Doch Grundlegendes nimmt Werner Wolf von hierher mit in die nächsten Jahre und Jahrzehnte: Hingabe, Demut, Selbstlosigkeit oder auch der im Kloster geforderte Gehorsam, die frei gewählte Armut oder die alle Lebensbereiche durchdringende Disziplin tragen keinen Wert in sich. Sie sind nicht Selbstzweck, sondern Instrumente zur (besseren) Lebensgestaltung: für mich und die anderen. Was diesem Ziel nicht dient, dient eigentlich zu nichts!

Über Taizé und Besançon trampen Werner und Alexander schließlich wieder nach Hause. Weiterhin reich beschenkt von freundlichen Fremden am Weg, erreichen sie erschöpft und überglücklich ihre Heimatorte, durch die sie bald ihre Abschiedsrunden drehen. Werner nimmt schmerzlich wahr, dass ihn der Weg, den er *jetzt* aufnimmt, weit aus dem Leben geliebter Menschen herausführen wird. Mindestens sechs Jahre werden vergehen, bis er wenigstens für ein Wochenende wieder einmal wird nach Hause zurückkehren dürfen: zur »Primiz«, der ersten Eucharistiefeier nach der Priesterweihe.

Bis dahin kann Werner kaum denken. Und eigentlich will er das jetzt auch nicht. Denn noch ist er ja zu Hause. Dort hätte seine Rolle für die Zukunft der Familie auch eine andere sein können. Werner bewegt die Tatsache, dass er im Alter für seine Eltern, die ihn so liebevoll erzogen und ihm eine so gute Ausbildung ermöglicht haben, niemals wird aufkommen können. Im Kloster wird er keinen größeren Geldbetrag je zur eigenen Verfügung haben, was ihm seine Eltern nie vorwerfen. Ganz im Gegenteil. Als Werner am Tag seines Eintritts ins Kloster mit gepackten Koffern dasteht, versichern ihm Mutter und Vater (erneut): »Wenn es dir im Kloster einmal nicht mehr gefallen sollte, kannst du jederzeit hierher zurückkommen. Unsere Tür steht immer für dich offen.« Jahre später, als Werner als Erzabt Notker in der ganzen Welt unterwegs ist, unterstützen die Eltern gar ihrerseits das Engagement der missionarischen Benediktiner mit ihrem nicht gerade üppig Ersparten.

Werners Leben ist also nicht nur im biblischen Sinn »auf Fels gebaut« (vgl. Lukasevangelium, Kapitel 6, Verse 46–49). In der Geborgenheit seiner Herkunftsfamilie, der Freunde und Bekannten erfährt er eine gewisse Unerschütterlichkeit, die ihm nichts und niemand je mehr wird nehmen können. In diesem Sinne nimmt er die unverbrüchlichen »Schätze des Himmels« (vgl. Matthäusevangelium, Kapitel 6, Vers 20) zum Teil bereits mit ins Kloster hinein. Das ist auch gut so, denn er wird sie dort brauchen können.

Als Werner Wolf am späteren Nachmittag des 12. September 1961 Koffer schleppend vom kleinen Bahnhof Sankt Ottilien her im Kloster eintrudelt, ist er nicht der erste und nicht der letzte der dreizehn »Kandidaten«, die an diesem spätsommerlichen Dienstag in der Erzabtei der Missionsbenediktiner als Kleriker-nachwuchs erwartet werden. Möglichst pünktlich, bitte. Wie alle anderen wird Werner von Pater »Magister« Ansgar Schmid, dem »Novizenmeister«, an der Pforte abgeholt und unterm Dach des Konventgebäudes in einen der Schlafsäle geführt. Dort finden die Neuankömmlinge ihre Bleibe: Bett, Nachtschränkchen, Stuhl, Spind. Der einzige wirkliche Unterschied zur Unterbringung im Missionsseminar besteht darin, dass es hier zwischen den Betten Vorhänge gibt, die man für einen Hauch Privatsphäre zuziehen kann.

Alles ist vorbereitet und fein säuberlich beschriftet. Nein, im Kloster wird nichts dem Zufall überlassen. Alles hat seine Ordnung. Und im ersten Jahr ist die Ordnung besonders streng. Nichtsdestotrotz erhalten die »Fratres«, die Neulinge im Kloster, die später für das Priesteramt vorgesehen sind, keinen exklusiven

Platz. Im Schlafsaal mischt sich das »Postulat« mit dem »Novizi-at« und dem »Juniorat«.

Von Anfang an wird klargestellt, dass der Einzelne hier nichts Besonderes ist – so bedeutungsvoll gerade diese Tage des Übergangs dem einen oder anderen auch erscheinen mögen. Und auch Werner geht es ja so. Er ist durchdrungen von der Erhabenheit des Augenblicks. Die Schritte, die er *jetzt* geht, bedeuten den Aufbruch in ein neues Leben: »Ja, ich will und werde Gott als Missionar dienen.« Dafür hat er sich ordentlich herausgeputzt: schwarzer Anzug, weißes Hemd, Krawatte. Kaum im Kloster angekommen, kann er den feinen Zwirn allerdings auch schon an den Nagel hängen.

Eine »Tunika« liegt für ihn bereit, das schwarze Untergewand der Mönche. In null komma nichts werden aus den »Kandidaten« also »Postulanten«, die wenigstens im Chorgebet und bei den Mahlzeiten im großen »Refektorium« (Speisesaal) des Klosters auch sogleich als solche zu erkennen sein sollen: als Mönche in der Probezeit vor der feierlichen Einkleidung.

Nüchtern und schnörkellos, fast alltäglich – man könnte auch sagen: typisch benediktinisch – vollzieht sich der Schritt für die dreizehn jungen Männer hinein in die große Klosterfamilie von Sankt Ottilien. Für zehn von ihnen ist vieles darin vertraut. Sechs bis neun Jahre haben sie im Missionsseminar verbracht. Dankbar nehmen sie nun die vielen vertrauten Gesichter zur Kenntnis. Auch Werner tut das. Trotzdem ist plötzlich nichts mehr, wie es war. Im Kloster herrscht ein strenges »Sie« unter den Mönchen. Ausnahmslos. So bleibt auch Werner und seinen ehemaligen Klassenkameraden nichts anderes übrig, als sich von nun an zu siezen. Das hat so manchen Lacher zur Folge, der in der gepflegten Stille des Klosters allerdings stets unangenehm auffällt. Spürbar. Und die Schonzeit ist kurz. Zwei, drei Tage bekommen die Fratres Zeit, sich zu gewöhnen: an den fein getakteten Tagesrhythmus; an die klare Hierarchie; an die große Stille; an die klösterliche Kultur im Umgang miteinander; an die vielen kleinen und großen Dienste, die man wie selbstverständlich von den Jungen erwartet; an das große »Lateinische Offizium«, wie das Stundengebet der Mönche genannt wird – und nicht zuletzt an die alles bis ins Kleinste bestimmende Ordnung.

Alles, aber auch wirklich alles wird weitaus strenger gehandhabt als im Missionsseminar. Wem die Weckzeit während der Schulzeit schon früh erschien, erlebt jetzt sein blaues Wunder. Um 4.30 Uhr ist im Kloster die Nacht vorbei. Zumindest werden alle in gewohnter Weise aus dem Schlaf gerissen:

»Benedicamus domino.«

»Deo gratias.«

»Laudetur Jesus Christus.«

»In aeternum. Amen.«

In diesen ersten Tagen schmerzt das frühe Aufstehen besonders. Werner ist aus den letzten Wochen eher lange Abende gewohnt. Die Umstellung ist heftig. Dass es dabei in allem eigentlich um die »Liebe zum Leben« (Benediktsregel, Prolog, Vers 15) geht, spüren die Postulanten wenig. Es ist eher eine Liebe zum ordnungsgemäßen Detail, die allen abgefordert wird: stets pünktlich, andächtig, fleißig, fromm, selbstlos, demütig, schweigsam sein – das erschöpft sogar ein Energiebündel, wie Werner Wolf es ist! Wie mögen sich die drei Fratres fühlen, die nicht schon die Jahre im Missionsseminar hinter sich haben? Jedenfalls ist es für sie alles andere als einfach, allein nur in dem gefestigten freundschaftlichen Gefüge der ehemaligen Missionsseminaristen ihren Platz zu finden.

So nehmen die ersten Tage im Kloster ihren Lauf. Nach dem frühen Wecken wird sich wie eh und je kalt gewaschen: in drei Waschtrögen, so groß, dass man auch mit den Beinen hineinsteigen kann. Anschließend beginnt im noch vorkonziliaren Kloster das fromme Tagewerk. Um 4.50 Uhr versammelt sich der ganze Konvent in der Abteikirche zu »Vigil« und »Laudes«, dem Morgengebet der Kirche. Zu Beginn dieser »Hore«, wie die einzelnen Stundengebete, die den Tag im Kloster einteilen, genannt werden, zeichnen sich alle Mönche ein Kreuz auf den Mund, um sogleich das große Schweigen der Nacht zu beenden: »Herr, öffne meine Lippen, damit mein Mund dein Lob verkünde« (Eröffnungsvers des Morgengebets).

In jenen Jahren beten die Mönche noch getrennt. Die »einfachen« Brüder versammeln sich in deutscher Sprache in der Unterkirche, die »hochstudierten« Patres auf Latein im Hochchor der Abteikirche. Der Klosternachwuchs reiht sich entsprechend ein: die Fratres bei den Patres, die Brüder bei ihren älteren Standesgenossen. Nach den Laudes haben alle dreißig Minuten Zeit für die »persönliche Betrachtung«, bevor um 5.45 Uhr die erste von zwei »Messreihen« beginnt. Werner hat als Kleriker-Anwärter während dieser ersten Messreihe bei (mindestens) einem der Priester des Konvents zu ministrieren: noch nach »Tridentinischem Ritus«, in dem jeder Priester auf Latein »für sich« zelebriert, um das Kreuzesopfer Jesu Christi auf dem Altar zu erneuern und sich selbst wie der (unerlösten) Welt Gnade zu erwerben. Der Ministrant – nicht unwichtig – repräsentiert neben seinem Dienst auch das Volk, das selbst bei dieser Art Messfeier nicht gänzlich fehlen darf. Genau genommen gehört Werner mit seinem nur vordergründig »kleinen« Dienst also zum gültigen Vollzug der von ihm gedienten Messfeier(n) unbedingt dazu. »An manchen Tagen habe ich fünf Messen ministriert«, stöhnt der Abtprimas während des Erzählens noch heute heraus, »wer's noch nicht war, der wurde spätestens dabei richtig katholisch!«

Während der zweiten Messreihe, die die Brüder ministrieren, gibt es Frühstück für die Fratres. Im Schweigen wie alles, was nicht Gebet oder Gottesdienst ist an einem jeden Morgen. Das gemeinsame »Konventamt« um 8.00 Uhr beschließt den ritualisierten Tagesbeginn im Kloster, der über gut drei Stunden vor allem eines bezeugen will: den »mönchischen Eifer, dem Gottesdienst und vor allem Christus selbst überhaupt nichts vorzuziehen« (vgl. Benediktsregel, Kapitel 43, Vers 3 und Kapitel 72, Verse 3 und 11).

Den anschließenden Vormittag über bekommen Werner und seine Kursgenossen einen ersten Eindruck davon, was es in den kommenden Monaten (und Jahren) für sie neben dem konkreten Klosteralltag noch alles zu lernen gibt: Geschichte des abendländischen Mönchtums, benediktinische Ordensgeschichte, Ordensrecht, Regel Benedikts, Bibel, Psalmen, Choralgesang, Liturgie, Missionsgeschichte, klösterliche Lebensformen, offizielle Statuten, allerlei Benimmregeln. Der Unterricht vollzieht sich als Frontalunterricht. Verständnisfragen sind gestattet, diskutiert wird nicht. Erwartet werden Aufmerksamkeit, Ernsthaftigkeit, Fleiß, ein eher stilles Einüben und Respekt vor Lehrern und Lehre ebenso wie die Bereitschaft, die Wege, die gewiesen werden, erst einmal widerspruchslos zu gehen.

Das hat nicht unbedingt etwas mit »Kadavergehorsam« zu tun. Das Mönchtum weiß um einen kostbaren Lebensraum, der sich erst da auftut, wo man bereit ist, in ihn hineinzugehen. Dieses Mitgehen kann nicht warten, bis alle Fragen geklärt oder Widerstände gänzlich abgebaut sind. Die Bewegung auf Gott hin, so die jahrtausendealte Erfahrung, kann nur im Tun gelernt – und immer wieder neu gelernt werden. »Höre, mein Sohn, auf die Weisung des Meisters, neige das Ohr deines Herzens, nimm den Zuspruch des gütigen Vaters willig an und erfülle ihn durch die Tat!« So spricht sich die Einladung ins monastische Leben im ersten Vers der Ordensregel des heiligen Benedikt von Nursia aus. Klösterliche Lebensschule: Neugierig sein, wohin die Verheißung führt; sich aufmachen und die Fragen mitnehmen auf den Weg; wissen wollen, wohin man gerät, wenn man Wegen folgt, die schon unzählige andere Menschen auf Gott hin geöffnet haben – und sehen, wie einem selbst da geschieht.

Solch eine reife Einschätzung dessen, was im leider meist monoton vorgetragenen Unterricht zwischen 8.00 Uhr und 12.00 Uhr geboten wird, geht Werner und seinen Mitstreitern noch ab – und es geht auch größtenteils unter in der (übertriebenen) Strenge des Miteinanders, die nicht nur die ersten Tage, sondern auch das bald beginnende Noviziatsjahr bestimmen wird. Dafür haben die dreizehn »Postulanten« bereits kurz nach Ankunft im Kloster je drei Namen auf eine kleine Liste geschrieben und beim Erzabt abgegeben. Denn schon zu Noviziatsbeginn werden alle einen neuen Namen, ihren Ordensnamen, erhalten: als äußeres Zeichen des »neuen Lebens in und mit Christus« und gleichsam als ausdrückliche Loslösung von der Familie und dem bisherigen sozialen Umfeld. Im Gegensatz zu vielem anderen, haben die Klosterkandidaten hier ein echtes Mitspracherecht – auch wenn das letzte Wort natürlich beim Abt liegt. Allerdings ist es gar nicht so einfach, sich einen Ordensnamen auszusuchen. Die Möglichkeiten sind begrenzt, da jeder Name nur einmal innerhalb derselben Klostergemeinschaft vorkommen darf.

In großen Gemeinschaften wie der von Sankt Ottilien gewinnt man schnell den Eindruck, dass eigentlich »alle« Namen schon vergeben sind. Im Spätsommer 1961 gehören dem Konvent der Erzabtei samt ihren fünf abhängigen Häusern in München, Dillingen, Wessobrunn, Laupheim und auf dem Jakobsberg fast dreihundert Mönche an, weitere gut zweihundert Mönche leben und arbeiten in den ausländischen Missionen. Selbst wenn die Missionare schon Jahrzehnte in Übersee wirken, wird deren Name nicht ein zweites Mal vergeben. Was bleibt? Die Klassiker jedenfalls sind schon vergeben: Peter, Paul, Benedikt,

Anselm, Gregor, Chrysostomus, Markus, Bonifaz, Thomas, Augustinus, Johannes, Martin, Cyrill, Maurus, Placidus, Franz oder Josef. Und natürlich passiert es auch immer wieder, dass innerhalb eines Noviziatsjahrgangs dieselben Namen mehrfach als Favoriten angegeben werden. Darum gehen die Oberen im Zweifelsfall noch einmal auf einzelne Kandidaten zu, damit es bei der feierlichen Aufnahme ins Noviziat keine bösen Überraschungen gibt.

Im September 1961 ist es auch Werner, der von Prior Paulus den dezenten Hinweis erhält, sich doch besser noch einen weiteren Namen zu überlegen – mit einem ganz eigenen Kommentar allerdings: »Frater Werner, Sie wollen doch nicht allen Ernstes mit einem *dieser* Namen durch den Rest Ihres Lebens gehen?!« Der Gescholtene hat »Glück«. Ein Mitbruder ist just ausgetreten! So kann Werner den Namen an die Spitze seiner Liste setzen, den er bereits während seiner Seminarzeit ins Auge gefasst hatte: Notker, nach »Notker dem Stammler«, einem Mönchsdichter aus dem 9./10. Jahrhundert. Man wird sehen. – Welche die drei Namen sind, vor denen man Werner »vorsichtalber« bewahrt? Nun ja, jede Biografie hütet gern (mindestens) ein Geheimnis.

Zu Beginn der 1960er-Jahre ist auf dem Weg ins Kloster das »Postulat«, die Probezeit vor der offiziellen Einkleidung, fast nur Formsache. Und so schnell, wie aus den sogenannten »Kandidaten« ein paar Schritte hinter der Klosterpforte »Postulanten« werden, werden aus den Postulanten »Novizen«. Nach drei Tagen nur. Mehr braucht es nicht zu einer Zeit, in der die religiöse Sozialisation in Deutschland noch so selbstverständlich ist, dass vieles, was junge Menschen heute wie von einem anderen Stern her lernen müssten, so geläufig ist, dass zumindest für die Fratres das Postulat lediglich dem Ankommen im Kloster dient. Das ist auch deswegen so, weil ein Großteil der Jahrgänge stets aus dem

»kleinen Kloster« des Missionsseminars hervorgeht, in dem man sich schon über Jahre ins klösterliche Leben eingeübt hat.

Dementsprechend wird die Aufnahme ins Noviziat für Werner und seine Kollegen bereits für den 15. September 1961 angesetzt. Die kleine Feier ist mit der Übergabe des kompletten Ordensgewandes verbunden: Tunika (Untergewand), Zingulum (Gürtel), Skapulier (Schulterkleid), Kapuze. Ebenso wird jedem ein persönliches Exemplar der Benediktsregel überreicht. Des Weiteren bedeutet die Aufnahme ins Noviziat die erste Stufe der offiziellen Zugehörigkeit zum »Konvent«, der Mönchsgemeinschaft eines Klosters. Die damit verbundene Zeremonie ist nicht öffentlich. Sie vollzieht sich im Kapitelsaal des Klosters, in der Klausur, wo außer den Mönchen niemand Zugang hat.

»Man achte genau darauf, ob der Novize wirklich Gott sucht, ob er Eifer hat für den Gottesdienst, ob er bereit ist zu gehorchen und ob er fähig ist, Widerwärtiges zu ertragen«, heißt es in der Regel Benedikts (Benediktsregel, Kapitel 58, Vers 7). Diese Achtung, dieses Zutrauen bringt man in Sankt Ottilien auch Werner Wolf entgegen, als er als Zweitletzter in der Reihe vor Prior Paulus Hörger gerufen wird, der in diesem Jahr Erzabt Suso Brechter vertritt, den Klosternachwuchs einzukleiden und die Ordensnamen zu vergeben. Für Werner läuft alles nach Plan. Als er vor Prior Paulus kniet, den er nicht nur ob seiner hierarchischen Stellung im Kloster sehr schätzt, sondern auch persönlich sehr verehrt, lässt er sich von dem älteren, väterlichen Mönch von Herzen gern ansprechen und die Worte zusprechen, die seine Einkleidung und damit seinen Eintritt ins Noviziat begleiten:

»Frater Notker, legen Sie ab, wie die zivile Kleidung, den alten Menschen und seine Taten. Ziehen Sie den neuen Menschen an, der nach Gottes Bild geschaffen ist, auf dass Sie wahrhaft gerecht und heilig leben. Gerechtigkeit und Treue seien der Gürtel Ihrer Lenden. Bedenken Sie, dass von nun an ein anderer Sie gürten und führen wird. Nehmen Sie, wie dieses Skapulier, das Joch Christi auf sich und lernen Sie von ihm, denn er ist gütig und selbstlos. So werden Sie in Ihrem Herzen Ruhe finden, denn sein Joch ist mild und seine Bürde ist leicht. Die Kapuze ist ein Zeichen dafür, dass der Mönch die Stille sucht und das Schweigen liebt, um besser auf die Stimme Gottes hören zu können.« Mit einem schlichten »Amen« beantwortet Werner die Deuteworte des Priors: »Ja, so sei es.« – »Zumindest soll es einmal so werden, mein Leben als Mönch. Und irgendwann hoffentlich auch als Missionar.«

Binnen einer knappen Stunde werden also aus Adelhelm, Franz, Reinhold, Johann, Alexander, Arthur, Christoph, Matthias, Konrad, Siegfried, Helmut, Werner und Erich die »Novizen« Helmut, Reinhard, Hieronymus, Johannes Berchmans, Dionys, Rudolf, Donatus, Guido, Pius, Aloisius, Matthias, Notker und Herbert. Für ein Nachklingen der eben noch so feierlich gesprochenen Worte bleibt im sogleich wieder einsetzenden Klosteralltag allerdings wenig Raum. Die »neuen Menschen« haben erst einmal Tischdienst zu machen – und sind dabei dankbar um die Schürze, die hilft, das ungewohnte Ordensgewand im Zaum zu halten. Die abendliche »Rekreation«, die dreißig Minuten am Tag, die im Kloster für ein wenig gemeinsame »Erholung« vorgesehen sind, ist dann aber doch noch einmal erfüllt vom eigentlichen Geschehen dieses Tages: der Aufnahme ins »Noviziat«.

Die Probezeit nach der Einkleidung öffnet zwölf Monate, während derer sich die Novizen im Kloster ausprobieren können. Mich »mit Glauben gürten und mit der Treue im Guten, um unter der Führung des Evangeliums Gottes Wege zu gehen – ist das der Weg, der auch *mich* ins Leben führt«? So oder so ähnlich lauten die Fragen, die sich im Kontext der benediktinischen Spiritualität für ein Leben als »Mönch« stellen (vgl. Benediktsregel, Prolog, Verse 20–21). Nebenbei stellen sich auch ganz »einfache« Fragen. Wie man sich etwa auf dem stillen Örtchen mit dem »Habit«, dem Mönchsgewand, zurechtfindet. Oder was man während der Zeit der stillen Betrachtung nun eigentlich tut. Oder warum jemand auf die Idee kommt, sich ausgerechnet den Namen »Notker« als Ordensnamen zu wählen.

Werner Wolf geht als »Notker der Fünfte« in die Geschichte von Sankt Ottilien ein. Als der Name während der feierlichen Einkleidung fällt, ist ein vorsichtiges Raunen im Konvent wahrnehmbar. »Schlechtes Omen«, munkelt es, da bisher sämtliche Träger dieses Namens das Kloster früher oder später wieder verlassen haben. Werner weiß das. Schließlich hat er es nur dem zeitnahen Austritt »Notker des Vierten« zu verdanken, dass er sich den Mönchsdichter aus alter Zeit überhaupt als Namenspatron wählen kann. Doch warum eigentlich hat Werner es unbedingt auf diesen eher unbekannten Mönch aus Sankt Gallen abgesehen?

Notker (gestorben im Jahr 912), genannt »Balbulus«, der »Stammler«, gehört trotz seines Stotterns zu den bedeutenden Dichtern, Komponisten und Sangesmeistern seiner Zeit. Er begründet die Sequenzen germanischen Stils: Hymnen, die in der Tradition des Psalmengebets vom künstlerischen Fluss der Wortakzente leben, nicht vom metrischen Versmaß oder vom Reim. Notkers bedeutendste Sequenz ist die zum Pfingstfest: »Sancti Spiritus assit nobis gratia« – »Des Heiligen Geistes Gnade sei mit uns«. Die Strophen werden dabei abwechselnd von beiden Chorseiten her gesungen: Gegenstrophigkeit als neues Stilmittel. »Abgesehen von seiner Musikalität war mir dieser Mann, der es nicht zum Heiligen, sondern ›nur‹ zum Seligen gebracht hat, als Namenspatron immer sehr sympathisch«, sagt der Abtprimas bis heute, »es tut der eigenen Entwicklung gut, sich nicht ständig nach ganz weit oben ausstrecken zu müssen.«

Schon während meiner Studienzeit kam ich zu der Überzeugung,
dass wir in unseren Klöstern ein historisch gewachsenes Missverständnis
von dem lebten, was Mönchtum eigentlich bedeutet:
frei sein für Gott – und die Welt.

NOTKER WOLF

»Frater Vagabundus« – *oder:*
Mönchtum auf der Überholspur

Das Noviziatsjahr ist ein hartes Jahr. Jedenfalls ist es das für Frater Notker. Einer, der auszog, um in fernen Landen Missionar zu werden, findet sich erst einmal in einer engen monastischen Welt wieder – und eher schwer darin zurecht. Früh gewinnt er den Eindruck, hier »eisernen Regeln« gehorchen zu müssen, deren tieferer Sinn schon seit längerem nicht mehr zu erkennen ist. Die herrschende Ordnung des mönchischen Lebens scheint unantastbar. Und für die Novizen ist sie das auch. Erst recht für einen Novizen, wie Frater Notker es ist: quirlig, freiheitsliebend, wissensdurstig, kommunikativ und seit jeher ein wenig aufmüpfig. Allzu viel Fragerei allerdings ist nicht gestattet. Infragestellungen sind nahezu tabu. Alle haben sich zu fügen.

Der Ernstfall von »ora et labora et lege«, von »bete, arbeite und lies«, wie die wohl bekanntesten Worte der benediktinischen Spiritualität und Lebensführung vollständig lauten, ist alles andere als bequem. Und »beschaulich« ist daran auch nichts. Mehr als drei Stunden Gebet, Meditation und Liturgie am frühen Morgen. Ein rasches Frühstück zwischendurch. Vier Stunden Noviziatsunterricht bis zur Mittagshore, unterbrochen nur von einer einzigen kurzen Pause. Nach dem Mittagessen »genießen« die Novizen eine zusätzliche halbe Stunde »Rekreation«: nicht irgendwie, nicht irgendwo, sondern als gemeinsamen Spaziergang mit ihrem Novizenmeister, Pater Magister Ansgar Schmid. Man könnte auch sagen: »Erholung« unter Aufsicht des Magisters. Kein Schritt der Novizen bleibt unbeobachtet. Auch in den Nachmittagsstunden nicht. Die Zeit bis zur Vesper dient der Einarbeitung ins Klosterdorf.

Während des Noviziats durchlaufen die Fratres verschiedenste Stationen, an denen jeweils mit der kräftigen Unterstützung der »Klosterjugend« gerechnet wird: Druckerei, Buchbinderei, Gärtnerei, Landwirtschaft, Schule und Internat, Missionsprokura, Verwaltung, Bibliothek, Archiv, Sakristei, Putzdienste, Küche, Krankenstation, Pforte. Jeder arbeitet mal hier, mal dort mit. Frater Notker ist immer dann froh, wenn's nach draußen geht – auch im übertragenen Sinne: Am liebsten schafft er in der Missionsprokura. Dazu kommen die regelmäßigen liturgischen Dienste und die Dienste bei Tisch. Alles dabei folgt eingespielten, oft uralten Traditionen und Ritualen. Sich darin zurechtzufinden ist nicht einfach. Das gilt auch für die ehemaligen Missionsseminaristen.

Die »große Stille« im Kloster erschwert das Einleben zusätzlich. Denn eigentlich wird »immer« geschwiegen. Im Schlafsaal, im Refektorium (Speisesaal), in der Kirche, im Noviziatsraum, im Kapitelsaal (Versammlungsraum), auf den Fluren: überall dort herrscht »eigentlich« striktes Schweigen – auch bei der Arbeit. Die älteren Mitbrüder gehen dabei nicht unbedingt zimperlich mit den Novizen um. Wer hier oder dort nicht gleich beim ersten Mal verstanden hat, wie die Dinge gehandhabt werden, der hat es im Bemühen um die Einhaltung der Regel, dass sich

»die Mönche immer mit Eifer um das Schweigen bemühen müssen« (Benediktsregel, Kapitel 42, Vers 1), schwer, noch einmal nachzuhaken. Nach Möglichkeit will sich ja auch keiner der Jungen eine Blöße geben.

Auch Frater Notker geht es so. Und es geht ihm dabei nicht wirklich gut. Er leidet unter dem »dumpfen Gefühl, dass ihm sein Leben vorgeschrieben wird, starr und aus Prinzip, als würde er zwangsläufig Unheil stiften, sobald er sich einmal nur zu einem einzigen Schritt selbst entschließen würde«. Gehorsam, treu und brav die Regeln einhalten, bereitwillig als Rädchen im Klostergetriebe funktionieren, keine Schwäche zeigen und bloß keine persönlichen Probleme offen auf den Tisch legen – kann es das sein? Wo findet sich denn im Kloster die »Lebensweisheit und kluge Menschenfreundlichkeit Benedikts« wieder, wovon Pater Ansgar oder sein Stellvertreter, Pater Viktor Josef, im Noviziatsunterricht immer wieder und durchaus nicht ohne Überzeugungskraft sprechen?

»Wer ist der Mensch, der das Leben liebt und gute Tage zu sehen wünscht? Wenn du das hörst und antwortest: ›Ich‹, dann sagt Gott zu dir: Willst du wahres und unvergängliches Leben, bewahre deine Zunge vor Bösem und deine Lippen vor falscher Rede! Meide das Böse und tue das Gute; suche den Frieden und jage ihm nach! ... Liebe Brüder, was kann beglückender für uns sein als dieses Wort des Herrn, der uns einlädt?« (Benediktsregel, Prolog, Verse 15–17 und 19). Diese Worte aus der Regel Benedikts sind Worte des Anfangs. Sie gehören dort zu den ersten Worten überhaupt. Und bis heute werden sie in der klösterlichen Tradition immer wieder neu an den Anfang gesetzt. Auch für Werner Wolf und seine Kursgenossen wurden sie mit großem Gewicht verlesen: kurz vor der feierlichen Einkleidung.

Es ist ein eindrücklich »unfrommer« Impuls, der da wie eine Art Ausgangsfrage am Beginn des klösterlichen Lebensweges steht: Bist *du* ein Mensch, der das Leben liebt? Nicht moralisches Wohlverhalten oder eine besonders ausgeprägte Frömmigkeit sind hier das Maß aller Dinge, sondern die »Liebe zum Leben« – ein Impuls aus dem 6. Jahrhundert nach Christus, der sich inspiriert weiß von Psalm 34 aus dem Alten, dem Ersten Testament der Bibel.

Frater Notker *ist* ein Mensch, der das Leben liebt! Er hätte alles Recht der Welt – oder besser: des Himmels –, sein »Ich« verdammt laut ins Kloster Sankt Ottilien hineinzurufen. Da ist er nicht der Einzige. Doch woraufhin eigentlich? Zu viel Verliebtheit ins Leben scheint in jenen Jahren im Kloster nicht erwünscht zu sein. Und es ist bis heute Aufgabe der Klöster geblieben, in der gemeinsamen Suche nach Gott *diesem* Impuls Raum zu geben.

Nach Vespergebet, Abendessen, Rekreation und Komplet findet sich Frater Notker allabendlich eher erschöpft wieder im Schlafsaal ein, den er, wie alle anderen, vor mehr als sechzehn Stunden verlassen hat. Den Austausch der Jungen untereinander verbietet zu dieser Stunde das längst begonnene »große Schweigen«, das nach Ende der Komplet stets das erste Gebot im Kloster ist (vgl. Benediktsregel, Kapitel 42). Die gemeinsame Unterbringung im Schlafsaal bedeutet auch diesbezüglich eine gegenseitige Kontrolle, die der Benediktsregel entsprechend von den Oberen gewollt und angestrebt ist. Nur ist es auch genau dieser mangelnde intime Raum, der es unmöglich macht, die Stille als »heiligen Raum« zu erfahren, in dem sich die dominierenden Lebensvorgänge so zeigen, dass ich aus dem Gezeigten lernen könnte: Was bestimmt mein Leben? Was nicht? Wohin und wie bin ich eigentlich unterwegs? Was soll morgen nicht mehr so weitergehen wie heute? Wofür schlägt mein Herz? Und für wen? Welcher Weg in und für diese Gemeinschaft »ist *mein* Weg des Lebens, den Gott mir und uns in seiner Güte zeigt?« (vgl. Benediktsregel, Prolog, Vers 20).

Neben seinem Platz im Schlafsaal hat jeder Novize auch einen festen Platz im Noviziatsraum: Schreibtisch, Stuhl, Gebetsschemel. Auf diesen paar Quadratmetern spielt sich fast das ganze Leben ab: möglichst still, möglichst fleißig, unter steter Beobachtung, als ein nicht enden wollendes Einüben ins klösterliche Leben – was freilich nicht immer gelingt. Und wo immer es nicht gelingt, sind die Novizen angehalten, sich »schuldig« zu bekennen und eine »Strafe« zu erbitten:

»Pater Magister, ich habe den Frühchor verschlafen; ich bitte Sie um meine angemessene Strafe.«

»Pater Magister, ich habe im Refektorium das Schweigen nicht geachtet; ich bitte Sie um meine angemessene Strafe.«

»Pater Magister, ich habe unerlaubt den Novizengarten verlassen; ich bitte Sie um meine angemessene Strafe.«

Wie Frater Notker das hasst! Was soll dieses ordnungsfanatische, auf Äußerlichkeiten bedachte Leben? Lieber sollten sich die Klosteroberen Gedanken darüber machen, dass fast alle Novizen während der täglichen Betrachtung nur »dumm rumknien«, weil ihnen die Impulse für ein aus dem Herzen kommendes geistliches Leben fehlen. Wie oft schauen Frater Notker und Frater Dionys sich »hilflos« an, wenn im Noviziatsraum wieder einmal alle auf ihren Gebetschemeln Platz gefunden haben und »brav« so tun, als vertieften sie sich in diese oder jene Grundlage des monastischen Lebens. »Was tust du, äh ... Verzeihung! Was tun Sie denn jetzt?«, flüstert es herüber. Als Antwort bleibt allzu oft nur ein Achselzucken.

Die Novizen erhalten keine ausdrückliche Einführung ins geistliche Leben. Trotz der einen oder anderen Pflichtlektüre – Ignatius von Loyola, Johannes Cassian, Maurus Wolter – empfinden sie es zumindest so. Es wird einfach von ihnen erwartet, dass sie »damit« etwas anfangen können. Schätze wie das »Herzensgebet« oder die »Lectio divina«, eine besonders innige Form der

Schriftlesung, mit denen die Klöster heute zu Recht viele Gäste anziehen, liegen verschüttet da. Was für ein Versäumnis!

Nur gut, dass der Noviziatsjahrgang von 1961 mit feinfühligen Vorgesetzten gesegnet ist, die sich im herrschenden System recht großzügig bewegen. So wissen Pater Magister Ansgar Schmid, der Novizenmeister, und sein Stellvertreter, Pater Zelator Viktor Josef Dammertz, sehr wohl um das benediktinische »rechte (Straf-)Maß«, wenn sie die Novizen ob ihrer »Vergehen« »nur« die liturgischen Bücher abstauben, den Kanonenofen im Noviziatsraum reinigen oder die Gänge kehren lassen – oder die reuigen Sünder einfach ins »Oratorium«, einen kleinen Andachtsraum, zum Beten schicken. Niemals kontrollieren sie dabei den »Mönchen auf Probe« hinterher.

Auch andere rigide Regelungen wissen die beiden Patres zu »gestalten«. Das Verbot etwa, während des Noviziats Zeitung zu lesen, »umgehen« alle dadurch, dass der Novizenmeister während des mittäglichen Spaziergangs bereitwillig vom Tages- und Weltgeschehen berichtet. Pater Ansgar, der neben seiner Verantwortung für den Klosternachwuchs an der Hochschule Philosophie doziert und sich für den Dominikanergelehrten Thomas von Aquin begeistert, hat kein Interesse daran, die jungen Männer, die ihm anvertraut sind, durchweg von allem Möglichen fernzuhalten, nur um dadurch ihre Berufung zu »retten«. Was Frater Notker an dem etwas langweilig wirkenden, doch sehr gescheiten Mann aber am meisten beeindruckt, das ist seine Fähigkeit, in einem angstbesetzten System Räume des Vertrauens zu schaffen.

Das eindrücklichste Beispiel dafür ist vielleicht die noble Auslegung der Pflicht, als Magister stets alle Post der Novizen kontrollieren zu müssen. Tatsächlich öffnet Pater Ansgar *jeden* Brief, der eingeht: ein bis zwei Zentimeter weit. Damit sieht der Magister seine Aufgabe erfüllt. Und die Novizen dürfen ihre Post in dem guten Gefühl in Empfang nehmen, dass ihnen allein gehört, was nahestehende Menschen ihnen ins Kloster schicken. Da macht es dann auch nichts mehr, dass stets auch die eigenen Briefe unverschlossen in den Postausgang gelegt werden müssen. Alle dürfen sich sicher sein, dass weder Pater Ansgar noch Pater Viktor Josef etwas von dem lesen, was die werdenden Mönche an Familie und Freunde gerichtet zu Papier bringen. Herzensgröße.

»Die vornehme, feine Art von Pater Ansgar und die frohe Natur von Pater Viktor Josef lassen uns (über-)leben«, sagen die Novizen um Frater Notker. Die erfahrene Großzügigkeit mildert für alle das Gefühl von »Ausgeliefertsein« in einer klösterlichen Welt, die in jenen Jahren mehr von der verordneten Stille lebt als von echter Herzensruhe, mehr vom hierarchischen Gehorsam als vom brüderlichen Aufeinanderhören, mehr von der Angst um die einzuhaltende Ordnung als von der heilsamen Wirkung eines Lebens, das nicht aus sich selbst Sinn und Mitte finden muss. Leben im Zwiespalt. Die Verheißungen wie die Abgründe des Mönchtums liegen in der Mitte des 20. Jahrhunderts unheimlich dicht beieinander.

So sind es insgesamt eher leise Ahnungen, die Frater Notker während seiner Noviziatszeit gewinnt: die *klösterliche Gemeinschaft* als »Haus Gottes«; der *auferstandene Christus* als die »Mitte« und die »Fülle des Lebens«; das *Schweigen* als Raum, mich und mein Leben der »Gegenwart Gottes« zu öffnen; das *Hören* als eine »Disziplin des Herzens«; der *Gehorsam* als »Ausdruck des Vertrauens«, dass Gott mich weiter und tiefer ins Leben hineinführen wird, als ich es mir selbst je vorstellen könnte; die *Freude* als »dankbares Staunen« über die zarten, wunderbaren oder großen Taten Gottes; das Wissen um das *rechte Maß* als die »Mutter aller Tugenden«; die *Demut* als »Möglichkeit«, mich Schritt für Schritt von einer allzu ausgeprägten Selbstverliebtheit zu befreien; die *Arbeit* als Instrument der »Verherrlichung Gottes«; die

Einhaltung der *Regel Benedikts* als Weg, »Menschen der Seligpreisungen« zu formen; die *Gastfreundschaft* als »Gottesdienst«; das gemeinsame *Chorgebet* als ein »Stück Himmel auf Erden«; die *Liebe* als »Ausgangspunkt und Ziel« des (geistlichen) Lebens. Tatsächlich sind all das Kostbarkeiten, an denen ausgerichtet und auf die hin es zu leben lohnt. Unbedingt. Mühevoll, wenn es sein muss.

Frater Notker gibt sich Mühe. Einer, der das beurteilen kann, ist Pater Pirmin Hugger, Mönch der Abtei Münsterschwarzach. Der humorvolle Mitbruder »wohnt« in jenen Jahren im Schlafsaal im Bett neben Frater Notker. An Klosterjahren ist er dem Novizen aus der Erzabtei um ein Jahr voraus. Als sogenannter »zeitlicher Professe« weilt er zum Studium der Philosophie in Sankt Ottilien, wo der Orden eine eigene Philosophische Hochschule unterhält. Allmorgendlich lässt Frater Notker ihn allerdings an der eigenen Berufung zweifeln: »Nach dem schrecklich frühen Wecken damals«, schmunzelt Pater Pirmin, »war der Notker schneller aus dem Bett heraus, als ich die Augen aufschlagen konnte. Bis ich auch nur auf dem Bett saß, hatte Notker schon seine Morgengymnastik hinter sich. Und noch bevor ich in meine Pantoffeln schlüpfte, kam Notker mit blitzblanken Zähnen bereits aus dem Waschraum zurück. Der hatte ein höllisches Tempo drauf. Jeden Morgen. Mehr als ein Mal habe ich mich gefragt: Was wird mal aus dem? Und was wird aus mir?« Pater Pirmin, Spezialist für die Theologie des Alten Testaments, insbesondere für die Psalmen, Kenner nicht nur der althebräischen, sondern überhaupt der semitischen Sprachen, Bibliothekar der berühmten wie umfangreichen Klosterbibliothek von Münsterschwarzach und zuständig für die Oblatengemeinschaft der Abtei, hält einen Moment inne. Dann schmunzelt er wieder, weiter von innen heraus: »Ist doch prima, dass wir alle irgendwo hineinpassen in das Kürzel OSB!«

»OSB«, das ist die offizielle Abkürzung des Benediktinerordens, gleichsam die benediktinische Kennung unter den mehr als fünfhundert verschiedenen »Orden«, »Kongregationen« und »Instituten geweihten Lebens«, die sich rund um die Erde unter dem Dach der römisch-katholischen Kirche finden lassen. Im Namenszug verwendet zeigen die drei Buchstaben die Zugehörigkeit der einzelnen Mönche, Nonnen oder Schwestern zum Orden der Benediktiner und Benediktinerinnen an: »Ordinis Sancti Benedicti«.

Dem »Orden des Heiligen Benedikt zugehörig«, das gilt nun also seit ein paar Monaten auch für Frater Notker. Und tatsächlich findet der sich – allen Widrigkeiten zum Trotz – langsam ein im missionarischen Mönchtum von Sankt Ottilien. Er lernt (mühsam), auch die ungeliebten Vorschriften zu respektieren, statt sich permanent daran zu reiben. Gleichwohl bleibt nichts von dem Erlebten und Durchlittenen dieser Zeit ohne tiefere Wirkung. Frater Notkers Antwort wird Jahre später die gelebte Alternative sein. Bis dahin ist es allerdings noch ein weiter Weg, der geprägt ist von der permanenten Spannung zwischen der Treue zu einer eineinhalb Jahrtausende alten klösterlichen Lebensordnung und dem mehr oder weniger deutlichen Bemühen um Offenheit für die Zeit, in der die Mönche *jetzt* ihren Weg gehen.

Rückblickend sagt Abtprimas Notker Wolf, dass während seiner frühen Jahre viele »unserer Abteien Orte einer strengen und starren Klosterzucht waren, in denen viele Mitbrüder seelisch verhungerten – einer an der Seite des anderen«. Frater Notker aber will nicht verhungern. Vielmehr will er den fünfarmigen Leuchter, der neben einem Kreuz und dem Hirtenstab das Wappen der Missionsbenediktiner ziert, mit zum Leuchten bringen.

Auf »allen fünf Erdteilen den Menschen mit der Botschaft Jesu die Augen des Verstandes und des Herzens öffnen, damit sie Gottes befreiende und erlösende Liebe erfahren« – ungefähr so spricht sich die Vision aus, mit der der ehemalige Beuroner Mönch Pater Andreas Amrhein im Jahr 1884 zunächst im oberpfälzischen Reichenbach und ab 1887 dann in Sankt Ottilien das missionarische Mönchtum nach dem Vorbild frühmittelalterlicher Klöster wiederbelebt. Dementsprechend wollen die Missionsbenediktiner »Männer Gottes« und »Zeichen Gottes unter den Menschen« sein. Dieses Selbstbewusstsein reift auch bei Frater Notker. Und so versucht er, es »gut« zu machen. Tagein, tagaus. Allen im Kloster will er zeigen, dass er sehr wohl folgsam, pünktlich, fleißig, fromm und stark genug sein kann – für die Mission. Das ist noch immer das Ziel, woraufhin Frater Notker seinen Weg geht, woraufhin fast alle hier im Noviziat ihren Weg gehen. Der Blick ins Kloster zeigt allerdings, dass es immer nur ungefähr die Hälfte eines jeden Jahrgangs ist, die auch tatsächlich in die fernen Missionsgebiete »ausgesandt« werden kann.

Fast dreihundert Mönche leben und arbeiten zu Beginn der 1960er-Jahre im Klosterdorf der Erzabtei Sankt Ottilien, gut zweihundert Mitbrüder wirken in den Missionen in Afrika, Asien und Lateinamerika. Klösterliche Blütezeit. Entsprechend den aktuellen Herausforderungen und Notwendigkeiten wird entschieden, wohin es für die Jungen geht.

Frater Notker erhält früh einen ordentlichen Dämpfer. In dem ersten der beiden ausführlicheren Gespräche, die jeder Novize während seines »kanonischen Jahres« mit dem Novizenmeister führt, bekommt er von Pater Ansgar klipp und klar gesagt, dass er niemals in die Mission gehen wird. Dafür sind andere vorgesehen: physisch stärkere Mitbrüder. Im Augenblick bleibt dem enttäuschten Frater nichts anderes übrig, als »brav« zur Kenntnis zu nehmen, dass man für die Zukunft im Missionsseminar mit ihm rechnet: als Gymnasiallehrer. Doch tief getroffen zieht sich der entzauberte Missionar in spe zunächst zurück. Sollte der Lebenstraum von der Mission tatsächlich schon so schnell ausgeträumt sein?

Nicht nach Korea wird es also irgendwann gehen, sondern nur »zurück« ins Missionsseminar! Überraschend schnell findet sich Frater Notker mit dieser Perspektive zurecht: »Also gut, wenn ich schon nicht selbst in die Mission gehen kann, dann will ich wenigstens mit dazu beitragen, dass unsere zukünftigen Missionare die bestmögliche Ausbildung erhalten.« – Wie hatte es noch vor wenigen Monaten während der feierlichen Einkleidung geheißen? »Bedenken Sie, dass von nun an ein anderer Sie gürten und führen wird.« Jetzt ist ein Zeitpunkt gekommen, an dem sich die feierlichen Worte plötzlich mitten im Leben wiederfinden.

Frater Notker lässt sich darauf ein. Gottvertrauen. Nicht zu knapp. »Wenn *das* der Weg ist, dann ist das eben der Weg: *mein* Weg«, sagt er sich. Von da an geht alles einfacher: der Parcours durch die klösterliche Tagesordnung genauso wie das Hineinleben in die Stille, die mehr und mehr zu sprechen beginnt. Frater Notkers Berufung verdichtet sich. Es gibt keinen Zweifel daran, dass er am 17. September 1962 seine zeitlichen Gelübde ablegen wird – so wie alle Novizen seines Jahrgangs.

Die Zeit bis dahin bleibt eine (emotionale) Berg- und Talfahrt. Die täglichen Spaziergänge, das eine oder andere »gestohlene« gute Gespräch, regelmäßiges Faust- oder Völkerballspiel und vor allem die Musik helfen Frater Notker, die Furcht vor zu viel Enge zu überwinden. Manchmal überwindet er sie auch dadurch, dass er sich einfach ein paar Meter (zu) weit davonstiehlt. Notwendige Freiräume. So kann die Liebe zur Liturgie und zum Choralgesang wachsen – und die eigene Christusbeziehung. Davon lässt sich Frater Notker längst viel tiefer berühren als von der »Bodensuppe«, die auch er manchmal »auszulöffeln« hat. Buchstäblich.

Fällig ist diese »öffentliche Bußform« nach so besonders »schwerwiegenden Vergehen« wie zu ausgelassenes Benehmen, kränkende Rede, Lüge, unerlaubtes Verlassen des Klostergeländes oder ein gemeinsames Bier während des nächtlichen großen Schweigens. Dabei auf frischer Tat ertappt, hilft auch die persönliche Nachsichtigkeit von Pater Ansgar oder Pater Viktor Josef nichts mehr. Zu differenziert und ausführlich weiß die Benediktsregel mit Verfehlungen umzugehen und Bußen und Strafen zu verhängen (vgl. Benediktsregel, Kapitel 23–30 und 43–46).

Im Laufe der Jahrhunderte ist in allem mönchischen Eifer offensichtlich vergessen worden, dass man sich – allen voran der Abt – mit »größter Sorge um die Brüder kümmern soll, die sich verfehlen«. Von persönlicher Zuwendung ist die Rede und von Trost, von Weisheit und von der Liebe des Guten Hirten (vgl. Benediktsregel, Kapitel 27). Zu all dem mag es nicht recht passen, sich während der Mahlzeiten »zur Strafe« vor den Tisch des Abtes knien zu müssen, um in dieser Haltung mindestens die Suppe, wenn nicht die ganze Mahlzeit einzunehmen. Längst geht es dabei nicht mehr um Demut, sondern um Demütigung. Viele der Mönche spüren das. Junge wie alte. Doch kaum einer traut sich, das auch laut zu sagen. Noch nicht. Erst die Impulse des Zweiten Vatikanischen Konzils werden auch den Klöstern helfen, sich zu öffnen. Nach innen wie nach außen.

Zum Ende der Noviziatszeit von Frater Notker liegen die Zauberworte des Konzils schon in der Luft: »instauratio« und »aggiornamento«, »Erneuerung« und »Heutigwerden«. Voller Hoffnung erwarten vor allem die Jungen das von Papst Johannes XXIII. bereits angekündigte »neue Pfingsten« für die Kirche. Frater Notker wird sich näher an das Weltereignis heranwagen dürfen, als er es sich je hätte vorstellen können.

Drei Tage vor der zeitlichen Profess wird der »Frater Vagabundus« zu Erzabt Suso gerufen. Den Spitznamen hat der Erzabt höchstpersönlich dem lebenslustigsten seiner Novizen verpasst – was nicht unbedingt schmeichelhaft ist, das weiß auch Frater Notker. Der kritische Unterton ist nicht zu überhören. Zudem lehrt die Erfahrung des ersten Klosterjahres, dass man »zum Fürst nicht geht, solange man nicht gerufen wird«, wie es die Novizen formulieren, wenn sie unter sich sind. Wird man außerplanmäßig gerufen, verheißt das in der Regel nichts Gutes. Was sollte der Fürst auch von einem seiner niedrigsten Knechte »Gutes« wollen?

In diesem Fall will der Erzabt, der seine Rolle mit barockem Standesbewusstsein lebt, Frater Notker mitteilen, dass er gedenke, ihn zum Philosophiestudium nach Rom an die Päpstliche Hochschule Sant'Anselmo zu schicken. Für drei Jahre. Nicht allein. Frater Herbert und Frater Hieronymus werden ihn begleiten. Die drei schulischen Überflieger des Jahrgangs sind auch während des Noviziats ganz vorn geblieben. Das Kloster wird sie brauchen, die Zukunft der Philosophischen Hochschule in Sankt Ottilien zu sichern. Dort legt man unbedingt Wert auf akademischen Nachwuchs aus den eigenen Reihen. Dazu sollen die drei Freunde nun in Rom ihr Lizenziat in Philosophie machen, damit sie möglichst bald für ordentliche Lehrveranstaltungen zur Verfügung stehen, falls Not am Mann oder besser: am Mönch wäre.

Keiner der drei Auserkorenen hätte sich das selbst je so ausgesucht. Philosophie? Frater Notker würde sich eher die Studienfächer Englisch und Biologie gewählt haben – wenn er denn hätte wählen dürfen. Er darf nicht wählen. Man wählt für ihn. So ist das eben in jenen Jahren im Kloster. Und so schlecht ist die Wahl natürlich auch nicht. Nach Rom wird es gehen! Schon bald. Genau genommen bereits in vierzehn Tagen. Die näheren Zukunftspläne sollten nicht die Entscheidung für oder gegen die ersten klösterlichen Gelübde beeinflussen. Darum erfahren Frater Notker, Frater Herbert und Frater Hieronymus erst so kurzfristig, wie es für sie weitergehen soll. Gemessen an den Möglichkeiten der anderen: äußerst privilegiert.

Die sogenannte »zeitliche Profess« wird in Sankt Ottilien in einem eher schlichten Rahmen abgelegt. Die ersten klösterlichen Gelübde sind ein wichtiger Schritt auf einem Weg, von dem der weit längere Abschnitt aber noch vor einem liegt. Dessen sollen sich alle bewusst bleiben. So gibt es (noch) kein großes Fest. Und nur die engeren Familienangehörigen sind eingeladen. An einem frühen Montagmorgen, im Konventamt um 7.15 Uhr, versprechen die Novizen vor der um den Altar versammelten Klostergemeinschaft »Gehorsam« (oboedientia), »klösterlichen Lebenswandel« (conversatio morum) und »Ortsbeständigkeit« (stabilitas loci) zumindest für die nächsten drei Jahre. Dazu singen sie mit ausgebreiteten Armen ihr »Suscipe me«: »Nimm mich auf, o Herr, nach deinem Wort, und ich werde leben; lass mich in meiner Hoffnung nicht scheitern«, so lautet die Übersetzung des lateinischen Verses, der seit eineinhalb Jahrtausenden zum Ritus der Aufnahme ins benediktinische Kloster gehört.

Alle der dreizehn »zeitlichen Professen« sind glücklich an diesem Morgen. Sie haben es geschafft! Das Noviziat ist überstanden. Das bedeutet auch, nach gut einem Jahr endlich wieder die Familie in die Arme schließen zu dürfen. Frater Notker kommen die Tränen. Leider ist die damit verbundene Freude von kurzer Dauer. Nach wenigen Stunden nur fahren die Eltern, Rita, Tante Anny und Onkel Kurt wieder heim. Nun ist es Tante Anny, die die Tränen nicht zurückhalten kann. Sie hat ihr »Jüngelchen« einfach zu gern! Und den verzieht es jetzt schließlich nach Rom. Wer weiß, wann sie ihren Lieblingsneffen wiedersehen wird.

Frater Notker freut sich auf Rom. Vorher gibt es noch eine gute Woche Urlaub. Nach dem kräftezehrenden Noviziatsjahr können den alle gut gebrauchen. Es geht nach Wessobrunn. Dort unterhält die Erzabtei einen Hof mit großer Landwirtschaft. Pater Superior Gebhard Merk, der Obere, und seine fünfzehn Mitbrüder dort erwarten die dreizehn Neulinge gern. Alle können jetzt im Spätsommer die vielen helfenden Hände gut gebrauchen. Frater Notker gehört zu denen, die sich gern einspannen lassen. Es tut ihm gut, sich endlich mal wieder richtig auszutoben. Wenn auch nur für acht Tage.

Die Weltstadt Rom nimmt Frater Notker, Frater Hieronymus und Frater Herbert im Oktober 1962 bescheiden in Empfang: drei Tage Regenwetter. Zeit genug also, sich in aller Ruhe im Zentrum der benediktinischen Welt einzufinden: in der »Primatialabtei« Sant'Anselmo auf dem Aventin. Die »Erste unter den Abteien« samt der ihr angegliederten ordenseigenen »Päpstlichen Hochschule« hat einen ganz eigenen Charme. Mehr Studienkolleg als Kloster hält sie für alle Beteiligten so manche Herausforderung bereit. Einige Tage nur vor Beginn des Zweiten Vatikanischen Konzils herrscht einerseits eine streng monastische Ordnung, zu der trotz des anspruchsvollen Lehrbetriebs auch das »große Lateinische Offizium« gehört, das Stundengebet also in seiner umfänglichsten Form. Andererseits verlangt die Konzentration auf Lernen oder Lehren auch nach (zeitlichen) Freiräumen, die im Kloster sonst nicht üblich sind – und auch in Sant'Anselmo hat der Tag nur vierundzwanzig Stunden.

Das ändert nichts daran, dass der asketische Pater Augustin Mayer aus der bayerischen Abtei Metten, Rektor und Prior jener Jahre und in den 1980er-Jahren zum Kurienkardinal erhoben, mit großer Strenge auf die regelmäßige Teilnahme *aller* »Anselmianer« an *allen* gesetzten Zeiten achtet. Ausnahmen gibt es nur »gravi de causa«: »aus gewichtigem Grund«. Den Segen dazu müssen sich die Studierenden von ihrem Klerikermagister kniend erbitten – die Professoren und Offizialen ebenfalls kniend von Abtprimas Benno Gut oder dem Rektor! Ein Spaziergang ist es also nicht, der in den nächsten Wochen, Monaten und Jahren vor Frater Notker liegt. Er muss sich hineinkämpfen in den Alltag von Sant'Anselmo, der sich komplett auf Latein abspielt. Das gilt für die Gottesdienste und Gebetszeiten genauso wie für sämtliche Lehrveranstaltungen und Prüfungen an der Hochschule. Als wenn es nicht schon schwierig genug wäre, die klassische Philosophie »allein« quer durch ihre Kernfächer zu begreifen! Muss das alles nun auch noch auf Latein sein? Ja, es muss. Anderes ist zu dieser Zeit noch nicht vorstellbar.

Frater Notker benötigt etwa ein halbes Jahr, bis er ankommt in Sant'Anselmo. Auch diese Herausforderung will er bestehen. Und er besteht sie glänzend. Das wird er nicht erst mit einer sehr guten Abschlussarbeit über die Hyperphysik des französischen Philosophen und Theologen Teilhard de Chardin beweisen – eine theologisch-naturwissenschaftliche Widerrede. Vielmehr legt der »Frater Vagabundus« in den drei Jahren bis zu seinem Lizenziatsabschluss in Philosophie ein beeindruckendes Zeugnis dafür ab, dass er sich Lebenslust und Lebensfreude durch nichts und niemanden austreiben lässt. Gern lassen sich andere von dem Leben anstecken, das Notker Wolf in jede Bude bringt, in die man ihn steckt. Auch in diesem Sinne sind die Studienjahre – und nicht nur sie – zukunftsweisend für seine Biografie.

Nein, auch in Sant'Anselmo behagt es Frater Notker nicht, dass er sich eingesperrt fühlt. Bis heute platzt es entsprechend heftig aus ihm heraus, wenn er davon erzählt, wie damals jeder Schritt der Studierenden kontrolliert wird. »Hätte es das seinerzeit schon gegeben, hätten die Oberen wahrscheinlich Überwachungskameras in unseren Zimmern installiert«, faucht der Abtprimas. Er spricht von »Bevormundung«, »Misstrauen«, »Anpassungsdruck« und »Entmutigung« – und von der »Angst in den Klöstern, die daher rührte, dass wir in dem Gefühl lebten, permanent beobachtet zu werden«. Mangels offiziell vorgesehener Ausgehmöglichkeiten sehen sich Frater Notker, Frater Hieronymus und Frater Herbert in jenen Jahren »gezwungen«, sich hin und wieder aus Sant'Anselmo wie Schüler aus einem Landschulheim unbemerkt davonzustehlen. Das ist irgendwie würdelos. Doch schließlich absolvieren die drei jungen Männer ihr Studium in Rom! Auch dort, in der »Ewigen Stadt«, möchten sie etwas erleben. Dafür wollen sie nicht immer nur auf den Donnerstagnachmittag angewiesen sein, an dem der Stadtausgang offiziell erlaubt ist: stets zu zweit, mindestens, und immer im monastischen Habit. Die Studierenden von Sant'Anselmo sollen für alle Welt als Mönche zu erkennen sein, was natürlich von vorneherein bestimmte Unternehmungen oder auch nur eine zu ausgelassene Stimmung ausschließt. Und genau das ist ja auch mit den strengen Ausgehbestimmungen bezweckt! Nichtsdestotrotz: Die Eindrücke, die die drei aus deutschen Landen jedes Mal gewinnen, wenn sie in die dreitausendjährige Geschichte Roms eintauchen, sind sensationell. Horizonterweiterung. Zu jener Zeit unbezahlbar – und jedes Risiko wert.

Das gilt nicht weniger für die einmal im Monat gewährten gänzlich »freien Donnerstage«. Das entsprechende italienische »giovedì libero« ist so etwas wie das Zauberwort jener Jahre: einen Tag lang ganz für sich sein dürfen; unbeobachtet und frei in der Welt umherziehen; die »Castelli romani« entdecken und inmitten dieser kleineren und größeren Ortschaften der Region »Lazio« die italienische Lebensart genießen. Der »Frater Vagabundus« liebt diese kleine große Freiheit – und er macht keinen Hehl daraus. Warum auch? Schließlich ist es am »giovedì libero« ausdrücklich erwünscht, dass der benediktinische Nachwuchs Sant'Anselmo verlässt, um den Tag in der Rom umgebenden Natur zu verbringen: für ein wenig gesunden Ausgleich im anspruchsvollen Studienalltag. Dass auch dieser Ausgleich stets gemeinsam zu gestalten ist, stört die drei Ottilianer nicht. Frater Notker, Frater Herbert und Frater Hieronymus ziehen sowieso am liebsten zusammen los. Den Habit allerdings lassen sie an diesen Tagen oft zu Hause – oder jedenfalls im Schuppen von Sant'Anselmo. Dort schlüpfen sie heimlich in ihre Wanderklamotten, die sie abends gern wieder gegen ihre Ordensgewänder eintauschen.

Zwanzig Mark sind es, die die drei studierenden Mönche vom Ökonom des Klosters maximal in die Tasche bekommen. Das ist nicht gerade üppig, um über die Wochen und Monate Rom und Umgebung zu erkunden, zumal jeder Pfennig davon früher oder später ordnungsgemäß abgerechnet werden muss. Bus- oder Bahnfahrkarten in das nähere Umland, Eintrittsgelder oder ein einfaches Mittagessen außerhalb Roms etwa sind Ausgaben, die sich »offiziell« verrechnen lassen – sofern sie sparsam genug eingesetzt werden. Für alles andere, was vonnöten ist, muss eine andere Lösung her. Da geht es dann auch schon mal um Leben oder Tod.

Als Gerdi Beusker, Josef Krammer, Heinrich Willebold und Hermann Rampp – vier Mitschüler aus dem Missionsseminar, die nicht ins Kloster eintraten – nach Sant'Anselmo zu Besuch kommen, da wurmt es die drei Fratres schon, dass sie ihre Freunde, die sich eigens nach Rom aufgemacht haben, nicht wenigstens zu einer einzigen gemeinsamen Flasche Wein einladen können. Kurz entschlossen gehen darum Frater Notker, Frater Hieronymus und Frater Herbert Blut spenden! Mit dem Geld, das sie dafür erhalten – zweitausend Lire für jeden –, laden sie ihre Freunde dann doch noch zu einer feuchtfröhlichen Runde ein. Es wird ein langer Abend in dem kleinen Castello im Garten von Sant'Anselmo. Nicht nur mit einer Flasche Wein.

Nein, wirklich einfach ist das mit der persönlichen Besitzlosigkeit im Kloster nicht. Jedenfalls immer dann nicht, wenn man sich außerhalb dieses edelkommunistischen Raumes bewegen möchte. »Draußen« tröstet es im Zweifelsfall wenig, zu wissen, dass alles, was da ist – in den meisten Benediktinerabteien ist das bekanntlich nicht wenig –, »uns« gehört. Manchmal tröstet es aber doch! Als Erzabt Suso Brechter einmal am Vorabend eines »giovedì libero« mit seinem Mercedes zu Sitzungen in Sant'Anselmo eintrifft, wagt Frater Notker die Probe aufs Exempel: »Vater Erzabt, wir haben morgen unseren ›freien Donnerstag‹. Frater Hieronymus, Frater Herbert und ich würden gern aufs Land fahren. Könnten wir dafür vielleicht ›unseren‹ Wagen haben?« Die annähernde Sprachlosigkeit des ehrwürdigen Vaters läutet einen legendären Ausflugstag ein. Denn mehr – aber auch nicht weniger – als ein stotterndes »Ja, ja ...« bringt der Erzabt seinem »Frater Vagabundus« nicht entgegen. Jedenfalls nicht direkt. Seine anschließende Klage darüber, dass »die jungen Fratres heute zu allem ›mein‹, nur zu meinem Wagen aber ›unser‹ sagen«, gehört inzwischen ebenso zur inoffiziellen Klostergeschichte.

Von den einen beneidet, von den anderen verspottet werden Frater Notker, Frater Hieronymus und Frater Herbert in Sant'Anselmo von vielen – und nicht nur hinter vorgehaltener Hand – als »beata trinitas« bezeichnet: als »selige Dreifaltigkeit«. Die drei versuchen gar nicht zu verbergen, dass sie nicht »nur« Mitbrüder, sondern auch dicke Freunde sind. Entsprechend häufig trifft man sie gemeinsam an: lachend, streitend, musizierend, lernend, betend. Gemeinsam bestehen sie diese Jahre, die »trotz allem« zu den schönsten ihres Lebens zählen.

Gemeinsam pauken sie sich durch die klassische Philosophie der Scholastik, das heißt durch Ontologie, Metaphysik, Logik, Ethik, Naturphilosophie, Erkenntnislehre, philosophische Psychologie und Philosophiegeschichte. Was sie nicht verstehen, lernen sie auswendig. In den meisten Fächern erscheinen die Professoren interessanter als der Unterrichtsstoff, der meist »nur« heruntergebetet wird. Schade. Denn eigentlich hätten etwa Pater Adalhard Heitmann (Abtei Gerleve/Deutschland), Pater Egidio Zaramella (Abtei Praglia/Italien), Pater Gabriel Bücki (Abtei Pannonhalma/Ungarn), Pater Kassius Hallinger (Abtei Münsterschwarzach/Deutschland), Pater Cyprian Vagaggini (Abtei Saint André/Belgien), Pater Basilius Steidle (Abtei Beuron/Deutschland) und nicht zuletzt Pater Zeno »Blub« Bucher aus Sankt Ottilien – in den Augen der Jungen allesamt kauzige Typen – ihren Studierenden viel mehr zu sagen, wenn sie sich doch bloß ein wenig mehr auf den Ordensnachwuchs aus aller Welt einließen.

Trotz des brachialen Frontalunterrichts meistern Frater Notker, Frater Herbert und Frater Hieronymus eine Prüfung nach der anderen mit Bestnoten. Irgendwann gibt es Order aus Sankt Ottilien, dass sie daran denken mögen, sich auf jeden Fall für drei unterschiedliche philosophische Disziplinen akademisch zu qualifizieren. Erzabt Suso geht es um die Zukunft der Philosophischen Hochschule in der heimatlichen Erzabtei. Trotz vieler gemeinsamer Interessen einigen sich die drei Freunde schnell: Frater Herbert spezialisiert sich auf Metaphysik und Logik, Frater Hieronymus auf Ethik und Frater Notker auf Naturphilosophie: »Ja, ja, ich weiß ja wohl selbst am besten, dass ich mich in der Schule von uns dreien am meisten für Naturwissenschaften interessiert habe!« So einfach kann es sein, die Weichen für die (akademische) Zukunft zu stellen.

»Nebenbei« wird Frater Notker in seinen frühen römischen Jahren zum Rolling-Stones-Fan, verfeinert seinen gregorianischen Choralgesang und lernt neben der Liturgie- und Unterrichtssprache Latein auch neue Sprachen, mit denen er sich früher oder später auch außerhalb des Klosters wird bewegen können. Dazu dreht die »beata trinitas« mittags und abends regelmäßig mit den »drei Pralinen« Runde um Runde durch die schönen Gartenanlagen von Sant'Anselmo. Die »drei Pralinen«, das sind Frater Giorgio Guisato, Frater Pio Tamborino und Frater Bruno Marin aus der Abtei »Praglia« im Norden Italiens. Gegenseitig bringen sich die sechs jungen Mönche so Italienisch oder Deutsch bei. Da Frater Notker (auch) davon kaum genug bekommen kann, schneidet er sich noch ein wenig mehr Zeit aus seinem Stundenplan heraus, um mit einem Mitbruder aus der belgischen Abtei Maredsous in derselben Weise zusätzlich sein Französisch aufzubessern. »Wie hieß der doch gleich? Hm ... Ich werde wohl doch langsam alt«, seufzt der Abtprimas heute. Damals aber macht Frater Notker das Sprachenlernen außerordentlich Freude. Er schätzt das Miteinander über die Grenzen hinweg. Endlich hat er auch mal wieder das Gefühl, dass er wirklich etwas fürs Leben lernt. Freilich lernen die Sprachlehrlinge noch viel mehr voneinander: leben, denken, fühlen, Mensch und Mönch sein in Italien, Belgien oder Deutschland.

Überall ist Frater Notker vorn mit dabei: im Studium und im Choralgesang genauso wie bei der Sketchparade zu Fasching, beim Theaterspiel, etwa bei der »Zeit der Schuldlosen« von Siegfried Lenz, oder beim Musizieren in den schönen Innenhöfen von Sant'Anselmo. Er liebt das Leben, das er gewählt hat. Dass aber für jede noch so kleine Verspätung nicht nur die obligatorische Entschuldigung, sondern auch eine vorzeigbare Begründung vonnöten ist – samt bußfertiger Geste –, das geht ihm nicht in den Kopf. Ins Herz schon gar nicht. Da hat und da bekommt anderes seinen Platz. Das unmittelbare Erleben des Zweiten Vatikanischen Konzils – und der damit erhoffte Aufbruch aus jahrzehnte-, manchmal jahrhundertelang gewachsenen Verkrustungen – gehört dazu.

Bis heute ist die Erinnerung daran wach im Gedächtnis. Staunend stehen Frater Notker und seine »Mitalumnen«, seine Mitstreiter auf dem Weg zum Priesteramt, auf dem Petersplatz da und schauen Papst Johannes XXIII. nach, als er am 11. Oktober 1962 mit einem Großteil der knapp zweitausendfünfhundert Konzilsväter aus aller Welt in langer Prozession in den Petersdom einzieht, um das Konzil zu eröffnen: »Gaudet mater ecclesia« – »Es freut sich die Mutter Kirche«. Millionen Menschen rund um den Erdball freuen sich mit. Johannes XXIII. trägt an diesem Tag nicht die »Tiara«, die Papstkrone, als Zeichen seiner Herrschaft, sondern »nur« eine seiner päpstlichen Mitren. Er will sich als Hirte zeigen, nicht als Herrscher. Auch nutzt er die »Sedia gestatoria«, den päpstlichen Tragesessel, nur auf dem Petersplatz, um von den vielen dort versammelten Menschen besser gesehen zu werden. Am Fuße der Peterskirche lässt er anhalten, steigt ab – und geht den Rest des Weges zu Fuß. Ganz einfach.

Das Innere der Kirche ist zu diesem Zeitpunkt bereits zu einer gigantischen Konzilsaula umgebaut. Die »Anselmianer« finden rechts von Berninis »Confessio« Platz. Zu beiden Seiten des Mittelschiffs soll von den neunzig Meter langen, ansteigenden Tribünen aus kräftig debattiert werden. Ja, »Erneuerer« und »Bewahrer« werden sich einen ordentlichen Schlagabtausch liefern müssen, wenn die einen oder die anderen Positionen als die zukunftsweisenden aus dem Konzil hervorgehen sollen. Diese Vorstellung gefällt Frater Notker. Eigentlich ist es kaum zu fassen: »Dass in der Kirche endlich laut gedacht, offen miteinander gesprochen – und gestritten werden darf!« Mehrfach wird Frater Notker während des Konzils noch nach Sankt Peter zurückkehren dürfen: mit der Choralschola von Sant'Anselmo. Unvergesslich bleibt die Abschlussmesse der ersten Konzilssession, als die kleine Gruppe Anselmianer Choralsänger im Wechsel mit über zweitausend Konzilsvätern die »Missa de Angelis« singt. Hochstimmung.

Von den einundvierzig Konzilsvätern, die dem Benediktinerorden angehören, wohnt die Mehrzahl während der jeweiligen Sitzungsperioden in Sant'Anselmo. Auch Erzabt Suso Brechter gehört dazu. Um eine entsprechende Anzahl Zimmer freizubekommen, müssen die Studierenden spürbar zusammenrücken. Frater Notker, Frater Herbert und Frater Hieronymus ziehen in diesen Wochen zu dritt auf eine Klosterzelle. Drei Betten, drei Schreibtische, drei Stühle, drei Mönche, drei Regale und wenigstens noch ein Schrank auf sechzehn Quadratmetern: unter diesen Umständen wird alles, was man hat, weniger nebeneinander als übereinander gestapelt. Egal! Denn da rücken drei Studierende nicht einfach nur zusammen, sondern dem Konzil spürbar nahe.

Hin und wieder gelingt es, den Konzilsvätern Ansichten und Eindrücke aus Sankt Peter zu entlocken. Unbezahlbar in diesem Zusammenhang ist der Tischdienst der Jungen bei den Mahlzeiten der Konzilsväter, die in einem eigenen Raum speisen. Darin wird nicht geschwiegen, wie es sonst bei den klösterlichen Mahlzeiten geboten ist, sondern sich stetig weiter über die Zukunftsfähigkeit der Kirche auseinandergesetzt. Hierbei schnappt Frater Notker irgendwann den Begriff »vacare deo« auf. Das ist die Antwort der benediktinischen Väter auf die Frage des Konzils danach, wie das Mönchtum heute und für die Zukunft knapp und verständlich zu definieren sei. Keine langen Herleitungen oder Erklärungen, zwei urbenediktinische Worte nur bringen es auf den Punkt: »vacare deo«, »frei sein für Gott«.

»Frei sein für Gott.« Frater Notker lässt sich begeistern von dieser Kurzformel des Mönchtums, die eine durch und durch »befreiende« Wirkung auf ihn hat. Das Empfinden, bis dato eher »ein historisch gewachsenes Missverständnis von dem zu leben, was Mönchtum eigentlich bedeutet«, beginnt sich zu verflüchtigen. Im wachsenden missionsbenediktinischen Selbstbewusstsein denkt Frater Notker noch weiter: »Frei sein für Gott – und die Welt! Ja, das möchte ich sein. Zumindest möchte ich es werden.« So geht es im Sommer 1965 zurück in die Erzabtei Sankt Ottilien. Das Philosophiestudium ist geschafft. Mit Auszeichnung. Unmittelbar bevor stehen die »ewigen Gelübde«, die etwas weniger dramatisch auch »feierliche Profess« genannt werden.

Vier Jahre hält es Frater Notker nun schon im Kloster aus. Vier Jahre, in denen auch er immer mal wieder darüber nachdenkt, »einfach« zu gehen. Mal laut, oft leise. Doch wohin würde er gehen wollen? Worauf zu? Die Lebensantwort findet sich ein um das andere Mal da, wo er schon ist: im Kloster. Das ist es, was ihn ganz erfüllt. So geradlinig geht es nicht für alle zeitlichen Professen weiter. Zwei Fratres aus Notker Wolfs Noviziatsjahrgang werden das Kloster vor der feierlichen Profess aus eigenem Entschluss verlassen. Ein Frater wird von den Oberen nicht zugelassen: mangels monastischer Gesinnung; vor allem die Gehorsamsbereitschaft lasse zu wünschen übrig. Darüber würde Frater Notker am liebsten lachen können: »Müsste man nicht genau das auch oder vor allem ihm, dem »Frater Vagabundus«, zur Last legen?« Nein, zum Lachen ist ihm nicht zumute. Den anderen auch nicht. Am wenigsten Frater Helmut. Gemeinsam wagen die jungen Männer den Aufstand. Sie formulieren einen »Brandbrief« an Erzabt Suso Brechter, der zur letzten Sitzungsperiode des Zweiten Vatikanischen Konzils noch immer in Rom weilt. Eisiges Schweigen. Wochenlang. Führen wird es zu nichts.

Mitten hinein in die Gespanntheit dieser Zeit öffnen sich für Frater Notker und Frater Dionys ungeahnte Möglichkeiten. In der Regel sind die Wochen vor der feierlichen Profess der inneren Sammlung und dem bewussten Leben *im* Kloster vorbehalten. Es kommt einer kleinen Sensation gleich, als Prior Paulus Hörger den »Frater Vagabundus« und dessen besten Freund genau zu dieser Zeit als Betreuer einer Ferienmaßnahme für Kinder aus sozial schwächeren Familien für drei Wochen ins Rheinland schickt. Umso mehr, da die beiden Fratres im Anschluss an die Ferienfreizeit als Dankeschön mit allen Helfern auch noch eine vierzehntägige (fromme) Busreise nach Frankreich und Nordspanien antreten dürfen: Paris, Solemnes, Tours, Lourdes, Biscaya, Montserrat, Paray-le-Monial, Ars, Taizé. Als hätte jemand die Zeit zurückgedreht. Frater Notker und Frater Dionys fühlen sich in den Sommer nach ihrem Abitur zurückversetzt, in dem sie zusammen nach La Salette und Ars unterwegs waren – und sie fühlen sich heute so wohl wie damals. Pudelwohl. Das beflügelt. Und es schenkt Vertrauen in die Zukunft. Denn da ist sie ja wieder, die kleine große Freiheit. Und wenn es die im Kleinen gibt, dann wird es sie ein Klosterleben lang sicher auch hin und wieder im Großen geben, nicht wahr?

»Vorsichtshalber« leisten sich die beiden Freunde aber doch lieber jetzt noch schnell einen Abstecher: nach Hause! Seit ihrem Klostereintritt vor vier Jahren sind sie dort nicht mehr gewesen. Und erst nach der Priesterweihe, die noch Jahre entfernt vor ihnen liegt, würde ein Besuch vom Kloster her wieder erlaubt sein. So nutzen die zwei heimlich die Gunst der Stunde für Überraschungsbesuche in Grönenbach und Augsburg, bevor sie nach fünf langen Wochen wieder in der Erzabtei eintrudeln: mit Unschuldsgesichtern. Zwei Tage später nur beginnen die Exerzitien zur Vorbereitung auf die ewigen Gelübde. »Nein, der Abt oder der Prior müssen nicht alles wissen«, bemerkt der ehemalige Erzabt und heutige Abtprimas rückblickend mit selbstbewusster Lässigkeit.

Mit einem kleinen großen Geheimnis im Gepäck also und genauso freudig wie zuversichtlich gestimmt, legt Frater Notker Wolf am 10. Oktober 1965 seine »feierliche Profess« ab. Gemeinsam mit neun weiteren jungen Männern singt er erneut sein »Suscipe me« – (hoffentlich) für die Ewigkeit: »Nimm mich auf, o Herr, nach deinem Wort, und ich werde leben; lass mich in meiner Hoffnung nicht scheitern«. Es ist ein großes Fest der Erzabtei, der Familien und Freunde sowie der Menschen aus den umliegenden Ortschaften. Nur einer fehlt: Erzabt Suso Brechter. »Man achte darauf, dass im Kloster sich keiner bei irgendeinem Anlass herausnimmt, als Verteidiger oder Beschützer eines anderen Mönchs aufzutreten. Wer diese Vorschrift übertritt, werde streng in seine Schranken gewiesen«, heißt es in der Regel Benedikts (Kapitel 69, Verse 1 und 4). Offensichtlich nimmt sich der Erzabt diese Worte (persönlich) sehr zu Herzen. Noch immer ist er wütend über die ungewohnte Parteinahme der Jungen für ihren nicht zur Profess zugelassenen Mitbruder. Prompt straft er alle daran Beteiligten ab, indem er sich ihrer Professfeier verweigert. Was soll's! Die jungen Mönche legen ihr Lebensversprechen genauso gern vor Abt-Bischof Eberhard Spieß aus der Abtei Peramiho in Tansania ab. Vor allem die ehemaligen »Römer« unter ihnen, hat Bischof Eberhard sie doch während seiner Aufenthalte in Sant'Anselmo immer mal wieder in ein Bierlokal ausgeführt. Soll der Erzabt während der letzten Konzilstage ruhig schmollend in Rom hocken bleiben! Dadurch jedenfalls lassen sich Frater Notker und seine Mitbrüder weder ihren Unmut noch ihre Freude über die Ereignisse dieses Tages austreiben.

Die Jahre, die folgen, erleben und erinnern sich »schnell«. Frater Notker scheint immer ein wenig neben der üblichen Spur unterwegs zu sein – oder besser: auf der Überholspur. Den Studienjahren in Rom folgen Studienjahre in München. Dazu zieht Frater Notker vom Kolleg Sant'Anselmo auf dem Aventin ins Ottilienkolleg in die Königinstraße 77 zwischen Siegestor und Englischem Garten am Rande der Maxvorstadt – erneut also an eine der besseren Adressen. Neben dem Studium der Theologie sucht der »Frater Vagabundus« auch in Astronomiegeschichte, Biologie, Zoologie und Anorganischer Chemie seinen Wissensdurst zu stillen. Er schaut sich um. Nicht nur an der Uni, auch im Leben – so weit jedenfalls, wie es ihm möglich ist. Allzu weit ist das nicht. Jedenfalls nicht offiziell.

Auch Notker Wolfs Münchener Jahre bleiben geprägt von der Spannung zwischen einer immer noch engen und wohl auch ängstlichen klösterlichen Welt und dem Leben »draußen«, das in der zweiten Hälfte der 1960er-Jahre in einer nicht gekannten Weise aufsteht aus fast allem, was es bis hierher ausgemacht hat. Die (Studierenden-)Proteste gegen das sogenannte »Establishment«, gegen Autorität(en), gegen »herrschende« Verhältnisse, gegen Konformismus und gegen die Scheinheiligkeit vieler als veraltet und verquer empfundenen Konventionen, Werte und Normen bleiben auch bei den Insassen des Ottilienkollegs nicht ohne Wirkung. Vieles davon findet sich ja auch oder vor allem in der Kirche wieder. Das macht auch Notker Wolf zum »Achtundsechziger«! Gleichwohl differenziert er früher als die meisten seiner Zeitgenossen, was da alles so vor sich geht. Die Sehnsucht nach Freiheit versteht er nur allzu gut. Auch teilt er die Lust an streitbaren Diskussionen, stört hier oder da bewusst die (klösterliche) Ordnung, spricht Dinge an, die bisher keiner anzusprechen gewagt hat – und macht die Erfahrung, dass vieles tatsächlich auch anders geht: offener, ehrlicher, menschlicher.

Doch Frater Notker will in seinem Freiheitsdrang nicht die Freiheit der anderen beschneiden, nicht seine Einsichten zur Doktrin erheben. Die Radikalität und Schamlosigkeit, die er in den Münchener Straßen auch erlebt, lassen ihn zurückschrecken. Er und seine Mitalumnen wollen in ihren (eher kleinen) Protesten nicht verletzen, nicht bloßstellen, nicht vorführen; auch da nicht, wo sie etwa nach »feierlicher« Prozession einen in Gold eingepackten Schokoladenosterhasen im Weihwasserbecken der Hauskapelle des Ottilienkollegs »inthronisieren«! Pater Superior Remigius Rudmann, der Hausobere, muss da schon manchmal kräftig schlucken – und sieht doch beides: Die Jungen begehren auf gegen überkommene Formen und übertriebene Strenge, ja, doch sie wissen auch um den Reichtum an Leben und Glauben der älteren Generationen, den Wert von Moral und Gewissen oder die Sinnhaftigkeit einer *guten* Ordnung für eine jede Gemeinschaft. Darum und dafür »kämpfen« sie.

»Damit in *allem* Gott verherrlicht werde«, so lautet eine der Weisungen des heiligen Benedikt von Nursia (Benediktsregel, Kapitel 57, Vers 9). Das öffnet dem benediktinischen Leben nicht nur eine grundlegende Weite, es ruft es ausdrücklich in die Weite des Lebens hinein. Viel ist von diesem Impuls allerdings nicht übrig geblieben nach mehr als tausendvierhundert Jahren benediktinischer Geschichte. Vor allem für die Jungen nicht. Das spürt auch Frater Notker schmerzlich. Zwar hat das Zweite Vatikanische Konzil die altehrwürdigen Benediktinerabteien ungewohnt in Bewegung gebracht. Doch die nach wie vor starren Ausgehbeschränkungen halten den Lebensraum eng – und damit auch den Erfahrungsraum, Gott nicht nur im Abt, im Mitbruder, im Gast des Klosters zu entdecken, sondern auch in der Welt, in jedem Menschen, in jeder Kreatur, in jedem Ding, das ebenso heilig gehalten werden soll wie heiliges Altargerät (vgl. Benediktsregel, Kapitel 31, Vers 10). Ja, das benediktinische Lebensmodell hat einen fast verstörend direkten Gegenwartsbezug. Leider vergessen die Klöster das manchmal.

Nichtsdestotrotz geht Frater Notker seinen Weg weiter. Am 12. August 1967 wird er vom Augsburger Bischof Josef Stimpfle zum Diakon geweiht. Am 1. September 1968 folgt die Priesterweihe. Dabei bezeichnet Weihbischof Josef Zimmermann die Neupriester in seiner ellenlangen Predigt als »Säulen des kirchlichen Lehramtes«. Keiner derer, die da angesprochen sind, findet sich allerdings in diesen hehren Worten wieder. Vor allem Frater, nein von heute an »Pater« Notker hat nicht viel für allzu große oder besonders fromme Worte übrig. Er möchte »einfach« Mönch und Priester sein, der mit allem, was ihm das Leben geschenkt hat, etwas für Gott und die Welt anfangen möchte. Allerdings ist nicht wirklich auszumachen, was dabei – abgesehen von der Musik – *seine* ureigene Sache ist, seine Herzensangelegenheit, sein besonderes Interesse.

Notker Wolf macht eher immer das zu seiner Sache, was ihm aufgetragen wird. Bis zu einem bestimmten Punkt »gehorsam«, fleißig und leistungsorientiert und doch immer auch grenzüberschreitend. Er kann es sich leisten. Man will den begabten jungen Mann brauchen im Kloster. So lässt man ihm durchgehen, wofür andere eher Schwierigkeiten bekommen. Und manches wird sich (hoffentlich) auch bei Pater Notker noch einstellen: mehr Ruhe, mehr geistliche Tiefe, mehr Bereitschaft zu einem monastischen Leben, mehr Verständnis für die ganze klösterliche Gemeinschaft, aus der sich auch ein »Pater Vagabundus« in bestimmten Situationen nicht einfach davonstehlen sollte.

Zunächst aber gilt: Ehre, wem Ehre gebührt. Zur feierlichen »Primiz«, der »ersten Messe« eines neu geweihten Priesters, geht es ins heimatliche Grönenbach, wo nicht nur die Familie, Freunde und Nachbarn den Neupriester stolz erwarten, sondern ein ganzer Ort samt Umgebung. Notker Wolfs Elternhaus ist mit Girlanden und Kränzen überaus festlich geschmückt. Alle haben mitgeholfen. Oben am Wald ist eine riesige Bühne aufgebaut: Altarraum unter freiem Himmel. Hunderte Menschen werden sich den »Primizsegen« abholen wollen. Hoffentlich hält das Wetter.

In einer riesigen Prozession wird Pater Notker von zu Hause abgeholt. Fahnen der örtlichen Vereine und Verbände säumen den Weg. Strahlender Sonnenschein begleitet die Festmesse, zu der die ganze Gegend auf den Beinen ist. Die Grönenbacher Blaskapelle spielt. Pfarrer Johannes Hartl, der sich vor gut dreizehn Jahren mit dem kleinen Werner Wolf nach Sankt Ottilien aufgemacht hatte, hält spürbar bewegt die Predigt.

»Seht ihr! Ich hab's euch doch vorhergesagt: Wenn das Jüngelchen etwas hat, scheint immer die Sonne«, kommentiert Tante Anny zwischendurch triumphierend. Das anschließende Fest im »Gasthaus zur Post« richtet die Gemeinde aus. Dreihundert

Personen sind eingeladen. Volksfeststimmung. Pater Notker wird reich beschenkt. Auch im übertragenen Sinn. Er genießt das Wochenende zu Hause bei der Familie und den alten Freunden. Die gemeinsamen Stunden vergehen schnell. Eigentlich zu schnell. Schade!

Zurück im Ottilienkolleg, beginnt Pater Notker mit seiner Promotion. Die nach dem Konzil einbrechenden Nachwuchszahlen für Kloster und Priesteramt verheißen zwar nichts Gutes für den Fortbestand der Ottilianer Philosophischen Hochschule, trotzdem schickt Erzabt Suso seinen eigentlich durch und durch lebenspraktisch veranlagten jungen Mitbruder auf die akademische Laufbahn. Man weiß ja nie.

Im Philosophenkreis von Professor Aloys Wenzl hatte sich Notker Wolf bereits während seines Theologiestudiums umgeschaut; nach dem plötzlichen Tod des philosophischen Lehrers muss sich der junge Pater nun neu orientieren. Sollte er vielleicht doch in Rom promovieren? In München allerdings hat er zunächst die Möglichkeit, in all die naturwissenschaftlichen Fächer tiefer hineinzuschnuppern, die er als Basis für sein Spezialfach, die Naturphilosophie, braucht. So richtet sich Pater Notker erst einmal wieder in der bayerischen Landeshauptstadt ein: klösterlicher Alltag im Ottilienkolleg, Themensuche für die Promotion, Pfarreiaushilfen, Freundschaften innerhalb und außerhalb des Kollegs, Praktika in Zoologie und Anorganischer Chemie, Vertiefung in Philosophie, erste Seelsorgeerfahrungen – das alles im geübten Grenzgang zwischen Kloster und Welt.

Das Ende der 1960er- und der Beginn der 1970er-Jahre sind unruhige Jahre des Aufbruchs in der gesamten römisch-katholischen Kirche. Diese Unruhe macht auch vor den Klöstern nicht halt. Die damit einhergehenden Veränderungen stehen ganz im Zeichen des soeben beendeten Konzils. In Sankt Ottilien ändert sich allerdings zunächst nur, was sich unbedingt ändern muss.

Erzabt Suso Brechter gehört zu den Kritikern der gefassten Konzilsbeschlüsse und agiert entsprechend zurückhaltend, ängstlich, mitunter trotzig, irgendwann auch verbittert. Immer wieder muss sich das Kapitel der Mönche gegen den Abt durchsetzen. Erst verschwindet der Baldachin über dem Abtsthron, dann der Abtsthron; Deutsch wird als Liturgiesprache eingeführt und das Stundengebet verkürzt; die Messreihen im lateinischen »Tridentinischen Ritus« entfallen zugunsten der erneuerten gemeinsamen Liturgie am Volksaltar; die Unterkirche wird aufgehoben, die Brüder und Patres werden mehr und mehr zu einem Konvent zusammengeführt. Ja, die klösterliche *Gemeinschaft*, die Gott sucht, muss sich neu finden. Ein Prozess, der Jahre oder – je nachdem – Jahrzehnte in Anspruch nehmen wird.

Auch in Rom an der Benediktinerhochschule Sant'Anselmo bricht eine neue Zeit an. Längst werden die herrschende monastische Ordnung, die traditionellen Lehrmethoden und Inhalte in Frage gestellt, mitunter offen abgelehnt; zudem nimmt die Zahl der Benediktinerstudierenden Jahr für Jahr spürbar ab. Als im September 1967 mit dem erst vierzigjährigen US-Amerikaner Rembert Weakland ein neuer (äußerst progressiver) Abtprimas in die Primatialabtei auf dem Aventin einzieht, wird die Frage nach Gestalt und Zukunft von Sant'Anselmo mit neuer Radikalität gestellt. Pläne für Umstrukturierungen werden geschmiedet und wieder verworfen. Eine Zeit des tastenden Suchens beginnt.

Das Jahr 1971 ist ein besonders schwieriges Jahr. Nicht weniger als acht Benediktinerprofessoren verlassen Sant'Anselmo, darunter auch der Dekan der Philosophischen Fakultät, Pater Zeno Bucher, der an das Salzburger Philosophische Institut wechselt. Nur mit äußerster Mühe gelingt es dem Rektor der Hochschule, dem Schweizer Pater Basil Studer, Ersatz zu schaffen. Für die Fächer »Naturphilosophie« und »Wissenschaftstheorie« gibt es im gesamten Benediktinerorden nur eine Person, die zu diesem Zeitpunkt zumindest auf dem Weg ist, sich akademisch entsprechend zu qualifizieren: Pater Notker Wolf – der umgehend seine sieben Sachen packt, um sich als frisch berufener »Professor Adiunctus« aufzumachen nach Rom.

Wie die Jungfrau zum Kinde – *oder:*
Student, Dozent, Erzabt von Sankt Ottilien

Wo man ihn braucht, lässt er sich (gern) brauchen. Das ist typisch für Notker Wolf. Damals wie heute. Als er sich im Frühjahr 1971 anschickt, endgültig aus dem Ottilienkolleg auszuziehen, bleibt nicht einmal Zeit zum eigentlich überfälligen Ausmisten der seit Jahren angesammelten Studienunterlagen. Wenn Pater Notker noch das Ende des alten Studienjahres nutzen will, um sich wenigstens einen Schritt weit ins Kollegium der Hochschule von Sant'Anselmo einzuarbeiten, muss es schnell gehen. Ein Freund hilft beim Packen. Hubert Schaber und Pater Notker haben sich bei Pfarreiaushilfen im Harthof, eher einem »Problemviertel« im Münchener Norden, kennengelernt. Der hellgrüne VW-Käfer, den Hubert sich vor kurzem zugelegt hat, kommt als Umzugswagen gerade recht. Freilich ist es ein Kunststück, »alles« darin unterzubringen. Fahrrad, Skier und noch so manche Kiste landen auf dem Dach, was die italienischen Grenzbeamten nicht gerade begeistert. Trotzdem wird es eine herrliche Fahrt. Die Autobahn zwischen Innsbruck und Verona ist gerade erst im Bau. So führt der Weg hier und da über die Dörfer. Und der erste italienische Cappuccino seit Jahren schmeckt einfach wunderbar.

Die Ankunft in Rom verläuft allerdings anders als erwartet. Als Notker Wolf nach Sant'Anselmo »zurückkehrt«, sind weder das Kolleg noch die Hochschule mit der Einrichtung vergleichbar, die er vor sechs Jahren mit dem philosophischen Lizenziatsabschluss in der Tasche verlassen hat. Als äußeres Zeichen der inneren kirchlichen Umbrüche wird es im kommenden Studienjahr 1971/1972 an der gesamten Hochschule nur noch gut zweihundert Studierende geben, von denen lediglich neunundfünfzig Benediktiner sind. Die Enttäuschung ist spürbar.

Im Gefüge der Hochschule steht zudem keine der Fakultäten so in Frage wie die Philosophische Fakultät. Seit Jahren schon ist es genauso schwierig, Studierende wie Dozenten zu finden, die eine dauerhafte Beibehaltung der Philosophie rechtfertigen würden. Bis zum heutigen Tag soll sich (leider) nicht viel daran ändern. Pater Notker ist ein illustres Beispiel für die wenig zufriedenstellende Situation. Selbst noch Promovend und noch weit entfernt von der Erlangung der Doktorwürde, werden ihm als sogenanntem »Professor Adiunctus« – das entspricht an deutschen Universitäten dem wissenschaftlichen Assistenten – die Fächer »Naturphilosophie« und »Wissenschaftstheorie« anvertraut: alleinverantwortlich. Er wagt den Sprung ins kalte Wasser, nachdem er »wie die Jungfrau zum Kinde« zu dieser Dozententätigkeit gekommen ist. So sagt es der Abtprimas noch heute. Augenzwinkernd. Und aus voller Kehle lachend.

Nicht viel älter als die meisten der Studierenden von Sant' Anselmo, versucht Pater Notker Fuß zu fassen zwischen all dem, was der umfangreiche, eher verschulte Lehrplan der Ordenshochschule an Vorlesungen und Seminaren verlangt. Der junge Dozent, der gerade eben selbst noch Student war, muss schauen, dass er sich über den Sommer ordentliche Lehrveranstaltungen für ein ganzes Studienjahr zusammenarbeitet. Währenddessen feiert er eher nebenbei seinen einunddreißigsten Geburtstag.

So recht glauben will ihm das alles noch niemand. Als Pater Notker sich in den Vatikanbibliotheken registrieren lassen will und mit ordnungsgemäß ausgefüllter Personalkarte bei einem der Bediensteten am Schalter auftaucht, wird er von diesem kritisch beäugt und vorsichtshalber noch einmal nach seiner Tätigkeit gefragt. »Professore«, antwortet der »Professor Adiunctus« von der »Päpstlichen Hochschule Sant'Anselmo« entsprechend dem Eintrag auf seiner Karte. Das entlockt dem Bibliotheksangestellten nur ein müdes Lächeln; anschließend streicht er den Eintrag einfach durch und schreibt »Studente« darüber. »Was soll's! Eigentlich ist es ja egal, als was ich hier ein- und ausgehe«, denkt sich Notker Wolf, »doch wann bloß werde ich in den Augen der anderen endlich groß?«

Kosmologie, Gottesfrage, Atheismus. Das ist die Trias, zu der Pater Notker seine ersten Lehrveranstaltungen halten wird: Beschaffenheit, Struktur und Gestalt der Dinge; Raum und Zeit; Sein und Werden; theologische und philosophische Sichtweisen der Gottesfrage: Veränderungen der Weltsicht; Analyse des philosophischen Atheismus; Möglichkeiten der Erkenntnis Gottes; Theologie nach dem »Tod Gottes«; Gott und Mitmenschlichkeit. Nein, zunächst jedenfalls ist es nicht möglich, »nebenbei« auch noch die eigene Promotion voranzutreiben. Auch deswegen nicht, weil die Dozententätigkeit nicht die einzige Beschäftigung ist, mit der Pater Notker in Sant'Anselmo betraut wird.

Als »Socius« der deutschsprachigen Studierenden ist er für deren Betreuung auch außerhalb der studentischen Angelegenheiten zuständig. Das ist eine Aufgabe, die sich Pater Notker sehr zu Herzen nimmt, vor allem den jüngeren Benediktinern gegenüber. Gern trägt er dafür Sorge, dass ihnen so manche Erfahrung erspart bleibt, die er als junger Mönch hat machen müssen. Die Studierenden wissen das zu schätzen – und noch heute dankbar darüber zu berichten. Vieles gilt für sie aber ohnehin nicht mehr.

Denn zu Beginn der 1970er-Jahre sind neben der von allen schon immer sehr geschätzten Internationalität eine gewisse Liberalität und überhaupt eine ungewohnte Offenheit in Sant'Anselmo eingezogen. Der spektakulärste Ausdruck davon ist sicher die Zulassung weiblicher Studierender in Sant'Anselmo, eine Öffnung, über die im Jahr 1969 das erste Mal gesprochen und die vom Äbtekongress nur ein Jahr später auch befürwortet wird. Nahezu »unwirklich« mutet auch die Tatsache an, dass in jenen Jahren *jeder* Mönch, der zum Studium im Kolleg Sant'Anselmo ankommt, gleich am ersten Tag einen eigenen Schlüssel für sämtliche Türen des Hauses erhält. Das bedeutet freie Ausgehmöglichkeiten also auch schon für die Erstsemester.

Davon hat die Generation um Pater Notker nur träumen können! Genauso wie von der Reduzierung des Stundengebets, das inzwischen dem Grundauftrag der »Anselmianer« – Lernen oder Lehren – angepasst ist. Zwei der drei kleinen Horen, die »Terz« und die »Non«, sind ganz gestrichen. Morgens werden die Laudes und der Gottesdienst größtenteils von kleineren Gruppen in verschiedenen Landessprachen gefeiert: Italienisch, Englisch, Deutsch, Französisch oder Spanisch. Mittagshore und Vesper führen alle zum gemeinschaftlichen Gebet zusammen; die Komplet zur Nacht kann entsprechend der eigenen Abendgestaltung auch außerhalb der Gemeinschaft gebetet werden.

Die Mönche von Sant'Anselmo dürfen – und müssen – ihr Leben also in einer größeren Freiheit leben. Freier, als es die meisten aus ihren Heimatklöstern gewohnt sind. Das bietet Möglichkeiten zur Entfaltung; das birgt aber auch Unsicherheiten vor allem für die ganz Jungen, die noch um die Verbindlichkeit ihres Lebens als Mönche ringen. So oder so: Die Studierenden finden bei Pater Notker stets ein offenes Ohr. Nicht selten sitzen sie bis tief in die Nacht auf seiner »Bude« und reden über Gott und die Welt, die Gegebenheiten in den verschiedenen Klöstern, die Möglichkeiten und Unmöglichkeiten, »heute« ein Leben als Mönch zu führen – und über die oft als schmerzlich empfundenen Schwierigkeiten damit. Studienangelegenheiten werden da schnell zur Nebensache. Doch auch sie wollen bewältigt werden. Pater Notker hilft auch da, wo er kann. Egal, ob es um ernste Probleme bei der Bewältigung des Lehrstoffes geht oder »nur« um die Beschaffung von Büchern. Letzteres ist für ihn selbst oft schwierig genug.

Neben freier Kost und Logis erhalten die ordensangehörigen Dozenten von Sant'Anselmo hundert Mark »Taschengeld« im Monat. Knapper geht es kaum. Und natürlich ist es undenkbar, von diesem Geld etwas für notwendige Fachliteratur abzuknapsen. »Eigentlich« muss das auch niemand. Die Heimatklöster kommen für die notwendige Ausstattung der geschätzten Mitbrüder auf, die sich in Rom um den Ordensnachwuchs aus aller Welt mühen. Für Pater Notker bedeutet das, für jedes Buch einen Antrag bei Pater Albrecht Wagner, dem »Cellerar« von Sankt Ottilien, zu stellen. Anders ausgedrückt heißt es, sich »jedes Buch dort zu erbetteln«. So jedenfalls empfindet es Pater Notker zu jener Zeit. Der »Klosterökonom« verkneift es sich nicht, die Wünsche ein ums andere Mal zu kommentieren. Als Hans Küngs »Existiert Gott?« auf der Wunschliste steht, muss sich Pater Notker gar die Nachfrage gefallen lassen, ob es diesen »Ketzer« denn nun wirklich brauche. »Ja, es braucht ihn«, so die Antwort vom jungen Pater Professor, der »höflich« anfügt, dass er eigentlich nicht vorhabe, sich an dieser Stelle für seine Vorlesungsinhalte zu rechtfertigen. Das passt Pater Albrecht überhaupt nicht, der prompt kontert: »Ja, ja, ich seh' schon. Sie sind einer von diesen Typen, die das Kloster zeitlebens nur Geld kosten!« Das trifft! Und das soll es auch! Noch einmal wird sich Pater Notker solcherlei Dinge allerdings nicht sagen lassen. »Dann mache ich mich halt selbstständig«, denkt er sich – und geht auf Abstand.

Pater Notker fängt an, das kleine Geld – die »Almosen« aus dem Kloster, Messstipendien, Zugestecktes von Freunden und der Familie – zu sparen und sich noch eine andere, durchaus lukrative Einnahmequelle zu erschließen. Der redegewandte Mönch mit nach wie vor jungenhafter Ausstrahlung beginnt in Rom mit zunehmendem Erfolg, Stadtführungen für Pilgergruppen anzubieten. Zweimal im Jahr. Zu den Hochzeiten: rund um Ostern und im Oktober. Vor allem die älteren Damen aus dem heimatlichen Bayern sind hingerissen. Das erlaubt es Pater Notker sogar, sich irgendwann ein Auto zuzulegen: einen (gebrauchten) Fiat 127. Das geliebte Gefährt ermöglicht ein etwas komfortableres Umherstreifen in Rom und natürlich erst recht in der näheren und weiteren Umgebung. Das Fahrrad bleibt von nun an eher stehen. »Pater Vagabundus« in Hochform!

Etwas bremsend wirkt der Umstand, dass Notker Wolf ab 1973 erster Kantor und damit auch Leiter der Schola von Sant'Anselmo wird. Das verlangt eine regelmäßige Präsenz in der Primatialabtei: Stundengebet für Stundengebet, Gottesdienst für Gottesdienst. Diese Herausforderung nimmt der musikalische Mönch lieber an, als viele es ihm zutrauen. Die Jahre, die folgen, knüpfen an die in musikalischer Hinsicht »guten alten Zeiten« an. Pater Notker, ohnehin ein sehr guter und im Choral sicherer Sänger, nimmt regelmäßig Privatstunden bei Pater Eugène Cardine aus der Abtei Solesmes, *dem* Choralmeister jener Jahre. Er kann den erfahrenen Mitbruder sogar dafür gewinnen, sonntags ab und zu in Sant'Anselmo vorbeizuschauen, um selbst die Schola zu dirigieren. Alle lernen gern dazu – und werden besser und besser. Als Pater Notker irgendwann die Anfrage erhält, mit »seiner« Schola bei einem geistlichen Konzert in Como mitzuwirken, sagt er gern zu. Die mehrheitlich jungen Sänger sind begeistert.

Dem erfolgreichen »Auftritt« im Norden des Landes folgen andere Engagements, die Pater Notker ebenso gern unterstützt wie er sie genießt. »Für jede Gruppe sind Auftritte wichtig«, sagt der Abtprimas bis heute, »das spornt an und schweißt zusammen. Das schadet auch einer klösterlichen Schola nicht. Ganz im Gegenteil.«

Konzerte in Grottaferrata, Frascati oder Fossanova, die Teilnahme an einem wissenschaftlich hochkarätig besetzten Symposium über die »Neuentstehung des abendländischen Dramas aus der mittelalterlichen Liturgie« in Viterbo, wo die Schola Sant'Anselmo für ein begeistertes Publikum sowohl die klassischen Liturgien als auch die mittelalterlichen Erweiterungen singt, und Aufnahmen für die »Libreria Editrice Vaticana« gehören zu den Highlights dieser Jahre. »Jubilate Deo« heißt die Schallplatte, die der Vatikan zum Heiligen Jahr 1975 rund um den Erdball in alle Diözesen versenden will. Darauf enthalten sind die wichtigsten liturgischen Gesänge für den gemeinschaftlichen Gottesdienst, die »alle Welt« kennen soll. Die Schola Sant'Anselmo singt das Repertoire ein, das später auch als Musikkassette und noch viel später als CD vertrieben wird. Frater Laurentius Schlieker, heute Abt der Abtei Gerleve im Münsterland, singt die Solopartien. Für ihn und alle anderen ist und bleibt es ein unvergessliches Erlebnis. Notker Wolf wird nach Jahren und Jahrzehnten auf seinen Reisen um die Welt noch gebrauchte Exemplare dieser Aufnahmen auf den Märkten von Nairobi, Santiago de Chile und Mexiko-Stadt erstehen. In freudiger Erinnerung – und noch immer ein wenig stolz.

Im Kolleg von Sant'Anselmo wird indes der Vorwurf der übertriebenen Selbstdarstellung laut. Pater Notker tut viel, doch was davon gehört eigentlich zu dem, was ihn als Mönch zu erkennen gäbe? Seine regelmäßigen »Ausflüge« zu Konzerten der »Nuova Consonanza« sicherlich nicht! Zu viele Aktivitäten und Bekanntschaften »draußen« hielten ihn vom Wesentlichen ab, heißt es. In der Tat lässt es sich Notker Wolf nicht nehmen, während seiner römischen Jahre die italienische Lebensart kennen und schätzen zu lernen. Kein Wunder, so die mehr oder weniger offene Kritik, dass es sieben Jahre dauert, bis er endlich seine Promotion abschließt: »Das zyklische Weltmodell der Stoa. Ein Beitrag zur Geschichte der Idee von der ewigen Wiederkehr des Gleichen«. Die siebenhundertfünfzig Seiten (!) schließen eine Forschungslücke, ist die Denkform einer ewigen Wiederkehr des Gleichen doch für verschiedenste Epochen erforscht – mit Ausnahme der stoischen Philosophie. Das Werk ist ein typischer Ausdruck der Wolf'schen akademischen Arbeit: solide und mit weitem Fragehorizont, wobei Pater Notker die fraglichen Punkte als solche eher ausmacht, benennt und zur Diskussion stellt, als überall mit eigenen Lösungen aufzuwarten. So erleben ihn auch seine Studierenden. Pater Notker regt an und lässt mit viel Freiheit arbeiten. Ein weiter Horizont und eine ganz große Toleranz zeichnen ihn und seine wissenschaftliche Arbeit aus. Es gibt nichts, was man mit ihm nicht ansprechen und durchdenken könnte. An kirchlichen Ausbildungsstätten ist eine solche Haltung noch alles andere als selbstverständlich.

Was Pater Notker als Professor für die Studierenden interessant macht, ist nicht eigentlich wissenschaftliche Brillanz, sondern es sind die ungewöhnlichen Themen, die er anbietet, und die herzliche Offenheit, mit der er ihnen begegnet: als älterer Bruder und Freund, der sich mit viel persönlicher Zuwendung kümmert. Was immer er tut, er tut es mit »dem Eros eines Missionsbenediktiners«, sagt Abt Laurentius Schlieker, »neugierig auf Gott und die Welt, mitreißend, mutig, ansteckend in seiner Lebensfreude«. All das gilt auch für seine Frömmigkeit, die die Studierenden von damals eher still, fast versunken erleben. Ob morgens zur ersten Seminareinheit, die Pater Notker stets mit dem Kreuzzeichen und einer Zeit der Stille beginnt, oder in den Gebetszeiten und Gottesdiensten: Es ist, als träte Notker Wolf »einfach« in eine Gegenwart hinein, die bereits da ist. Gottes Gegenwart. So ist es noch heute.

(Nicht nur) geistlich tankt Pater Notker in jenen Jahren gern auch in der Gemeinschaft von »Sant'Egidio« auf. Er lässt sich beeindrucken von deren radikaler Bindung an das Evangelium und teilt, wann immer es ihm möglich ist, ihre Gebete – die aus dem Alltag der Straße kommen und stets wieder dorthin führen. Das weitet auch Pater Notkers Herz. Kollegen und vor allem die Studierenden erleben ihn auch außerhalb des Hochschulbetriebs als äußerst verständnisvoll. »Da ist nichts, was Notker Wolf aus den Schuhen hauen würde«, sagen viele seiner Wegbegleiter bis heute. Auch Belastendes kann er hören – und mittragen.

Einmal jedoch wird Pater Notker offensichtlich alles zu viel. Eine schwere Gelbsucht erwischt ihn im Winter 1974/1975. Wochenlang, auch über Weihnachten, liegt er stationär im »Ospedale Fatebenefratelli« auf der Tiberinsel. Seine Studierenden kommen oft und gern zu Besuch. Ausnahmsweise sprechen alle mal über das Leben des Professors. Ob er sich nicht doch manchmal nach seinem Lebenstraum »Mission« sehne? »Ihr seid's mir Mission genug«, so die kecke Antwort. Alle lachen. Ja, längst hat sich Notker Wolf auch vom Herzen her damit angefreundet, seinen Platz im Kloster in der Ausbildung junger Mönche gefunden zu haben. Die langen Studienjahre haben es zwar jeweils in sich. Doch der nächste Sommer kommt bestimmt.

So ist es auch im Jahr 1977. Am Hochfest »Peter und Paul« beginnen die Ferien. Endlich. Zweihundertdreißig Studenten und einige wenige Studentinnen aus allen möglichen Ecken der Welt treten von Sant'Anselmo aus die Heimreise an: nach Österreich, Brasilien, England, Deutschland, Venezuela, Südkorea, Frankreich, Spanien, Argentinien, Tansania, auf die Philippinen, in die USA, die Schweiz oder in den Libanon. Für dreieinhalb Monate schließen die Tore der Benediktinerhochschule in Rom.

Wie jedes Jahr. Auch für die Dozenten bedeutet das nach dem je nur zu Weihnachten und Ostern unterbrochenen Lehrjahr eine echte Auszeit. Notker Wolf freut sich darauf. Entspannt schließt er seine Ordner und räumt das vergangene Semester beiseite: Naturphilosophie II, Biologie und Logik.

Nach sechs Jahren Lehrtätigkeit hat Pater Notker alle »seine« Kernthemen nun mindestens einmal durchgenommen. In Zukunft also wird er auf Erarbeitetes aufbauen und dadurch wieder mehr Zeit für eigene wissenschaftliche Interessen und Vorlieben aufwenden können. Die Gottesfrage etwa lässt ihn nicht los. Und bei den Stoikern, da möchte er weiterforschen. Zunächst aber gilt es, das kommende Studienjahr auf den Weg zu bringen: Naturphilosophie I, Physik und Logik. So ist es im neuen Vorlesungsverzeichnis bereits angekündigt: Ursprung und Entwicklung des Lebens; biologische Anthropologie; Quantentheorie, Feldtheorie und Relativitätstheorie; Einführung in die Kunst des Denkens; Sprachgenetik. Zudem gibt es ein neu erwachtes Interesse an der Regel Benedikts, von der sich der sonst fast ausschließlich mit philosophischen und naturwissenschaftlichen Fragen befasste Benediktiner seit Monaten gern fesseln lässt.

Pater Notker liebt diese sommerliche Zeit, in der er sich nach Möglichkeit ganz zurückzieht. Auch das Essen bereitet er sich dann auf einem kleinen Spiralkocher, den er auf dem Zimmer hat, selbst zu. Im Blick auf die vielen Besucher in Sant'Anselmo weiß er einfach um seine eigene Verführbarkeit. Die anregenden Gespräche am Mittagstisch läuten allzu oft Begegnungen und Unternehmungen ein, die gern bis zum Abend dauern.

Als Pater Notker sich nach getaner Arbeit irgendwann Ende August oder Anfang September 1977 mit seinem Fiat in die Ferien nach Sankt Ottilien aufmacht, ist sein Zimmer etwas gründlicher geräumt, als es für seinen Lebens- und Arbeitsstil charakteristisch ist. Notker Wolf lässt sich nicht gern in die Karten schauen. Auch nicht von seinem Abt, dem er sein Zimmer für den am 14. September beginnenden Äbtekongress in Sant'Anselmo überlässt. Dazu kommen sämtliche Äbte der Benediktinischen Konföderation in Rom zusammen und mit ihnen auch einige Vertreterinnen der benediktinischen Frauenklöster.

Der bevorstehende elfte Äbtekongress verheißt keine spektakulären Neuerungen für das benediktinische Leben, doch ein paar durchaus kritische Themen stehen schon auf der umfangreichen Tagesordnung. Die Frage nach der zukünftigen Gestalt der Hochschule von Sant'Anselmo etwa gehört dazu. Vorbereitet ist das Treffen durch das Büro von Abtprimas Rembert Weakland, der nunmehr seit zehn Jahren als oberster Repräsentant an der Spitze der Benediktinischen Konföderation steht. Die in Sant'Anselmo versammelten Oberen werden den nicht unumstrittenen US-Amerikaner aller Voraussicht nach in den nächsten Tagen in seinem Amt bestätigen – soweit jedenfalls die Planungen.

Die erste Überraschung allerdings lässt nicht lange auf sich warten. Ein Telefonanruf von der anderen Tiberseite bringt weitreichende Veränderungen in der benediktinischen Ordenslandschaft ins Rollen. Rembert Weakland wird zum 20. September 1977, 12.00 Uhr, von Papst Paul VI. zum Erzbischof von Milwaukee berufen, was zur Folge hat, dass die Benediktiner plötzlich und unerwartet ohne Abtprimas dastehen. Ebenso unerwartet, vor allem unerwartet schnell, wird daraufhin der Erzabt von Sankt Ottilien, Viktor Josef Dammertz, vom Äbtekongress in das höchste benediktinische Amt gewählt. Bereits in den Vorwahlen einigt sich eine deutliche Mehrheit der wahlberechtigten Äbte auf den deutschen Missionsbenediktiner, der die anschließende Wahl annimmt. Noch vor dem Mittagessen des 22. September versammeln sich die Verantwortlichen der benediktinischen Welt erleichtert in der Kirche von Sant'Anselmo, um gemeinsam das »Te

Deum« anzustimmen: »Dich, Gott, loben wir. Dich, Herr, preisen wir. Dir, dem ewigen Vater, huldigt das Erdenrund ...«

In Sankt Ottilien selbst hält sich die Freude über den Abtprimas aus den eigenen Reihen allerdings in Grenzen. Das Generalkapitel der missionsbenediktinischen Kongregation steht unmittelbar bevor. Und nun braucht man in kürzester Zeit nicht »nur« einen neuen Abt, sondern in Personalunion ja auch einen neuen Präses der Kongregation, der am 11. Oktober das Generalkapitel eröffnen und dem knapp zweiwöchigen Ordensevent, das Missionsbenediktiner aus acht Ländern zusammenführt, vorstehen würde. Nicht nur Prior Paulus Hörger stehen deswegen die dichten Haare zu Berge! »Der Schock, den die Abtprimaswahl auslöst«, wie es in der offiziellen Klosterchronik von Sankt Ottilien heißt, »ist, je weiter weg, umso größer«. Eindrücklich bringt etwa Pater Korbinian Schräfl, ein alterfahrener und eher schweigsamer Koreamissionar, die tiefe Irritation in einem Brief aus der Ferne ins Wort: »Weniger erfreulich ist die letzte Nachricht aus der Heimat, dass Vater Erzabt sich hat zum Abtprimas machen lassen. Für uns ist dieser Schritt unverständlich. Erzabt Suso hat seinerseits strikt abgelehnt. Hat Erzabt Viktor nach zweieinhalb Jahren schon genug? Was ist schon der Abtprimas? Ein Abt ohne Konvent, ohne Jurisdiktion. Für die Kongregation sicher ein großer Verlust. Wer kennt die einzelnen Aufgaben besser als Erzabt Viktor? Habt Ihr einen, der ihm ein ebenbürtiger Nachfolger werden kann? Hat denn der Konvent von Sankt Ottilien, der doch Erzabt Viktor gewählt hat, da gar nichts zu sagen? Wir in der Ferne begreifen das nicht. Einzig der Glaube an die Vorsehung Gottes hilft uns, das Geschehene hinzunehmen.« Die Fassungslosigkeit, die im September 1977 in Sankt Ottilien vorherrscht, drückt sich etwa auch in der noch im Nachhinein eher traurigen Begebenheit aus, dass der frischgewählte neue Abtprimas einzig aus seinem eigenen Kloster kein Glückwunschtelegramm erhält!

Doch warum eigentlich tut sich da ein ganzer Konvent so schwer mit der »Ehre«, die da einem der Ihren zuteil wird? Abgesehen von der (über-)hohen Bedeutung des Abtsamtes speziell in Benediktinerklöstern ist das nur im Blick auf die konkrete Situation klösterlicher Wirklichkeit gut ein Jahrzehnt nach Ende des Zweiten Vatikanischen Konzils zu verstehen. Den Aufbruch der Kirche gilt es ja auch hinter Klostermauern umzusetzen. Das braucht von allen Flügeln im Kloster anerkannte, kirchenrechtlich gebildete, im monastischen Leben gefestigte und gleichzeitig dem Leben einer neuen Zeit zugewandte Persönlichkeiten. Die Mönche von Sankt Ottilien haben in Viktor Josef Dammertz eine solche Persönlichkeit ausgemacht. Sie legen zu Beginn des Jahres 1975 die Zukunft ihres Klosters und der damit verbundenen Missionen in dessen Hände. Dass nach nur zweieinhalb Jahren zu Ende sein soll, was doch gerade erst angefangen hat, ist für viele schwer zu fassen. Auch wenn der neue Abtprimas für die Missionsbenediktiner nicht verloren ist, steht die damals drittgrößte benediktinische Kongregation doch vor besonderen Herausforderungen – ihre »Mission« reicht ja schließlich um die halbe Welt.

All diese sich förmlich überschlagenden Neuigkeiten erreichen Notker Wolf, als er mit seiner Mutter unterwegs ist. Zum späten Frühstück ist er zu Hause in Grönenbach eingetrudelt. Familie und Freunde sitzen beisammen. Der seltene Gast aus Rom wird freudig erwartet. Nicht zuletzt von seiner Schwester. Und als er endlich da ist, haben alle auch bereits ordentlich gewartet: »Werner, seit deiner Geburt kommst du zu spät!«

Nach kurzem Aufenthalt machen sich Mutter und Sohn auf nach Neuwied. Onkel Nikolaus, der Bruder der Mutter, liegt dort im Krankenhaus und hat bei ohnehin schlechtem Gesundheitszustand eine schwere Operation vor sich: Beinamputation. Es ist ein langer Tag, von dem niemand so recht weiß, wie er enden wird. Gott sei Dank verläuft die Operation zufriedenstellend. Auf dem Rückweg schauen Notker Wolf und seine Mutter noch in Sachsenheim vorbei. Wolfgang Westenfeld, ein alter Studienfreund aus der Zeit im Ottilienkolleg, ist Pfarrer dort. Kaum haben sich alle freudig begrüßt, da will Wolfgang auch schon wissen, was sein alter Freund denn dazu sagt, dass Rembert Weakland zum Erzbischof ernannt ist?! – »Bitte, was?« Pater Notker ist spürbar überrascht. Entsprechend schnell tritt er mit seiner Mutter »im Gepäck« den Heimweg an. Nach kurzem Stop in Grönenbach und kaum im Kloster angekommen, findet er zu inzwischen nächtlicher Stunde die wichtigsten Nachrichten der gerade vergangenen Tage am Schwarzen Brett angeschlagen.

Äußerst nüchtern klingt der Rundbrief, mit dem Prior Paulus Hörger die Klostergemeinschaft von Sankt Ottilien offiziell über den Stand der Dinge im »Erzabtssturz«, wie es die Missionare aus dem Peramihogebiet in Tansania in einem Telegramm formulieren, in Kenntnis setzt: »Durch die Übernahme des Amtes des Abtprimas ist Vater Erzabt Viktor automatisch aus dem Amt des Erzabts ausgeschieden. Rechte und Pflichten des Erzabts als Präses unserer Kongregation gehen an den ersten Assistenzabt, Vater Abt Bonifaz über, der auch die Wahl eines neuen Erzabts leiten wird. Die Leitung des Klosters geht unseren Statuten entsprechend an den Prior über. Die Wahl des neuen Erzabts soll nach Wunsch der Äbte möglichst umgehend erfolgen.«

Alle Betroffenen, das gilt vor allem für die sogenannten »Konventualen«, erwartet daraufhin ein straffes Programm. Offiziell klingt das im Namen des Priors nicht ohne Sorge so: »Am Montag, dem 26. September 1977, wird Abt Bonifaz von Münsterschwarzach den Termin der Abtswahl festlegen, die innerhalb von drei Wochen erfolgen soll, damit der neue Erzabt bereits dem Generalkapitel vorstehen kann. Ich bitte daher alle Mitbrüder im Kloster oder in den abhängigen Häusern, sich für die Wahl bereitzuhalten. Damit alle Aufgaben und Pflichten im

Kloster ordnungsgemäß weitergeführt werden können, bestätige ich alle Offizialen in ihren Ämtern. Ich möchte alle Mitbrüder bitten, die Wahl des neuen Abtes und alle damit zusammenhängenden Sorgen im Gebet vertrauensvoll vor Gott zu tragen. Bewahren wir in den kommenden Wochen besonders den brüderlichen Frieden und die Eintracht in der verantwortungsvollen Sorge um unser Kloster.«

Die »Konventualen«, das sind all die Mönche eines Kloster»konvents«, die bereits die »ewigen Gelübde« abgelegt haben. So weit also muss die innere Bindung reichen (wollen), wenn man über die Besetzung des wichtigsten Amtes im Kloster mitentscheiden möchte – umso mehr, wenn es sich um das Amt des Erzabts handelt, dem eine besondere Verantwortlichkeit nicht nur für ein einzelnes Kloster, sondern für eine gesamte Kongregation obliegt. So ist eine gewisse Spannung zu spüren in den weiten Gängen der alten »Mater Ottilia«. Nicht nur, aber doch vor allem zwischen den insgesamt hundertdreiundachtzig ewigen Professen.

Der immer noch stattliche Konvent der Erzabtei der Missionsbenediktiner ist einigermaßen überaltert. Den gestorbenen oder ausgetretenen Mitbrüdern folgt schon seit Jahren nicht mehr eine entsprechende Anzahl junger Gottsucher, die sich ein Leben zutrauen, das die »guten Tage im Kloster zu sehen wünscht« (vgl. Benediktsregel, Prolog, Vers 15). Das bewegt auch Pater Notker. Der junge Dozent, der seit sechs Jahren in Rom mit in der Verantwortung um die akademische Ausbildung der »Ordensjugend« steht, weiß um die Notwendigkeit von Reformen und spürt doch schmerzlich, wie problematisch es für viele seiner Mitbrüder ist, auch nur die Studienordnung an der ordenseigenen Hochschule ändern zu wollen. Wohin also wird die Reise gehen? Der neue Erzabt wird für die Zukunftsfähigkeit (nicht nur) der Missionsbenediktiner jedenfalls von größter Bedeutung sein.

Bislang ist Notker Wolf weniger zu Hause als vielmehr immer wieder »nur« zu Besuch in Sankt Ottilien. Studienjahre in Rom und München und die anschließende Lehrtätigkeit lassen ihn seit fünfzehn Jahren zu den »Externen« des Konvents gehören. Die äußere und innere Weite, in der er sich dadurch bewegt, ist ungewöhnlich für einen Ordensmann seiner Generation. Inspiriert vom Freigeist des Konzils und von der 1968er-Bewegung zusätzlich aufgerüttelt, haben viele der progressiven Geister unter den Jüngeren die Klöster verlassen. Die, die geblieben sind, strecken sich nicht allzu sehr nach vorne aus. So sind es eher die Älteren im Konvent, die sich in den Spätsommertagen 1977 in besonderer Weise für Pater Notker »interessieren«. Ob er »eigentlich gesund sei«, möchte Bruder Patrick Faßnacht eines Morgens nach dem Konventamt von seinem eher schmächtigen Mitbruder wissen. »Nun ja«, antwortet der wahrheitsgetreu, »als Kind und Jugendlicher bin ich viel krank gewesen, heute geht es besser.« Beruhigt nimmt Bruder Patrick das zur Kenntnis. Bereits im Weggehen murmelt der alte Orgelbauer: »Das ist gut. Ein Abt darf nicht zu fromm, nicht zu streng und nicht zu gesund sein – sonst fehlt die Barmherzigkeit.« Verblüfft schaut Pater Notker dem Alten nach. Die Aufmerksamkeit ehrt – und weckt Begehrlichkeiten.

Doch was heißt hier »nicht zu fromm und nicht zu streng«? Welchen Ruf »genießt« Notker Wolf im eigenen Kloster? Die Antwort auf *diese* Frage wird im Detail letztlich offenbleiben. Anderes klärt sich in bewusst gepflegter Kommunikation auf den Fluren, in denen sonst die Stille wohnt. Pater Notker klinkt sich mit ein ins Gespräch. Er zeigt sich gern. Manchen zu gern. Und auch ein wenig zu aufdringlich. »Man« registriert die offensive Freundlichkeit, mit der sich Pater Notker »plötzlich« im Kloster bewegt. Um auf Nummer »sicher« zu gehen, lässt sich der mehr oder weniger unbekannte Römer morgens gar eigens zum Frühchor wecken, heißt es. »Bewerbungstour eines Ehrgeizlings«, denkt sich so mancher Mitbruder. Nein, »der brüderliche Friede und die Eintracht im Kloster« sind nicht zu jeder Zeit erstes Gebot. Innerhalb des Konvents gibt es verschiedene Interessen. Und es gibt Interessensverbünde. Wer wird sich durchsetzen?

»Ich habe mich nicht aufgedrängt«, sagt der oberste Benediktiner heute in der Rückschau selbst, »gesperrt habe ich mich damals im Blick auf die bevorstehende Abtswahl aber auch nicht.« Im Leben des Notker Wolf heißt das, bereitwillig aufzunehmen, was auch immer ihm an positiven Kräften entgegenkommt. Hier sind es die Aufmerksamkeit, das Interesse, letztlich das Zutrauen einer großen Anzahl seiner Mitbrüder, die ihn für das Amt des Erzabts von Sankt Ottilien ernstlich ins Visier nehmen. Sie schauen ihm beim Zelebrieren über die Schulter, hören während seiner Predigten genauer hin, lernen seine außergewöhnlichen kommunikativen Fähigkeiten schätzen und wägen ganz allgemein ab, was »der Neue« jetzt schon unbedingt braucht und was er im Laufe der Jahre noch getrost lernen kann.

Wenn er sich gesehen und aufgrund seiner Fähigkeiten – oder auch nur ob seiner Potenziale – geschätzt und herausgefordert fühlt, entwickelt der Schüler, der Missionsseminarist, der Novize, der Student, der Musiker, der Priester, der Dozent Notker Wolf seit jeher eine ungeheure Energie. Anderen würde schwindelig werden bei dem Tempo, das er dann an den Tag legt.

Im Oktober 1977 allerdings weiß man dieses Tempo zu schätzen. Nach Möglichkeit soll es ja »schnell« gehen, damit am 11. des Monats das Generalkapitel wie geplant beginnen kann. Voraussetzung dafür ist, dass die Wahl des neuen Erzabts an einem Tag gelingt. Keine »Postulation«, keine Befreiung also von kanonischen Hindernissen darf nötig werden, der Gewählte müsste unmittelbar erreichbar sein – und auf Bedenkzeit verzichten. Tatsächlich läuft alles wie am Schnürchen: Vorwahlen am

Nachmittag des 9. Oktober; Namenstagfeier für Abtprimas Viktor Josef Dammertz am 10. Oktober, morgens; Wahl des neuen Erzabts nach immerhin sechs Wahlgängen mit wechselnden Mehrheiten doch noch am selben Nachmittag; Bestätigung durch Erzbischof Augustin Mayer, Sekretär der Religiosenkongregation im Vatikan, am Abend.

Als Pater Prof. Dr. Notker Wolf am 10. Oktober 1977 als Nachfolger von Viktor Josef Dammertz von hundertdreiundachtzig wahlberechtigten Mönchen (mit relativ knapper Mehrheit) überraschend zum fünften Erzabt von Sankt Ottilien gewählt wird, ist er gerade einmal siebenunddreißig Jahre alt. Nur ein einziges zusammenhängendes Jahr, das Noviziatsjahr, hat er bis dahin »wirklich« im Kloster verbracht. Und nie ist er in einem der sogenannten Missionsgebiete gewesen. Nicht einmal zu Besuch. Und obwohl Sant'Anselmo ein guter Ort ist, eine Vielfalt von Kulturen kennenzulernen und sich in Fremdsprachen zu üben, ist es doch »recht wenig«, wie Notker Wolf selbst sagt, »das er in das neue Amt mitbringt«. Nichtsdestotrotz nimmt er die Wahl ohne Zögern an. Begleitet von seinem Amtsvorgänger nimmt er noch am selben Tag aus den Händen des Münsterschwarzacher Abtes Bonifaz Vogel das Abtskreuz entgegen. Es ist exakt der zwölfte Jahrestag seiner »ewigen Profess«. Die Leitidee für das, was kommen soll, spricht Notker Wolf ungewöhnlich offenherzig aus: »Mein Ziel ist ein angstfreies Kloster.«

Bilder eines Lebens

Auch der Abtprimas hat einmal klein angefangen: Werner Wolf mit knapp sieben Monaten im Januar des Jahres 1941.

146 Die Bilder aus den frühen 1940er-Jahren lassen die Last, die Katharina Wolf und ihr Sohn während des Krieges tragen, kaum erahnen. Trotz allem ist es für Werner eine behütete und glückliche Zeit. Nahezu unbeschwert wächst Werner während der Kriegsjahre in Grönenbach im Allgäu auf. Die Liebe der Mutter wiegt für den Jungen jede Entbehrung auf.

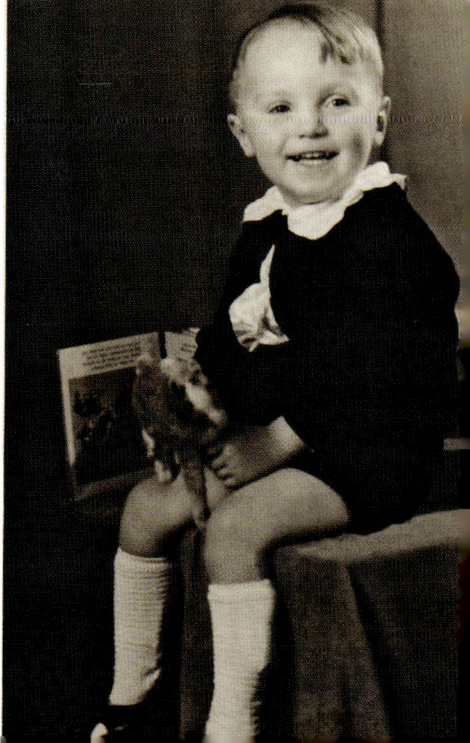

Erst 1947 kehrt Josef Wolf aus der Kriegsgefangenschaft heim zu seiner Frau und zu seinem Sohn. Noch klammert sich Werner eher an seine Mutter. Doch seit Schulbeginn (unten) fasst er zunehmend Vertrauen ins Leben, findet Freunde wie Wolfgang Höchenberger (oben rechts) und meistert seine Lektionen. Unten rechts sieht man Lehrer Ägidius Waigel, der Werner später fit macht für die höhere Schule.

Die erste heilige Kommunion im Frühjahr 1949 ist das erste große Fest im Leben des immer noch recht »kleinen« Werner Wolf. Anschließend darf er – endlich – Messdiener werden. Früh spürt Werner eine tiefe Liebe zur Liturgie und zur (sakralen) Musik. Beides unterstützen seine Eltern gern, die ihren Sohn gleichwohl nie auf einen geistlichen Weg drängen.

Kaum etwas im Leben ist Werner Wolf so nahe gegangen, wie die Geburt seiner kleinen Schwester Rita. Und er zeigt seine Zuneigung gern: ob an Weihnachten 1954 zu Hause oder auf einer Fotografie für die Eltern ein paar Jahre später. – Unten zeigt sich Werner als vom Theaterspiel begeisterter Hirte beim Krippenspiel in der heimatlichen Pfarrei in Grönenbach.

Der Wechsel von der Oberrealschule in Memmingen in das Missionsseminar von Sankt Ottilien ist gewaltig. Doch Werner schafft im Laufe des Jahres 1955 die Umstellung vom liebevollen Elternhaus in die Strenge des »kleinen Klosters« schnell und gut. In den kommenden Jahren blüht er auf wie noch nie zuvor in seinem Leben – und findet seine Berufung. In der ersten Reihe sieht man Erzabt Chrysostomus Schmid (mit Brustkreuz), links von ihm Oberstudiendirektor Pater Dr. Ildefons Stegmann.

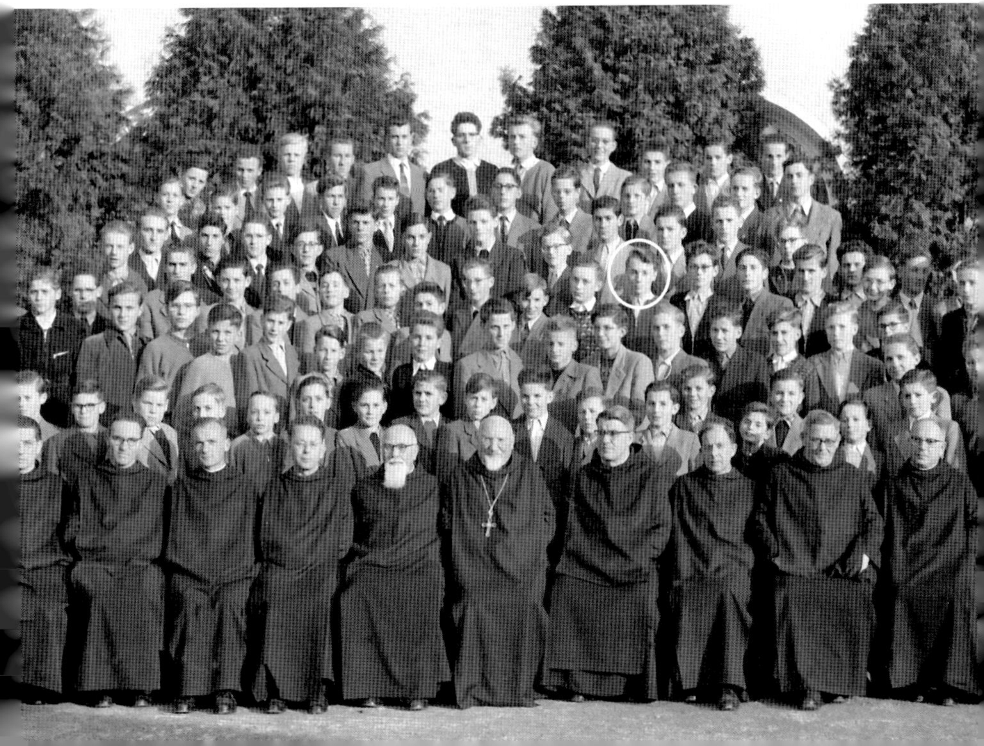

152 Wilde Kerle: Die oberen Klassen des Missionsseminars machen sich im Winter 1958/1959 auf in die Ski-Freizeit – und währenddessen in ein Stückchen rar gewordene Freiheit. Alle genießen das ungezwungene Beisammensein: ob auf der Piste oder beim Gaststättenbesuch mit Cola, Bier oder Zigarette (wo Werner »vorsichtshalber« das Foto selbst schießt). Im Schulsportunterricht quält sich Werner Wolf regelmäßig

über die Zeit. Beim Skifahren in freier Natur sieht das ganz anders aus: Da gehört er wieder zu den Draufgängern! – Und auch bei den durchaus strapaziösen Fußwallfahrten nach Altötting ist der Junglegionär Werner ganz vorn mit dabei: hier als Kreuzträger im Sommer 1958. Unten sieht man die jungen Wallfahrer auf dem Kapellenplatz von Altötting vor der Gnadenkapelle mit dem berühmten Marienheiligtum.

Nein, es wird nicht nur gelernt und gebetet im Missionsseminar von Sankt Ottilien. Beim Wandertag 1958 (oben) genießen Werner (rechts von P. Willigis Erhardt) und seine Klassenkameraden die lockere Atmosphäre und den intensiven Austausch mit »ihrem« Pater Willigis. Unten scherzt Werner mit Erzabt Suso Brechter, bevor sich die Jungs im Herbst 1958 aufmachen, den Schulweiher zu räumen. Daneben sieht

man die Abschlussklasse von 1961 zwischen den Abiturprüfungen beim abendlichen Zusammensein im Seminarkeller. Bis dahin spielen fast alle von ihnen (mindestens) ein Instrument und mit gleicher Begeisterung Theater. Zu Fasching 1961 sind darum nicht nur Werner und sein Freund Johann Göschl voll in ihrem Element.

Es ist geschafft: Abitur 1961! Der Abschlussjahrgang des Missionsseminars Sankt Ottilien zeigt sich vor den offiziellen Abschlussfeierlichkeiten kunterbunt, am 18. Juli 1961 dann aber doch so, wie Kloster und Elternhäuser es erwarten: schick und anständig. Zehn der zwanzig jungen Männer wagen ein paar Monate später den Schritt ins Kloster – auch Werner Wolf.

Freunde fürs Leben: Werner Wolf und Alexander Lindenmaier, der heute Abt in Ndanda/Tansania ist. 157
Bevor die beiden ins Kloster eintreten, machen sie sich im Sommer 1961 gemeinsam zu einer abenteuer-
lichen Wallfahrt auf: nach La Salette und Ars. Das Bild unten zeigt Familie Wolf »offiziell« mit dem Einser-
Abiturienten Werner: liebevoll und ein bisschen verträumt.

158 »Der Mönch ist nicht leicht zum Lachen bereit«, steht in den Regel des hl. Benedikt (Kapitel 7, Vers 59). Für Notker Wolf trifft das nicht zu. Oft und gern hört man ihn lachen, so auch in den frühen 1960er-Jahren als Student in Sant'Anselmo in Rom. Daneben gibt es auch die nachdenkliche, ernste Seite: beim Studium, beim Gebet. Beides ist Teil seiner schier unbändigen Lebendigkeit.

»Giovedì libero«: Die einmal im Monat gewährten »freien Donnerstage« erlauben den Studenten von Sant'Anselmo unvergessliche Ausflüge in die nähere und weitere Umgebung Roms. Irgendwo in den Albaner Bergen im Winter 1964/1965 greift Frater Notker im Kreise seiner Mitalumnen gern zum guten italienischen Wein. – Vom Bergwanderer zum Musiker: Die folgende Doppelseite zeigt Frater Notker mit seinem Lieblingsinstrument, der klassischen Querflöte. Die Aufnahme stammt bereits aus seinen Münchner Studienjahren zum Ende der 1960er-Jahre.

164 Brüderlich teilen: Frater Notker, Frater Herbert, Frater Donatus und Frater Johannes Berchmans (von links) freuen sich während des Studienjahres 1964/1965 über ein »Fresspaket« von zu Hause, das eine der Mütter nach Rom geschickt hat. Die Aufnahme vor dem Petersdom (rechts) stammt aus derselben Zeit. – Unten sieht man Pater Professor Wolf in den früher 1970er-Jahren zusammen mit Studierenden in Sant'Anselmo: Juliane Ohm und Frater Bertold Heigl, dem heutigen Abt des Benediktinerstifts Seitenstetten in Österreich.

Meilensteine auf dem klösterlichen Weg: Am 10. Oktober 1965 legt Frater Notker seine feierliche Profess ab. Rechts von Abtbischof Eberhard Spieß stehend trägt auch er die »Kukulle«, das faltenreiche liturgische Übergewand der Mönche (oben). Eltern und Schwester (rechts) freuen sich mit Werner über dessen »ewigen« Schritt ins Kloster. – Drei Jahre später, am 1. September 1968 wird Notker Wolf von Weihbischof Josef Zimmermann zum Priester geweiht. Erzabt Suso Brechter zeigt sich mit seinen Neupriestern auf dem offiziellen Foto (unten), rechts von ihm Pater Notker.

168 Eine Woche nach seiner Priesterweihe feiert Pater Notker daheim in Grönenbach Primiz. Dazu ist der gesamte Ort auf den Beinen. Oben sieht man die große Prozession zur eigens errichteten Waldbühne, von wo aus der Neupriester am 8. September 1968 auch den Primizsegen spendet (unten). – Ein paar Jahre später hat sich der jungen Philosophieprofessor Notker Wolf nach Subiaco aufgemacht, dem Ursprungsort der Benediktiner, wo er sich am Eingang der »Sacro Speco«, der »Heiligen Höhle«, in die sich der hl. Benedikt einst zurückzog, gut gelaunt ablichten lässt (rechts).

170 Nach seiner Wahl zum fünften Erzabt von Sankt Ottilien am 10. Oktober 1977 nimmt Notker Wolf vom Münsterschwarzacher Abt Bonifaz Vogel das Abtskreuz entgegen; Abtprimas Viktor Josef Dammertz begleitet die Zeremonie. Direkt auf die Wahl folgt das 12. Generalkapitel der Missionsbenediktiner, an dessen Ende sich die Äbte und Prioren zum offiziellen Foto aufstellen (oben rechts). Während des elftägigen Kapitels darf Erzabt Notker jederzeit auf die Unterstützung seines Vorgängers Viktor Josef zählen (unten). – Rechts: Der junge fünfte Erzabt von Sankt Ottilien auf dem ersten offiziellen Foto.

Erzabt Notker Wolf erhält am 22. Oktober 1977 vom Augsburger Bischof Josef Stimpfle die Abtsbenediktion. Mehr als 100 Priester, darunter 26 Äbte, feiern den Festgottesdienst in Konzelebration mit – und tausende Menschen von nah und fern, die sich mit dem jungen Erzabt freuen. Natürlich feiert auch die ganze Familie Wolf freudig mit; in der ersten Reihe stehen von links: Tante Anny, Vater Josef Wolf, Erzabt Notker, Mutter Katharina Wolf, Schwester Rita Wolf.

174 Leben als Missionsreise: Erzabt Notker, der auch Abtpräses der Missionsbenediktiner ist, beginnt im Frühjahr 1978 eine unvergleichliche Reise um die Welt, die bis heute noch anhält. Alles beginnt im Süden Tansanias, wo der Weg im Mai 1978 von Njombe nach Peramiho führt (oben). Nur zwei Monate später erklärt Erzabt Notker Kindern von Inkamana/Südafrika gern, was es mit seinem Kreuz auf sich hat.

Der Abtpräses der Missionsbenediktiner ist überall auf der Welt ein gern gesehener Gast. Kein Wunder: Mit ihm gibt es immer etwas zum Lachen, so ernst der Anlass des Kommens auch sein mag. In Hanga jedenfalls, im Südwesten Tansanias, freut man sich im Jahr 1987 über die Ankunft von Erzabt Notker – wie immer mit Pfeife im Gepäck.

Erzabt und Abtpräses zu sein bedeutet unendlich viel Arbeit hinter den Kulissen. So auch während des Äbtekongresses in Rom (oben) oder beim Generalkapitel der Missionsbenediktiner (unten), die im September und Oktober 1984 nach nur relativ kurzer Pause aufeinander folgen; mit diesem Sitzungsmarathon möchte man den Äbten aus den Missionsgebieten die vielen Reisen nach Europa ersparen.

Natürlich bieten die großen Versammlungen auch Gelegenheit für einen intensiven, auch informellen Austausch, haben sich die Missionsbenediktiner doch vor kurzem einen weiteren jungen Abt in ihre Führungsriege gewählt: Fidelis Ruppert aus Münsterschwarzach (oben). – Erzabt Notker schenkt seinen Eltern zur Goldenen Hochzeit 1989 einen Besuch bei Papst Johannes Paul II. (unten). Eine gelungene Überraschung!

Kunterbunter kann ein »Dienstprogramm« nicht sein: In den frühen 1980er-Jahren wagt Erzabt Notker in Japan das Leben eines buddhistischen Mönchs: gelebter intermonastischer Dialog (oben). Ein echtes Kontrastprogramm dazu bietet ein Jahrzehnt später der Besuch von Josef Kardinal Ratzinger in Sankt Ottilien. Der Präfekt der Glaubenskongregation stellt 1996 unter anderem sein Buch »Salz der Erde« vor.

In den Missionsgebieten, wie auf der Visitationsreise Anfang der 1980er-Jahre in Südkorea (oben), wird Erzabt Notker immer wieder aufs Herzlichste empfangen – manchmal ist es fast irritierend, was die Gastgeber dem Abtpräses alles »bieten«. Wie gut, dass er zu Hause hin und wieder einfach tun darf, was Spaß macht: Fasching feiern etwas mit den Mitbrüdern in Sankt Ottilien zu Beginn der 1990er-Jahre (unten).

Kein anderes Bild von Notker Wolf ist für die mediale Öffentlichkeit so reizvoll wie das des »rockenden Abtes«. Die ungewöhnliche Geschichte beginnt auf der Premiere des »Circus Sankt Ottilien« im Sommer 1992, als der Erzabt das erste Mal mit der Band »Feedback« auf die Bühne geht. Seine ehemaligen Schüler engagieren ihn damals mit der Querflöte für ein Stück von Jethro Tull. Die E-Gitarre kommt später und ver-

drängt die Querflöte. Jedenfalls in der breiten Öffentlichkeit, die »Feedback« und ihren heimlichen Star
schätzen lernt (linke Seite). Im Jahr 2003 nimmt die ehemalige Schülerband mit dem Abtprimas die CD
»Rock my Soul« auf, die sie erfolgreich vermarkten. Zu den Highlights der Wolf'schen Rock-Karriere gehört
sicher der Auftritt mit der Kultband »Deep Purple« im August 2008 in Benediktbeuern (rechte Seite).

Mehr oder weniger offiziell unterwegs in Fernost: Notker Wolfs ungewöhnliches Engagement in China und Nordkorea verbindet sein Wirken als Erzabt von Sankt Ottilien und als Abtprimas der Benediktinischen Konföderation. Was 1985 mit einer ersten abenteuerlichen Individualreise nach China beginnt, findet im August 2005 einen weiteren Höhepunkt, als Notker Wolf in Rason/Nordkorea ein von den Benediktinern und Benediktinerinnen finanziertes Krankenhaus feierlich eröffnet: das »Rason International Catholic Hospital«. In der Sonderzone Rajin immer mit dabei ist auch Bruder Anselm Schütz (unten rechts), ein erfahrener Korea-Missionar, der nicht nur wegen seiner Sprachkenntnisse für den Abtprimas unentbehrlich ist. Der hofft, dass das Krankenhaus dauerhaft »ein Zeichen der Hoffnung auf Frieden und Zusammenarbeit« sein kann. »Neue Wege« sind auch im fernen Nordkorea das Ziel von Notker Wolf.

184 Nach erfolgreicher achtjähriger Amtszeit wird Abtprimas Notker auf dem Äbtekongress 2008 für weitere vier Jahre in seinem Amt bestätigt: mit überwältigender Mehrheit der Stimmen aus der benediktinischen Welt. Die Freude aller Beteiligten steht Abt John Braganza aus der kanadischen Abtei Westminster ins Gesicht geschrieben, als er dem alten neuen Abtprimas gratuliert (oben). Auch der anschließende Besuch bei Papst Benedikt XVI. wird zur freudigen Angelegenheit (unten).

Dass das höchste benediktinische (Ehren-)Amt nicht nur ein Vergnügen ist, sieht man Notker Wolf nicht selten an, wie etwa im Jahr 2007 im Kapitelsaal von Sant'Anselmo (oben): Ausgezehrt eröffnet er ein wissenschaftliches Symposium. – Kraft schöpfen kann Notker Wolf unter anderem da, wo er »einfach« Priester, Seelsorger, Freund sein darf. Die Taufe des kleinen Florian von »Feedback«-Drummer Christof Hieber und dessen Frau Andrea im Herbst 2002 ist so eine heilige Auszeit (unten).

In einem Alter, in dem die meisten Menchen bereits im wohlverdienten Ruhestand sind, reist Abtprimas Notker Wolf unermüdlich um die Welt. 300 000 Flugkilometer im Jahr ist er unterwegs, »um für die Menschen da zu sein und den Orden zusammenzuhalten«, wie er es selbst ausdrückt. Im südindischen Vijayawada wird der oberste Benediktiner 2007 fast mit »militärischen Ehren« empfangen (oben). In Santo

Domingo (links unten) wollen 2008 die Kinder und Jugendlichen den nahbaren Abtprimas gar nicht mehr gehen lassen. In Jilin in Nordost-China drängen sich 2005 die wenigen Christen im Gottesdienst zur heiligen Kommunion (oben). In Hanga in Tansania freut sich der Konvent des größten afrikanischen Klosters anlässlich des 100-jährigen Bestehens 2008 über den hohen Besuch aus Rom (unten). Links vom Abtprimas steht der Hausherr, Abt Thaddeus Mhagama, rechts der Ottilianer Erzabt Jeremias Schröder.

188 Abtprimas Notker Wolf, höchster Repräsentant der Benediktinischen Konföderation, ist auch außererhalb klösterlicher Mauern ungewöhnlich präsent. Die mediale Welt weiß seinen Auftritt zu schätzen – und baut den fröhlichen Ordensmann entsprechend oft in ihre Programme ein. Am 11. Januar 2008 zieht der ranghöchste Benediktiner das Publikum in der NDR-Talkrunde »Die Tietjen und Dibaba« in seinen Bann.

Als genauso interessanter wie interessierter Gesprächspartner, unkonventioneller Kirchenmann und begeisternder Musiker stellt er so manchen Prominenten in den Schatten. Nicht nur der Moderatorin ist das Entzücken aus dem Gesicht zu lesen. – Was mag das Geheimnis sein? Vielleicht ist die Antwort ganz einfach: Notker Wolf zeigt *sich*, unverblümt und ganz!

190 Abtprimas Notker macht auch als vielgelesener Autor und gern gehörter Redner Karriere, wie etwa 2007 in der Luxemburger Philharmonie auf der Generalversammlung der DZ Bank International (oben). Seine unkonventionelle Botschaft kommt an – und erscheint immer wieder preiswürdig. Im Juni 2007 bekommt Wolf in Berlin den »Wolfram-Engels-Preis« für seinen »in die Zukunft weisenden Beitrag zu Weiterentwicklung unserer freiheitlichen Gesellschaftsordnung« verliehen (unten).

Der Abtprimas mag es hoch hinaus, nicht nur im Blick auf seine ausgeübten (Ehren-)Ämter: Am Ende seiner Klosterbesuche in Indien im Jahr 2008 bekommt er von seinen Mibrüdern einen Ritt auf einem Elefanten geschenkt. Es ist ein unvergessliches Erlebnis. – Auf der 342 Meter hoch gelegenen Aussichtsplattform des Oriental Pearl Tower in Shanghai ist ihm 2009 zwar durchaus »kribbelig zumute«, doch der letzte Besuch in solch luftiger Höhe war dies sicher nicht.

Notker Wolf kurz vor der Vollendungs seines 70. Lebensjahres in Sant'Anselmo in Rom. Man sieht und spürt dem Abtprimas sein Alter nicht an. Wohin wird ihn seine Lebensreise noch führen? Ur-Wunsch: Gottes Segen auf all Ihren Wegen, Vater Abtprimas!

Wir Benediktiner sind
nicht einfach eine große Organisation,
sondern Gemeinschaften von Menschen,
die konkret spüren müssen, dass die anderen ihnen nahe sind.
Der benediktinische Stil wird immer sehr persönlich sein,
mit allen Vor- und Nachteilen.

NOTKER WOLF

Leben als Missionsreise

Für die Wahl zum Erzabt von Sankt Ottilien bringt Bruder Wilhelm Lang, Hausmeister in Sant'Anselmo, Pater Notker ins Spiel. Von Freundschaft zum jungen Professor spricht er und davon, dass Pater Notker in Sant'Anselmo wie kaum ein anderer den Brüdern zur Seite steht, wenn dies und das zu erledigen ist und es mit den Sprachkenntnissen hapert: Kontakte, Einkäufe, Arztbesuche, Krankenhausaufenthalte. Pater Notker nimmt sich Zeit und hält etwa, wenn es sein muss, auch noch das Urinfläschchen, während er aus dem Italienischen übersetzt, was es mit dem Kontrastmittel für die bevorstehende Nierenstein-Behandlung in einem der riesigen Hospitäler Roms auf sich hat. Ja, Pater Notker ist einfach Bruder und Freund. Ohne Standesdünkel. Er ist sich für nichts zu schade. Und das Menschliche ist ihm meist das Nächste.

In der Geschichte der Missionsbenediktiner ist es überhaupt erst das zweite Mal, dass die Brüder-Mönche den Abt mitwählen dürfen. Bei der Premiere im Jahr 1975 sind sie noch ein we-

193

nig zaghaft – wie eigentlich der ganze Konvent. Es gibt keine Überraschung(en). Viktor Josef Dammertz wird als Sekretär seines Vorgängers Suso Brechter zum neuen Erzabt gewählt, genauso wie Suso Brechter einst als Sekretär seines Vorgängers, Chrysostomus Schmid, zum Erzabt gewählt worden ist. »Kontinuität« heißt lange die Devise. Im Oktober 1977 scheint plötzlich alles ganz anders zu sein. Die letzte Abtswahl liegt erst gut zweieinhalb Jahre zurück. Das Prozedere ist allen noch sehr präsent. Dieses Mal aber werfen die Brüder, die die Mehrzahl des Konvents von Sankt Ottilien bilden, ihr ganzes Gewicht in eine Waagschale. Sie wollen in Zukunft mehr gesehen werden und im Entscheidenden mit vorkommen dürfen.

So ist es der Kandidat der Brüder – man könnte auch sagen: der »kleinen Leute« im Kloster –, der als neuer Abt aus der geheimen Wahl hervorgeht: Pater Notker Wolf. Das ist und bleibt zunächst eine Überraschung. Da sind ältere, tiefsinnigere, frömmere, klügere, an Leben und Glauben erfahrenere und allen im Kloster bekanntere Mitbrüder, die man sich als neuen »Vater Erzabt« hat vorstellen können. Doch nun ist es der »Pater Vagabundus«, dieser eher unbekannte Jungspund aus Rom, für den sich der Konvent am frühen Morgen des 11. Oktober 1977 zunächst zur offiziellen »Amtsübernahme« im Kapitelsaal und anschließend zur »Installation« in der Abteikirche versammelt: »Habemus abbatem!« – »Wir haben einen neuen Abt!« Der neue Abt bestätigt als erste Amtshandlung die bisherigen »Offizialen« ausnahmslos in ihren Ämtern: Prior, Subprior, Novizenmeister, Cellerar (Klosterökonom), Missionsprokurator. Erzabt Notker baut auf die Hilfe der erfahrenen Mitbrüder, die vieles haben, was er (noch) nicht hat. Er wird und er will sie zur Leitung des Klosters Sankt Ottilien und seiner Missionen brauchen.

Beim Mittagessen, der ersten gemeinsamen Mahlzeit in neuer Ordnung, ist das Schweigen aufgehoben. Und – in der Tat –

es wird viel geredet. So mancher findet sich noch nicht recht ab mit den neuen Gegebenheiten. »Ist Pater, äh... ist Erzabt Notker wirklich zuzutrauen, das benediktinische Mönchtum Ottilianer Prägung in die Zukunft zu führen?« Pater Remigius Rudmann etwa, der Notker Wolf während dessen Münchener Studienjahren unter seinen Fittichen hatte, ist aufgrund der Ereignisse der letzten Tage noch eher schwindelig zumute. Ganz anders Pater Prior Paulus Hörger. Ohne »Wenn und Aber« stellt er sich vom ersten Moment an hinter den jungen »Vater Erzabt«, den er einst als vierzehnjährigen Jungen hier in Sankt Ottilien aufgenommen hat. Nach sechs Jahren Missionsseminar und sechzehn Jahren Zugehörigkeit zum Klosterkonvent ist der »kleine Werner« nun also zum Erzabt gewählt! Dreizehn Jahre noch wird Notker Wolf absolut treu und verlässlich auf die Dienste von Pater Paulus als »Prior« zählen dürfen. »Diesem Mann habe ich für mein Leben unendlich viel zu verdanken«, kommentiert der Abtprimas im Rückblick sichtlich bewegt. Väterlicher Freund. Lebensmensch.

»Learning by doing« – kaum ein Motto passt besser auf die meisten Lebensstationen, die Notker Wolf durchläuft. Es bleibt ihm ja auch kaum etwas anderes übrig. Ob sechs Jahre zuvor in Rom, wo er von einem Tag auf den anderen vom Studenten zum Dozenten »befördert« wird, oder heute und hier. Denn keine vierundzwanzig Stunden nach seiner Wahl eröffnet Erzabt Notker als Vorsitzender ordnungsgemäß und nur leicht verspätet das zwölfte Generalkapitel der missionsbenediktinischen Kongregation. Zu diesem Zeitpunkt besteht der Klosterverband aus zehn Abteien, drei selbstständigen Konventualprioraten und dreiundzwanzig von den größeren Häusern abhängigen Prioraten oder (Studien-)Häusern: in Deutschland, Südkorea, Tansania, Venezuela, Österreich, Südafrika, der Schweiz und den USA mit insgesamt gut tausendeinhundert Mönchen.

Seit Gründung der missionsbenediktinischen Kongregation ist der Erzabt von Sankt Ottilien in Personalunion immer auch Abtpräses aller Missionsbenediktiner, die im Herbst 1977 zur Generalversammlung in der Erzabtei zusammenkommen. Sie haben sich einiges vorgenommen. Anders als bei den beiden vergangenen Reformkapiteln von 1966/1968 und 1971 soll es in den kommenden Tagen weniger um rechtliche Fragen als um die Frage nach der »benediktinisch-missionarischen Spiritualität« gehen. Dabei bildet eine »Situationsbeschreibung unserer Kongregation in der Kirche und der Welt von heute« den Ausgangspunkt der gemeinschaftlichen Überlegungen.

Ja, seit Ende des Zweiten Vatikanischen Konzils hat sich viel getan. Die »Sorge« um den deutlich zurückgehenden »Nachwuchs in den großen Stammklöstern« der Kongregation gehört dazu. Wie kann, wie soll es für »alle« in Zukunft weitergehen – von Deutschland bis Südafrika, von Venezuela bis Südkorea? Es geht in diesen Tagen also um nicht weniger als um die Zukunftsfähigkeit einer ganzen Klostergemeinschaft, die am Ende ihrer klassischen Missionsgeschichte steht und am Anfang eines erst noch neu zu findenden Ausdrucks brüderlicher Verbundenheit untereinander sowie mit den inzwischen eigenständigen Ortskirchen inmitten einer modernen Welt. Zu Recht wird vom Kapitel eine Erklärung erwartet, die im konkreten Alltag weiterführt. Und natürlich erwartet man auch vom neuen Erzabt »etwas«.

Während der zu Austausch, Beratung und Beschluss angesetzten elf Tage erlebt Viktor Josef Dammertz seinen jungen Nachfolger respektvoll, anerkennend, dankbar für alles schon Vorbereitete, bei vielem erst einmal zuhörend und dann doch auch lebendig, kreativ, unkonventionell, mitdenkend und mitarbeitend, wo immer es geht – all das mit fast jugendlichem Charme und nicht zuletzt dadurch als Vorbote einer neuen Zeit auch im Kloster.

Notker Wolf ist sich im Klaren darüber, dass er in kürzester Zeit »unheimlich« viel aufarbeiten muss, wenn er seiner neuen (Lebens-)Aufgabe gerecht werden will. In möglichst kurzer Zeit die Anliegen der Klöster und Missionen kennenlernen, das will der neue Erzabt am liebsten aus erster Hand. Seine anwesenden Amtsbrüder unterstützen dieses Bestreben. So kann Notker Wolf die Chance nutzen, die das Generalkapitel bietet. Jeden Abend bittet er einen anderen Abt oder Oberen zu sich aufs Zimmer: »um zuzuhören, mich zu informieren und zu lernen«, sagt er noch heute mit wacher Erinnerung.

Bereitwillig schlagen sich die Äbte Anselm Schulz (Schweiklberg), Bonifaz Vogel (Münsterschwarzach), Plazidus Ri (Waegwan/Südkorea), Gregor Schinnerl (Fiecht/Österreich), Siegfried Hertlein (Ndanda/Tansania), Augustin Hinches (Newton/USA), Theobald Schmid (Caracas/Venezuela), Stefan Schroer (Meschede) und Lambert Dörr (Peramiho/Tansania), die beiden Konventualprioren Gregory Mwageni (Hanga/Tansania) und Benno Hegglin (Uznach/Schweiz) sowie, in Vertretung von Konventualprior Elmar Kimmel, Pater Michael Mayer (Inkamana/Südafrika) je einen Abend und eine halbe Nacht um die Ohren. Es sind Stunden, die einer Entdeckungsreise um die halbe Welt gleichkommen und dem jungen Erzabt ungewohnte Einblicke in die klösterliche Welt erlauben. Notker Wolf fügt an: »Kaum jemand kann sich vorstellen, *wie* dankbar ich zudem dem damals neu gewählten Abtprimas Viktor Josef Dammertz war, dass er mir bei diesem Generalkapitel, das er ja noch selbst vorbereitet hatte, die ganze Zeit hilfreich zur Seite stand.«

Als Erzabt Notker am 21. Oktober 1977 sowohl das »Geistliche Wort« als auch die abschließenden »Empfehlungen und Anregungen« für die *ganze* Kongregation im Namen des Generalkapitels unterzeichnet, hat er vielen vieles zu verdanken. »Dem auferstandenen Herrn und dem Heil der Menschen wollen wir Missionsbenediktiner selbstlos und ausschließlich dienen«, ist in den offiziellen Papieren zu lesen. Auch wenn sich – damals wie heute – an der Person Notker Wolf die Geister scheiden, so ist ihm doch nicht abzusprechen, dass er zeit seines Lebens eine ziemlich verwegene Bereitschaft an den Tag legt, sich für diese missionsbenediktinische Sache in die Verantwortung nehmen zu lassen und dafür bereitwillig die eigenen Lebenskräfte herzugeben.

Zunächst aber wird kräftig gefeiert. Denn am Ende des Kapitels steht die Abtsweihe. Es ist ein riesiges Fest, das sich Erzabt Notker von seinen Mitbrüdern einfach schenken lassen darf. Um wirklich nichts muss er sich im Vorfeld kümmern. Nicht einmal um die Einladungsliste. »Die Mönche seien ihrem Abt in aufrichtiger und demütiger Liebe zugetan« (Benediktsregel, Kapitel 72, Vers 10), steht unter anderem auf der Einladung genauso wie auf der Karte, die zum Festgottesdienst für alle Besucher in der Kirche ausliegt. Auf der Rückseite findet sich neben dem ersten offiziellen Foto des neuen Erzabtes auch sein Wahlspruch und sein Wappen: »Jubilate Deo« – »Lobsinget Gott«, ein Vers aus Psalm 100; das silberne Kreuz auf rotem Grund ist dem Kongregationswappen der Missionsbenediktiner entnommen; der Fluss auf grünem Feld deutet auf den Geburtsort des Erzabtes hin: Grönenbach; die zehnsaitige Harfe Davids als (biblisches) Ur-Symbol des Gotteslobes vervollständigt das Wappen.

»Der Lobpreis Gottes ist für mich seit jeher der intensivste und schönste Ausdruck unseres Glaubens«, sagt Notker Wolf noch heute. Als er im Oktober 1977 sein Abtsmotto wählt, geht er in Gedanken weit zurück. Es ist seine früheste Lebenserinnerung: Weihnachten 1942. Werner Wolf ist zweieinhalb Jahre alt. In der unteren Etage des Hauses, im Wohnzimmer der Kimmerles, brennen die Lichter am Weihnachtsbaum. Das Vermieterehepaar hat seinem kleinsten Hausbewohner ein Netz mit Bauklötzen daruntergelegt. Als Werner die unerwartete Gabe in Händen hält und sich freudestrahlend umdreht, sieht er Herrn Kimmerle dastehen, wie er mit Tränen in den Augen am kleinen Glück des Jungen Anteil nimmt. Das ist überwältigend. Bis heute. Als der Abtprimas in aller Ruhe davon erzählt, kommen ihm selbst die Tränen. Die lichte Erfahrung des Abends setzt sich damals in der sich bald anschließenden Christmette fort, zu der Mutter Wolf ihren Sohn das erste Mal mitnimmt. Die Lichter, der Weihrauch, der gemeindliche Gesang, die geteilte Freude dort werden für den kleinen Werner zu einer durch und durch sinnlichen Erfahrung, die er tief in sich aufnimmt – als eine bleibende Gotteserfahrung: hell und gut.

Jahrzehnte später wird Notker Wolf sagen, er habe an diesem Abend mit seinen kindlichen Augen »die Herrlichkeit Gottes gesehen«. Ur-Erfahrung. Wie eine Melodie, die nicht mehr verklingt, setzt sie sich in Herz und Seele fest. Von keiner anderen »Theologie«, von keiner anderen »Sprache von Gott« also, erst recht nicht von einer Drohbotschaft, wird sich Notker Wolf je mehr beeindrucken lassen. Auch in jüngeren Jahren nicht. Schließlich weiß er es besser!

Die Abtsbenediktion erhält Erzabt Notker am 22. Oktober 1977 vom Augsburger Bischof Josef Stimpfle. Mehr als hundert Priester, darunter sechsundzwanzig Äbte, feiern die heilige Messe in Konzelebration mit – und tausende Menschen aus der näheren und weiteren Umgebung. Von nicht wenigen mit Sorge betrachtet, weint und weint und weint Tante Anny fast den ganzen Gottesdienst lang. Sie kann es kaum fassen und ist doch so glücklich über das, was heute alle feiern: dass »ihr Jüngelchen« zum Erzabt von Sankt Ottilien geweiht wird! Die Eltern und auch Rita, die Schwester, freuen sich an diesem Tag nicht weniger. Natürlich blicken auch sie mit Freude und mit Stolz auf den Weg, den »ihr Werner« bis hierher gegangen ist. So sind sie im Kreise der ganzen Familie nach Sankt Ottilien gekommen. Das Familienfoto, irgendwann nach dem Festhochamt vor der Abteikirche aufgenommen, ist ein Bild voller Zärtlichkeit. Man sieht Notker Wolf an, mit wie viel Wärme und Selbstvertrauen ihn seine Herkunftsfamilie ins (Kloster-)Leben entlassen hat.

Andere bringen an diesem Tage noch anderes zur Sprache. Wichtiges oder auch nur Obligatorisches. Bischof Stimpfle legt in der Festpredigt die Aufgaben des Abtes entsprechend den Aussagen der Benediktsregel dar – und trägt damit die sprichwörtlichen Eulen nach Athen. Hunderte Benediktiner freuen sich dennoch über seine Ausführungen, in denen der Bischof die Bedeutung der Benediktiner für die Kirche überhaupt und auch »für ein neues Europa« hervorhebt. Dass das missionsbenediktinische Herz noch etwas weiter in die Welt hinaus schlägt, das weiß der Münsterschwarzacher Abt Bonifaz Vogel in seiner Ansprache treffender zum Ausdruck zu bringen. Im Namen der gesamten Kongregation bringt er im überfüllten Speisesaal des Klosters die geladene Festgesellschaft kurz vor dem Mittagessen nicht nur zum Nachdenken, sondern auch zum Schmunzeln.

Pater Professor Theodor Köhler greift diese Stimmung für seine herzliche Rede aus der Mitte der zahlreich aus Rom angereisten »Anselmianer« dankbar auf, bevor der bayerische Landtagspräsident Rudolf Hanauer mit seinem Grußwort die Reihe der honorigen Redner (endlich) schließt. Erst vor gut zweieinhalb Jahren hat er dem damals frisch geweihten Erzabt Viktor Josef Dammertz eine dreißigjährige Regierungszeit prophezeit. Doch dem wahlkampferprobten Politprofi gelingt es, sich mit einer einzigen Bemerkung gekonnt aus der Affäre zu ziehen: »Ein Prima-Abt wird halt irgendwann Abt-Primas!« Kein Einzelfall, wie wir heute wissen.

Die alten Fotografien der festlichen Stunden zeigen Notker Wolf still und gesammelt, fast schüchtern. Der Blick ist eher gesenkt – bis er sich schließlich auch selbst noch einmal zu Wort meldet. Gut zugehört habe er in den letzten zwölf Tagen. Und aus dem Gehörten möchte er lernen. So werde er versuchen, als Erzabt nicht mehr so viel unterwegs zu sein wie sein(e) Vorgänger, und so viel bauen möchte er auch nicht. Wichtiger sei ihm etwas anderes: »ein angstfreies Kloster«. Das könne dann ruhig aus allen Nähten platzen. Jedenfalls sei das dem neuen Oberhirten der Missionsbenediktiner lieber als große und vermeintlich »schöne« Räume, in denen es Menschen friert. – Man wird sehen.

Stunden später sinkt der gefeierte neue Erzabt, der also weder als Reise- noch als Bauabt in die Ottilianer Geschichte eingehen möchte, erschöpft auf seinem Schreibtischstuhl nieder. Was für aufregende Tage liegen da hinter ihm! Er kann es selbst kaum fassen. »Eigentlich bin ich doch wie die Jungfrau zum Kinde …«, schießt es ihm durch den Kopf. Ja, da sollte offensichtlich etwas sein, worüber noch vor drei Wochen niemand auch nur einen Scherz gemacht hätte. »Der Mensch dachte und Gott lachte«, so der Abtprimas heute dazu. An jenem Abend aber ist selbst ihm ausnahmsweise mal nicht mehr zum Lachen zumute: so viel Verantwortung, so viel Arbeit gleich vom ersten Tag an. Der riesige Stapel (Gratulations-)Post auf dem Schreibtisch deutet bereits an, dass beides in Zukunft nicht weniger werden wird.

Irgendwann kommt Pater Dominikus an der offenen Zellentür vorbei. Sekundenbruchteile reichen ihm, um die Stimmung zu lesen. »Notker, wenn du Hilfe brauchst, sagst du bitte Bescheid, ja?« Erzabt Notker sagt Bescheid. Umgehend. So wird Pater Dominikus binnen eines langen Abends zum Sekretär seines Erzabtes, was er dreiundzwanzig Jahre lang bleiben wird – obwohl zwei Menschen unterschiedlicher kaum sein können. Denn so wie Notker Wolf sich manchmal im Chaos verliert, so verliert sich der zehn Jahre ältere Dominikus Drexl gern in der Ordnung. In dieser Spannung kommen die beiden »bestens« miteinander aus. Wo es zu spannend wird, da helfen etwa die »Werkzeuge der geistlichen Kunst«: nicht murren, nicht stolz sein, den Zorn nicht zur Tat werden lassen, nicht eifersüchtig sein, Streit nicht lieben, nach einem Streit noch vor Sonnenuntergang zum Frieden zurückkehren – und noch vieles mehr (nachlesen lohnt sich: Benediktsregel, Kapitel 4).

Zunächst aber nehmen Erzabt Notker und Pater Dominikus die Arbeit wieder auf, die sie am Abend der Abtsweihe miteinander begonnen haben – über Tage: Briefe beantworten. Briefe aus aller Welt und in allen möglichen Sprachen, die nicht selten neben einer Gratulation auch eine Einladung für den neuen Erzabt und Abtpräses enthalten. Wohin? Dahin, woher die Briefe gekommen sind. Praktisch in alle Welt also. Das kommt Notker Wolf nicht ungelegen. Nur zu gern möchte er – möglichst bald – fortsetzen, womit er während des Generalkapitels begonnen hat: die Klöster und die Missionsgebiete kennenlernen. Entsprechend temporeich legt er los. »Die Arbeit ist für den Oberen anscheinend immer noch in gleicher Dringlichkeit und Mannigfaltigkeit da wie am Tag der Amtsübernahme«, so Pater Frumentius Renner zum Abschluss der offiziellen Klosterchronik für das Jahr 1977, »Probleme der Einarbeitung in sein neues Amt kennt er anscheinend nicht. Wenn Vater Erzabt am Jahresende auch noch nicht hundert Tage im Amt ist, lässt sich eine vorsichtige Kurzcharakteristik etwa so formulieren: Aktionsradius tausend Kilometer, sehr beweglich. Arbeitsmethode äußerst rationell (soweit nicht andere sie kompliziert machen). Arbeitstempo rapidissimo – zwischen Empfängen, Repräsentationen und Alltagsarbeit, rapidissimo wie das Tempo des erzäbtlichen, selbst gesteuerten Wagens.«

Trotz Hochgeschwindigkeit weiß Erzabt Notker, dass er ein Erfahrungsdefizit mit sich herumschleppt. Das passt ihm nicht. Er braucht die Berührung mit Menschen, Themen, Dingen, Verantwortlichkeiten. So war es immer. Und so wird es bleiben.

Auch als Erzabt und Abtpräses will er nicht nur vom Hörensagen bestimmte Entscheidungen treffen müssen. Als Oberster der Missionsbenediktiner fordert diese Lebenshaltung unweigerlich eine Reisebereitschaft um die halbe Welt.

»Als junger Kerl galt ich als zu schwach für die Mission«, sagt Notker Wolf heute noch immer halb kopfschüttelnd, halb staunend, »als Erzabt wurde mein Leben dann von einem Tag auf den anderen zu einer einzigen Missionsreise!« Ja, der junge Präses der Missionsbenediktiner will sehen, hören, fühlen, lernen, wie benediktinisches Leben »geht«, buchstäblich: im ländlichen Tansania, mitten in der Millionenmetropole Caracas oder als Kuriosum in Südkorea. Sein »alter« Prior Paulus ermutigt ihn dazu: »Fahren Sie! Die Menschen wollen Sie kennenlernen!« Und Notker Wolf will die Menschen kennenlernen. Das will er wirklich!

Die Lage vor Ort, wo und wie weit weg auch immer, mit den betroffenen Menschen selbst erleben und besprechen zu können wird für den obersten Missionsbenediktiner Grundvoraussetzung für Beratung und etwaige Lösungen. Die Kirchweihe der Kathedrale von Njombe/Tansania, ein bauliches Meisterstück der benediktinischen Brüdermissionare aus dem nahe gelegenen Uwemba, gibt dazu erste Eindrücke: farbenfroh, rhythmisch, ungewohnt lebendig und alles in allem tief eindrücklich – trotz der materiellen Armut der zigtausend Menschen, die zum großen Fest zusammengekommen sind. Das gesamte katholische Tansania scheint an diesem Sonntag auf den Beinen. Erzabt Notker ist hingerissen.

Die Reise im späten Frühjahr 1978 führt weiter nach Uwemba und schließlich bis nach Peramiho, westlich des Malawi-Sees und nur knapp hundert Kilometer entfernt von der Grenze zu Mosambik gelegen. Es ist das älteste Missionsgebiet der Ottilianer. Bereits Ende des 19. Jahrhunderts beginnen die Missionsbenediktiner der ersten Stunde dort mit der Erstverkündigung für den südlichen Teil des heutigen Tansania. Seit knapp einem Jahrzehnt ist die pastorale Leitung der Region nun den afrikanischen Diözesanverantwortlichen anvertraut. Selbst dem noch unerfahrenen Erzabt Notker wird während seiner ersten Missionsreise auf den ersten Blick deutlich, was er auf dem letzten Generalkapitel noch eher theoretisch mit seinen Amtskollegen erörtert hat: dass die klassische Ottilianer Missionsgeschichte hier zu einem erfolgreichen Ende gekommen ist. Die Erstverkündigung ist geleistet. Ortskirchen sind errichtet. Die Verantwortung ist weitergegeben. Die Missionare werden in Zukunft eher Mitarbeiter in den verschiedenen Diözesen sein. »Ja, auch unsere Kongregation wird sich diesen neuen Gegebenheiten stellen müssen, will sie einerseits dem Anliegen ihres Gründers Rechnung tragen, sich andererseits aber nicht in anachronistischer Weise in ein Ghetto alter Vorstellungen verkriechen«, so der junge Abtpräses. Nachdenklich macht er sich auf den Heimweg.

Als Erzabt Notker in aller Frühe des 8. Juni überraschend zu den Laudes in der Abteikirche von Sankt Ottilien auftaucht, ist er für alle unerwartet früh zurück – nicht nur im Blick auf die Tageszeit. Auch das Weltreisetempo des neuen Oberhirten also ist »rapidissimo«. Entsprechend kurz hält es ihn in der heimatlichen Abtei. Bereits am 18. Juli 1978 macht sich Notker Wolf in seiner Doppelrolle als Erzabt und Abtpräses mit seinem Kongregationssekretär Pater Gernot Wottawah auf zu seiner ersten »kanonischen Visitation«: ins Kloster »Sacred Heart of Jesus« in Inkamana im südafrikanischen Zulu-Land.

Alle fünf Jahre werden sämtliche Abteien und selbstständigen Klöster der Kongregation durch zwei Mitbrüder »von außen« visitiert. Das öffnet für alle Beteiligten einen geschützten Raum, in dem zur Sprache kommen kann, was auch immer die einzelnen Mönche im Blick auf die Gegenwart oder die Zukunft ihres Klosters auf dem (mitunter schweren) Herzen haben. Dafür Sorge zu tragen, gehört zu den Kernaufgaben des Abtpräses. Gleichwohl muss er diese Aufgabe nicht immer selbst ausführen, da er die Visitatoren auch aus dem Kreis geeigneter Mönche bestimmen kann. In den kommenden Jahren aber wird Erzabt Notker selbst den umfangreichen Visitationskalender abarbeiten. Für ihn, den nach wie vor »Neuen«, ist es einfach der beste Weg, alle Klöster »seiner« Kongregation intensiv kennenzulernen.

In Südafrika wird Notker Wolf neben einer fernen klösterlichen Wirklichkeit auch mit einem inzwischen verhärteten Apartheidsregime und den damit verbundenen alltäglichen Ungerechtigkeiten konfrontiert. Walter Sisulu, Nelson Mandela und weitere fünf ihrer Mitstreiter im Kampf für die Freiheit der farbigen Bevölkerungsgruppen sitzen seit vierzehn Jahren auf der Gefängnisinsel Robben Island in Haft. Der blutig niedergeschlagene Schüleraufstand von Soweto liegt gerade erst zwei Jahre zurück. Steve Biko ist noch nicht einmal ein Jahr tot. Die schwarze Bevölkerung leidet trotz ihres durch die »Black-Consciousness-Bewegung« erstarkten Selbstbewusstseins unter der alltäglich ebenso radikal wie brutal durchgesetzten Rassentrennung, die alle Lebensbereiche umfasst. Premierminister Pieter Willem Botha, der die Macht im Land gerade von Balthazar Vorster übernommen hat, ist ein ebenso entschiedener Verfechter der Apartheid wie sein Vorgänger, der in Kürze das südafrikanische Präsidentenamt übernehmen wird. Beide dürfen sich der politischen Zustimmung durch die weiße Bevölkerung noch sicher sein.

Gleichzeitig sind die späten 1970er-Jahre die Jahre, in denen sich die katholische Kirche immer deutlicher auch öffentlich gegen die Apartheid in Südafrika ausspricht und Alternativen zu leben versucht. So auch das Kloster in Inkamana, von dem aus die Ottilianer Mönche in enger Zusammenarbeit mit den Missionsbenediktinerinnen von Tutzing und den Mallersdorfer Franziskanerinnen nicht nur Kirchen errichte(te)n, sondern auch Landwirtschaftsbetriebe, Krankenhäuser, Handwerksstätten, Kindergärten und (Internats-)Schulen. Notker Wolf erinnert sich: »Im Kindergarten der Franziskanerinnen in Eshowe beobachtete ich, wie die Kinder ihre unterschiedlichen Hautfarben nicht beachteten, sondern miteinander spielten, wie Kinder in Europa auch. Sicher wird es bei ihnen zu Hause manche Fragen gegeben haben. Trotzdem wuchsen die Kinder miteinander auf und lernten sich so als ebenbürtige Menschen anzunehmen. Ich bewunderte auch unsere Mitbrüder und die Schwestern in Inkamana, die unermüdlich eines der besten Gymnasien Südafrikas trugen, obwohl sie nie wussten, ob die Erlaubnis dafür noch für das nächste Jahr gegeben würde. Denn es war eine Schule für schwarze Jungen und Mädchen mitten in einem der Gebiete, das die Regierung allein der weißen Bevölkerung zum Leben vorbehalten hatte.«

Im Klosterkonvent selbst gehen die Mönche noch weiter. Eine »multikulturelle Gemeinschaft als christliches Zeugnis im Land der Apartheid« wollen sie sein. Berufungen werden dementsprechend ohne Ansicht der Hautfarbe aufgenommen. Die Verwirklichung dieser Vision macht sich vor allem Pater Gernot Wottawah zu Eigen, der zum Ende des gemeinsamen Visitationsaufenthaltes mit Erzabt Notker überraschend zum neuen Konventualprior von Inkamana gewählt wird – um das Kloster gut durch schwierige Jahre und letztlich in ein »freies« Südafrika zu führen.

Für Erzabt Notker führt der Rückweg nach Sankt Ottilien über Kenia, wo von der Abtei Peramiho aus bereits im April des Jahres ein neues Kloster der Missionsbenediktiner gegründet wurde. Es ist das erste Kloster, dessen Gründung der junge Abtpräses zumindest formal begleitet hat: »Saint Benedict's Monastery« in Nairobi. Nach dem Besuch in der kenianischen Hauptstadt bekommt Notker Wolf im abgelegenen Kerio-Tal, einem Seitental des großen ostafrikanischen Grabenbruchs, noch die seltene Gelegenheit, eine ursprüngliche Mission und deren Pioniere kennenzulernen. Von dem kleinen Örtchen Eldoret aus sind die Mönche hier noch immer in Sachen Erstverkündigung unterwegs. Die Vielzahl der Missionsstationen unter mehreren kenianischen Stämmen verlangt von den Missionaren eine ständige Beweglichkeit – eine Lebensweise, nein: eine Lebensbereitschaft, die ihrem obersten Mitbruder aus der fernen Mutterabtei nur allzu gut gefällt. Zukunftsvision.

Tief bewegt kehrt Erzabt Notker nach sechs Wochen Afrika heim nach Sankt Ottilien. Es sind gewaltige Herausforderungen, die sich für ihn bereits während seines ersten Dienstjahres abzeichnen. Nach den ersten intensiven Begegnungen in Deutschland und einigen wenigen Ländern Afrikas rücken ihm die drängenden Zukunftsfragen spürbar auf die Pelle: Wo und wie wird es für die Missionsbenediktiner weitergehen? In Afrika und weltweit? Und was werden die »alten Stammklöster« in Deutschland dazu in Zukunft noch beitragen können?

Blickt man von heute aus auf die dreiundzwanzigjährige Amtszeit von Notker Wolf als Erzabt von Sankt Ottilien und Abtpräses der missionsbenediktinischen Kongregation, dann sticht vielleicht eines aus der Fülle des Gewagten und Erreichten besonders hervor: der Mut zu neuen Wegen – in der Kirche ja eher eine Seltenheit. »In den vergangenen Jahren und Jahrzehnten ist die Uhr nicht stillgestanden«, weiß Erzabt Notker, »vielmehr haben tief greifende politische, soziale und kirchliche Umwälzungen stattgefunden.« Für ihn bedeutet das mehr Gutes als Schlechtes – auch wenn das in den Klöstern und überhaupt in der Kirche viele anders sehen. Notker Wolf begreift die Gegebenheiten der neuen Zeit als Chance, auch wenn die aktuellen Entwicklungen ganz konkret für die Missionsbenediktiner so manche Hürde aufgestellt haben. Die Krise der Kirche und des Missionsgedankens, eine hohe Zahl an Austritten aus den europäischen Klöstern und der gleichzeitig ausbleibende Nachwuchs, das wachsende Selbstbewusstsein der jungen Kirchen, das Sich-Zurechtfinden in einer postmodernen, zunehmend säkularen und eher kälter werdenden (Welt-)Gesellschaft: All das verlangt nach neuen Formen missionarischen Mönchtums. Anders kann es ja gar nicht sein. Und ewig warten kann man darauf auch nicht.

Die entsprechend »neue Art« des neuen Oberen wird von vielen als wohltuend, von manchen als irritierend, mitunter provozierend erlebt – innerhalb wie außerhalb des Klosters. Ungewohnt ist es allemal, dass sich der Vater Erzabt bald mit allen Mönchen duzt, einem Novizen schon mal seinen Habit schenkt, die kurzen Wege befürwortet und am liebsten – selbst in schwierigen Angelegenheiten – das direkte Gespräch sucht. Ist er im Haus, steht seine Türe offen, auch im übertragenen Sinn. Anzumelden braucht sich bei ihm niemand (unbedingt), denn über so manchen Schatten springt es sich ja bekanntlich spontan leichter. Und ist der Erzabt mal nicht gleich aufzutreiben, muss man ihn nicht lange suchen: Früher oder später hört man ihn von irgendwoher lachen.

Erzabt Notker gängelt nicht. Und kleinkariertes Nachkontrollieren gibt es bei ihm auch nicht. Er hat die Mitbrüder einfach gern, auch die schwierigen und die, die ein bisschen seltsam sind. Er versucht, jeden Mitbruder in der Weise ernst zu nehmen, wie er es sich selbst in jüngeren Jahren gewünscht hätte. Das erkennen sogar seine Kritiker im eigenen Hause ohne Umschweife an. Beherzt überträgt er Aufgaben und Verantwortung. Dabei überlässt er den Einzelnen eine Gestaltungsfreiheit, die für klösterliche Verhältnisse nahezu sensationell ist. Bis heute. Notker Wolf will es einfach los haben, das Gefühl des permanenten Beobachtet-Seins – und auch das ewige schlechte Gewissen, das sich in der Vergangenheit im Kloster eingenistet hat. Über all das verliert er nicht viele Worte. Denn das, was er erreichen will, ist ja nicht eine klangvolle Theorie des klösterlichen Lebens, sondern im besten Fall ein überzeugend gelebter Alltag. Darauf kommt es ihm an. In »seinem« Kloster sollen die Menschen aus Überzeugung sein – und bleiben. Nicht aus Angst. Das Kloster soll eine echte Alternative sein zu den verlockendsten Möglichkeiten, *heute* das Leben zu leben.

Tatsächlich gelingt es Notker Wolf, die Klosterpforte von Sankt Ottilien für Nachwuchs offen zu halten, auch wenn die goldenen Zeiten in der Erzabtei erst einmal vorbei sind – und die Austrittsrate hoch ist. Doch während der Wolf'schen Amtszeit finden sich immer wieder junge Männer ein, für die das missionarische Mönchtum Ottilianer Prägung eine Lebensperspektive bietet, die offensichtlich nirgendwo sonst zu finden ist. Das freut den Erzabt. Und er zeigt das auch. Der Kontakt zu den Jungen ist ihm wichtig. Er will, dass sie sich gesehen und begleitet fühlen. So schickt er dem Klosternachwuchs auch schon mal eine Ansichtskarte aus den Missionsgebieten. Und wann immer er in Sant'Anselmo zu tun hat, nimmt er sich Zeit mit den Ottilianer Studenten dort. Ausgiebige Gespräche, gemeinsame Mahlzeiten, Konzerte, originelle Unternehmungen in Rom, Wanderungen in den Bergen, wo beim Gottesdienst in luftiger Höhe auch schon mal ein »Flachmann« als Kelch herhalten darf.

Ähnliche Erfahrungen mit dem Erzabt können freilich auch die jungen Mitbrüder in Sankt Ottilien machen. Dabei biedert sich Notker Wolf nicht an. Er hofiert die Jungen nicht, wirbt nicht in ungebührlicher Weise. Er nimmt es einfach positiv auf und im Guten an, dass die Jungen da sind, und tritt ihnen gegenüber gelassen auf. Die äußere Form ist nicht mehr die »Überform«, die alles prägt. Vielmehr erlebt der klösterliche Nachwuchs seinen Erzabt als einen Menschen, dem die klösterliche Umgebung spürbar guttut: als ein Lebensraum, in dem Menschen wachsen und reifen können. Zwar lässt er sie auch schon mal zwei Stunden im Sprechzimmer warten – weil er sie in seinem alltäglichen Vielerlei schlicht vergessen hat –, doch alles in allem fühlt sich das Leben neben dem regelmäßig »Publik-Forum« lesenden Erzabt Notker freundlich, entspannt und froh an. Nicht zuletzt deswegen, weil der »hochwürdige Vater« sowohl über das Kloster als auch über sich selbst herzlich lachen kann. Nein, Notker Wolf nimmt nicht »alles« ernst. Vielleicht ist es das, was die Jungen entlastet und die Konzentration auf wirklich Wesentliches möglich macht. So jedenfalls beschreibt es etwa Jeremias Schröder, der 1984 mit achtzehn Jahren seinen klösterlichen Weg in Sankt Ottilien beginnt – und gut sechzehn Jahre später die Leitung der Erzabtei von Notker Wolf übernehmen wird.

Notker Wolf mag Anteil nehmen und Anteil geben am Leben – auch aus der Ferne, wenn es sein muss. Und obwohl er oft und im Laufe der Jahre immer öfter durch Abwesenheit »glänzt«, prägt er in Sankt Ottilien doch wesentlich einen Konventsstil mit, in den junge Menschen bis heute gut und gern »eintreten« können. Der gelegentliche Verzicht auf »political correctness«, seine Offenheit für Neues und der Mut des Erzabtes zum Experiment bringen die Mitbrüder zwar hin und wieder ins Schwitzen – und auch schon mal einen bayerischen Innenminister in Rage –, doch die lockere, zugängliche, herzliche Art von Erzabt Notker wirkt sich letztlich in einem Maße förderlich auf die Zukunft des gesamten Klosters aus, wie es zu Beginn seiner Amtszeit Ende der 1970er-Jahre kaum jemand auch nur zu »träumen« gewagt hätte.

Das gilt in hohem Maße auch für die Entwicklung der gesamten Kongregation, vor allem für die Klöster in den Ländern der südlichen Kontinente. In seiner Unermüdlichkeit gelingt es Erzabt Notker, die missionarische Dimension der Berufung der »Ottilianer« wieder neu zum Tragen zu bringen. Der Krise der Kirche und des Missionsgedankens zum Trotz setzt er konstruktive Akzente. Was nicht wenige – auch in den Missionsgebieten selbst – bereits am Ende sehen, rüttelt der ewig junge Abtpräses wieder wach.

Selbst aufgescheucht vom Zweiten Vatikanischen Konzil, will Notker Wolf ins Leben holen, was die ganze Kirche in einem neuen Licht zu sehen gelernt hat: dass »Mission« nicht irgendein Teil der kirchlichen Aktivitäten ist, sondern eine Wesenseigenschaft der Kirche überhaupt – in der Fortsetzung der »Mission Jesu«, seiner Liebe, seines Versöhnungshandelns, seiner Gottes-Verkündigung. Mit einer vor allem an den großen Zahlen festgemachten Auffassung des Reiches Gottes hat das nichts (mehr) zu tun. Das ursprüngliche Ideal der »pax benedictina«, des friedlichen Zusammenlebens und Miteinanders in einer Gemeinschaft, der es um das Wohl aller Menschen und des ganzen Menschen geht, kommt Jesu Zeugnis von der Liebe Gottes zur Welt viel näher. Darum könnte es, darum müsste es den »Ottilianern« in Zukunft ausdrücklich gehen!

In lebhaften Diskussionen und mitunter heftigen Auseinandersetzungen wird in der gesamten Kongregation »ernsthaft, laut und lachend zugleich«, wie sich Notker Wolf erinnert, »um die Zukunft gerungen«. Dabei werfen die Missionsäbte ihrem Abtpräses unter anderem »illusionäre Spinnereien« und »Verantwortungslosigkeit« vor. Für »neuen Wein in alten Schläuchen« (vgl. Matthäusevangelium, Kapitel 9, Verse 16–17) allerdings ist der partout nicht zu haben – und mit ihm sind es auch immer mehr seiner Mitbrüder nicht.

So entschließen sich die missionarischen Mönche letztlich, Neuland zu begehen. Nach innen wie nach außen. Die Herausforderungen, denen sie sich stellen, sind gewaltig: Mitsorge um eine tiefere Einwurzelung des Glaubens in den angestammten Missionsgebieten; Mithilfe beim weiteren Aufbau der Ortskirche(n); Dialog mit den nicht-christlichen Religionen; Pflege und Ausbau der Infrastruktur für Schulen, berufliche Ausbildung, Gesundheitsdienste, Energieversorgung, Haus- und Straßenbau auch in abgelegenen Gebieten; Unterstützung bei der Einpflanzung junger afrikanischer, asiatischer oder lateinamerikanischer Klöster als christliche Lebensorte rund um die Erde: zur Verherrlichung Gottes und zum Heil der Menschen in einer Welt, die dank der modernen Kommunikationswege einerseits kleiner wird, in der sich andererseits aber Völker und Nationen zunehmend gegenseitig aufreiben. So ist einer der beschwerlichsten Schritte *in* den Klöstern selbst zu gehen: die stärkere Verwurzelung der alten Missionsklöster in ihrer jeweiligen Umgebung durch die konsequente Aufnahme einheimischer Kandidaten.

Das Ideal von der Gleichheit und dem Eins-Sein aller Menschen scheint eine christliche Glaubensselbstverständlichkeit zu sein. Die Schwierigkeiten aber stecken im ganz alltäglichen Detail. Benediktinisches Leben bedeutet ein Zusammenleben auf engstem Raum – tagaus, tagein. Da machen sich die Unterschiede der Einzelnen in Herkunft, Kultur, Mentalität, Temperament, Arbeitsweise oder Religiosität unglaublich stark bemerkbar. Es braucht viel Wohlwollen, Kraft, Geduld und Nachsicht für und miteinander, um aus der Fülle des Lebens die eine Lebensweise zu schaffen, die allen gleichermaßen guttut. Und doch: Gerade weil das fruchtbare Zusammenleben von Menschen verschiedener Hautfarben, Sprachen und Kulturen alles andere als einfach ist, könnten gemischtrassige Klostergemeinschaften exemplarisch zeigen, dass solch eine gemeinsame Zukunft möglich ist. Im Kleinen wie im Großen. »Zeichen der Hoffnung« nennt Notker Wolf diesen Weltfriedensdienst der besonderen Art. Und er kämpft – nicht nur innerhalb seiner eigenen Benediktinerkongregation – für das Sichtbarwerden dieses Zeichens.

Ginge es nach dem Erzabt, dann müssten zukünftige Unternehmungen der Kongregation auch längst nicht mehr europäischen Ursprungs sein. Sie können und sollen vielmehr von allen Himmelsrichtungen her initiiert und getragen werden, sobald Kräfte über den eigenen Klosterbereich hinaus frei werden. Schließlich darf nicht übersehen werden, dass in den traditionell christlichen Ländern ein nicht mehr zu übersehender Rückgang des Christlichen zu verzeichnen ist. In diesem Sinne ist die ganze Welt »Missionsgebiet« geworden – und die Erzabtei Sankt Ottilien in Oberbayern ist nicht weniger eine Missionsabtei als ihre großen Tochterklöster in Afrika oder Asien.

All das sind ziemlich verwegene Gedanken. Sollte man sich nicht doch besser auf angestammte Gebiete konzentrieren, für die die weniger werdenden Kräfte besser zu bündeln wären? Erzabt Notker beschleicht die Sorge, dass man sich buchstäblich »zu Tode« konzentrieren könnte. Wege in die Zukunft sehen für ihn anders aus. Er will »nicht einfach stillhalten, bis vielleicht wieder bessere Zeiten kommen«, sagt er, »vielmehr ist es doch an *uns*, alle Anstrengung zu unternehmen, um in der persönlichen Begegnung zu zeigen, wie der christliche Glaube zur ersehnten Verwirklichung echten Menschseins führt«.

Es gibt viele Arten, den Menschen in der Welt Christus nahezubringen. Eine ist die benediktinische: im gelebten Zeugnis der Gemeinschaft vor Ort. Diesen Ort möchte Notker Wolf nicht »einfach« aufgeben. Nirgendwo auf der Welt. Ganz im Gegenteil. So beginnt er eine Reisetätigkeit, die bis heute nicht abgebrochen ist: als dynamischer Abt, unermüdlicher Macher, Manager und Seelenhirt. Bereits ein Jahr nach der Klostergründung in Nairobi wird 1979 im Nachbarland Tansania ein weiteres Kloster gegründet: das »Holy-Spirit-Monastery« in Mvimwa im Westen des Landes. Im selben Jahr beginnt am anderen Ende der Welt der intensive Austausch der Benediktiner mit buddhistischen und shintoistischen Klöstern in Japan, der eine fruchtbare Epoche intensiven intermonastischen Dialogs mit einleitet und bis heute trägt.

1982 werden die »groß gewordenen« Konventualpriorate in In-
kamana/Südafrika und in Uznach/Schweiz zu Abteien erhoben.
»Nebenbei« beginnen der Neubau und die inhaltliche Umgestal-
tung des Priorats Jakobsberg bei Bingen zu einem Geistlichen
Zentrum für Jugendliche und Erwachsene in der Diözese Mainz
(und darüber hinaus). 1983 folgt eine Klostergründung in Digos auf den Philippinen. Das Kloster, das wie viele andere Häuser den Namen des heiligen Benedikt trägt, ist das erste Kloster
außerhalb der bisherigen Ottilianer Grenzen. Letzteres gilt 1984
auch für die Klostergründung »Christ the King« in Tororo im
ostafrikanischen Uganda.

Die erste Chinareise, die Notker Wolf 1985 gemeinsam mit
Pater Sebastian Rothler unternimmt, hilft, eine verloren geglaub-
te Weltgegend wieder neu zu erschließen. Aus einer lang gehege-
ten Hoffnung wird Wirklichkeit, als den beiden Abenteuerrei-
senden die Kontaktaufnahme mit Gläubigen aus den ehemaligen
Gemeinden der in den 1950er-Jahren untergegangenen chinesischen Benediktinermission gelingt. Zu Hause erschließt 1986
die Gründung der Cella Sankt Benedikt mitten im Stadtzentrum
der niedersächsischen Landeshauptstadt Hannover Neuland, ist
es doch das erste echte Stadtkloster der Missionsbenediktiner in
Deutschland – bis heute getragen vor allem durch die Mönche
der Abtei Königsmünster im sauerländischen Meschede.

Ein Jahr später nur – 1987 – erfolgen Klostergründungen in
Namyangju in Südkorea sowie in Katibunga im südwestafrika-
nischen Sambia. Gleich zu Beginn der 1990er-Jahre zieht die im
Laufe der Jahrzehnte völlig zugebaute und vom Großstadtlärm
umgebene Abtei »San José« in Caracas im südamerikanischen
Venezuela ins ländliche Güigüe, etwa hundertzwanzig Kilometer von der Hauptstadt entfernt. Noch im selben Jahr gelingt der
Anschluss der Klostergemeinschaft von Kumily im Süden Indi-
ens an die Kongregation der Missionsbenediktiner; 1991 folgt

der Anschluss des Klosters »Von der Menschwerdung« in Agbang im westafrikanischen Togo, einem kleinen Land am Golf von Guinea.

Ebenfalls im Jahr 1991 wagen die Missionsbenediktiner die Gründung eines Klosters in Malandji in Kongo-Zaïre, das aber aufgrund der Bürgerkriegswirren fünf Jahre später wieder aufgegeben werden muss: nach fünfmaliger Plünderung! Ein freudvolleres Ereignis ist da im Jahr 1993 die Erhebung des Konventualpriorats »Saint Maurus and Placidus« in Hanga/Tansania zur Abtei, dem sich noch im Laufe des Jahres die Klostergründung in Mbeya, ebenfalls in Tansania, anschließt. 1994 beginnt der Bau eines von den Benediktiner/-innen finanzierten Krankenhauses in Meihekou, einer Stadt in der Provinz Jilin in der chinesischen Mandschurei. Die Tutzinger Missionsbenediktinerinnen tragen dazu einen entscheidenden Teil bei. Die Weiterreise von Erzabt Notker und Bruder Anselm Schütz nach Nordkorea markiert zumindest den Planungsbeginn für ein weiteres Krankenhaus auch in dem ärmlichen und verschlossenen kommunistischen »Bruderstaat«. Zwischen 1996 und 1999 folgen weitere fünf Klostergründungen: in Sumbawanga/Tansania (1996), Kipili/Tansania (1998), Waldfrieden/Namibia (1998), Rabanal/Spanien (1998) und Pugu/Tansania (1999).

Hinter dieser großen weltweiten Dynamik stecken viel kleine Bewegungen, die die Missionsbenediktiner während der gut zwei Jahrzehnte unter Erzabt Notker ordentlich auf Trab halten. Darum ziehen die Ottilianer Äbte auch die Notbremse, als man sich bereits auf dem Äbtekongress von 1996 in den Vorwahlen zum neuen Abtprimas auf »ihren« polyglotten, rede- und umgangsgewandten Abtpräses zu einigen beginnt. Zu viel ist zwischen China, Sankt Ottilien und Spanien noch im Fluss; Entscheidendes hängt dabei durchaus am umtriebigen Wirken von Erzabt Notker selbst. Nein, noch sind die Missionsbenediktiner nicht bereit, »schon wieder« einen der Ihren für die oberste Ordensrepräsentanz her- und damit nach Rom abzugeben. Und natürlich weiß auch Erzabt Notker um seine Verpflichtungen vor allem in Fernost, die er ja selbst nicht von jetzt auf gleich aufgeben möchte. Nichtsdestotrotz fährt er vom Äbtekongress als »Vicarius«, als »Stellvertreter« des Abtprimas heim nach Sankt Ottilien. Zur Ausübung des höchsten benediktinischen Amtes wird der 59-jährige US-Amerikaner Marcel Rooney nach Rom umziehen, bis dato Abt der »Conception Abbey« im Nodaway County im Nordwesten des Bundesstaates Missouri.

Es liegt nicht nur an den weltweiten Entwicklungen der letzten Jahre und Jahrzehnte, dass die Missionsbenediktiner, allen voran die Mönche des Klosters in Sankt Ottilien, ihren Erzabt und Abtpräses noch ein paar Jahre »behalten« wollen. Da gibt es auch etwas ganz Persönliches. Denn neben der formalen Zuständigkeit für fast »alles«, was in der missionsbenediktinischen Welt passiert, lässt sich Notker Wolf immer wieder direkt und sehr persönlich ansprechen – und herausfordern: als Mitmensch, als Mitbruder, als Freund und Weggefährte, der mit einer »Nibelungentreue an Menschen und Dingen festhält, wenn er sich einmal dafür entschieden hat«. So jedenfalls sagen es die Mönche von Sankt Ottilien noch heute. Dass das nicht immer unproblematisch ist, haben die meisten von ihnen im Laufe der Jahre mal mehr, mal weniger direkt zu spüren bekommen. Letztlich aber schätzen sie es (fast) alle, dass Notker Wolf stets für mehr zu haben ist als »nur« für das Übliche.

Nein, einfach erwarten kann man nicht, dass sich der Erzabt von einer Idee im fernen Togo so begeistern lässt, dass er sich nur wenig später persönlich in den afrikanischen Busch aufmacht, um acht junge Männer zu besuchen, die dort in aller Einfachheit klösterlich zu leben begonnen haben. Auf der Versammlung der deutschen Ordensoberen 1988 in Würzburg hört Notker Wolf das erste Mal von dieser »wilden Neugründung« – und von deren Anführer: Frère Boniface Tiguila. Der junge Togolese hat bereits einige Jahre Klostererfahrung hinter sich. Bis kurz vor den ewigen Gelübden lebt er als Mönch in einem Benediktinerkloster, das von französischen Mönchen unterhalten wird, die damals noch nicht wirklich in Afrika angekommen sind. Auch nach Jahren ist alles französisch: die Sprache, das Essen, die Liturgie, die Kultur. Frère Boniface beginnt in dieser Umgebung zunehmend an der Seele zu leiden. In einem europäischen Elfenbeinturm möchte er seine Berufung zum Mönch nicht leben müssen. Darum verlässt er das Kloster und gründet gemeinsam mit einer Handvoll anderer junger Männer eine eigene Gemeinschaft weit draußen im Norden des Landes, an der Grenze zu Benin. Der dortige Ortsbischof unterstützt das Experiment »afrikanisches Mönchtum«. Und auch der Abtpräses der Missionsbenediktiner ist angetan, nachdem er nun vernommen hat, dass dieser Frère Boniface den Kontakt zu ihm suche.

Obwohl er keine genaue Vorstellung von dem hat, was da in der Nähe der Stadt Kara entstanden ist, bringt Notker Wolf die Initiative noch im selben Jahr auf dem eigenen Generalkapitel vor. Mehrheitlich heißen die missionarischen Mönche den offenbar ernsthaften Ansatz der jungen Leute in der Fremde für gut, empfehlen aber, sich erst einmal ein klares Bild zu verschaffen. So etwas lässt sich Erzabt Notker nicht zweimal sagen. Gemeinsam mit dem Münsterschwarzacher Abt Fidelis Ruppert, der dem Projekt eher skeptisch gegenübersteht, fliegt er nach Togo. Ausnahmsweise also geht Notker Wolf auf Nummer sicher. Mit seiner »Vorliebe für Experimente« hat er sich schon des Öfteren heftige Kritik aus den eigenen Reihen zugezogen. Darum möchte er auf dieser Erkundungsreise jemanden bei sich haben, dessen Urteilsvermögen weniger »angezweifelt« wird. In Togo angekommen, schlagen Erzabt Notker und Abt Fidelis freundliche Angebote aus, sich in kirchlichen Einrichtungen einzuquartieren, um von dort aus unter die Lupe zu nehmen, was genau die Gruppe junger Männer um Frère Boniface seit gut drei Jahren in ihrem »Kloster« so treibt. Lieber schlagen sie sich direkt durch bis zu deren provisorischer Bleibe, die nur aus einigen einfachen Hütten, einer Toilette und einer Waschgelegenheit besteht. Nach einem freundlichen Empfang klinken sich die beiden Oberen für einige Zeit mit ein ins Leben, wie es hier alle führen: echt afrikanisch. Für Frère Boniface heißt das: offen; offen für jeden, der Hunger hat; offen für Nachbarn, Durchreisende und Gäste; offen für andere Wertvorstellungen; offen im Umgang mit den Dingen, die alle mit allen teilen. Der Alltag überzeugt.

Als begeisterte Bundesgenossen in Sachen »afrikanisches Mönchtum« fahren Erzabt Notker und Abt Fidelis schließlich irgendwann heim. Drei Jahre später, im Jahr 1991, wird das »Monastère de l'Incarnation d'Agbang« offiziell in die Kongregation der Missionsbenediktiner von Sankt Ottilien aufgenommen. Heute leben fünfundzwanzig Mönche dort in einem kreisförmig angelegten, offenen Kloster. Die Kirche ist baulich einer afrikanischen Versammlungshütte nachempfunden. Neben der Landwirtschaft tragen eine Elektrowerkstatt, die Druckerei und die Goldschmiede zum Unterhalt der Gemeinschaft bei, die nach wie vor nach Wegen sucht, traditionelle afrikanische Lebensformen mit der benediktinischen Tradition zu verbinden.

Ist Erzabt Notker erst einmal unterwegs, weiß man nie, was dabei herauskommt. Selten bleibt es beim ursprünglichen »Programm«. Eigentlich ist es auch richtig so. Vor allem die Begegnung mit Menschen in fernen Weltgegenden lässt sich nicht programmieren. Und Notker Wolf ist nicht der Typ, an dem abperlt, was um ihn herum passiert. Sieht er Möglichkeiten, »etwas« zu tun, tut er es (meistens). Egal, ob er sich gerade in Togo, in Japan, in China oder in Sankt Ottilien aufhält.

Auf dem Weg zur Routinevisitation 1981 nach Südkorea etwa bekommt Erzabt Notker bei einem Zwischenstopp in Tokio zwei Briefe ausgehändigt: Post aus Digos auf den Philippinen. Der Bischof der Stadt und die Oberin einer philippinischen Benediktinerinnenkongregation beschwören den obersten Missionsbenediktiner in ihrer Zeilen, doch unbedingt ein Kloster auf Mindanao im südlichen Inselreich zu gründen. Obwohl Erzabt Notker aus »Personalmangel« kaum Möglichkeiten sieht, bucht er kurzerhand für sich und den mitreisenden Pater Felix Huber Flüge nach Manila. Er möchte wenigstens zeigen, dass er das Anliegen ernst nimmt.

Kaum in Digos angekommen, beginnt es den Erzabt »in den Fingern zu jucken«, wie er es noch heute lebendig erzählt. »Ja, die junge Diözese mit vielen angehenden jungen Priestern und Ordensleuten könnte ein geistliches Zentrum nur allzu gut gebrauchen!« Einige Monate später genehmigt der Kongregationsrat der Missionsbenediktiner überraschend das Projekt, das Erzabt Notker zuvor mit der ihm eigenen Energie in den Rat einbringt. Drei Priestermönche aus Deutschland und zwei Laienmönche aus Südkorea werden auf die Philippinen ausgesandt und eröffnen dort schon im Juli 1983 eine »monastische Zelle«. Es ist das erste Kloster, mit dem die Missionsbenediktiner seit Gründerzeiten geografisches Neuland betreten, von Anfang an getragen von einer internationalen Kommunität. Beides markiert einen echten Meilenstein in Richtung missionsbenediktinischer Zukunftsfähigkeit.

Ähnlich atemberaubend geht es immer wieder zu. Denn dass beispielsweise eine erste Individualreise im Jahr 1985 nach China Erzabt Notker und seine wenigen Mitstreiter letztlich bis nach Nordkorea führt und rund um die Jahrtausendwende in beiden Ländern »benediktinische« Krankenhäuser in Betrieb genommen werden können, ist weniger eine Überraschung als eine Sensation. Am Schreibtisch (voraus-)planen kann man so etwas nicht. Genauso wenig wie die Einweihung der Kirche in Paldogu, den Erweiterungsbau des Priesterseminars der Diözese Jilin oder die Hilfe beim Bau einer Volksschule in Yanji. China und Nordkorea gelten ja eher als »Tabuzonen« für kirchliche Aktivitäten. Notker Wolf kennt wenige Tabus. Vor allem im Herzen nicht. Erfolgsgeheimnis.

Es ist kaum zu erahnen, wo das spontane, unmittelbare und doch immer wieder weit reichende Handeln im Leben des Notker Wolf seinen Ausgangspunkt hat. Blickt man auf seine Zeit als Erzabt von Sankt Ottilien, dann fällt jedenfalls auf, dass er gleich von Anfang an mutig und offen auch auf die ungewöhnlichsten Anfragen reagiert. Als gerade einmal eineinhalb Jahre nach seiner Abtswahl das Ostasien-Institut in Bonn bei ihm anklingelt und um Mitarbeit bei einem Austausch mit einer relativ großen Gruppe japanischer Mönche und Laien bittet, hat Erzabt Notker sofort ein offenes Ohr. Rasch beginnt er mit Pater Pierre de Béthune aus der Abtei »Saint-André de Clerlande« im belgischen Ottignies ein Kennenlernen mit möglichst vielen europäischen Klöstern zu organisieren. Die Wünsche der Japaner reichen dabei weit. Mitleben, wirklich mitleben wollen sie, um das Christentum hautnah zu »erleben«, zu »erfahren«.

Auch die Erzabtei Sankt Ottilien öffnet schließlich für zwei Wochen ihre Pforten und lässt eine achtköpfige Gruppe von buddhistischen und shintoistischen Mönchen ganz ein in den eigenen klösterlichen Alltag. Die im Vorfeld zum Teil heftig geäußerten Bedenken weichen relativ rasch diesem »Lernen durch Mitleben«, von dem beide Seiten in einer Tiefe profitieren, die niemand so hätte vorausahnen können. Den Begegnungen im klösterlichen Alltag entsprechen Begegnungen in der Spiritualität. Plötzlich trennen Welten nicht mehr. Es wird als durch und durch bereichernd empfunden, Gemeinsames zu entdecken genauso wie bedeutsame Unterschiede auszumachen. Die eine Suche nach dem »Heiligen« erweist sich Tag für Tag als eine spannende, gemeinsame Unternehmung. Was hier sehr konkret beginnt, ist nicht einfach ein Dialog der Religionen, es ist ein Dialog des Lebens. Ungeahnte Horizonterweiterung.

Die erste, überraschend innige Begegnung im Jahr 1979 führt im Laufe der kommenden Jahre zu intensiven freundschaftlichen Beziehungen und zu einem entsprechend ernsthaft betriebenen intermonastischen Dialog. Immer wieder kommen japanische Mönche nach Sankt Ottilien. Für ein paar Wochen, für einige Monate oder gar für ein, zwei Jahre. Missionsbenediktiner aus verschiedensten Klöstern weltweit und Benediktiner anderer Kongregationen, darunter auch Erzabt Notker Wolf selbst (1983 und 1989), verbringen ihrerseits mehrfach mehrere Wochen in buddhistischen und shintoistischen Klöstern in Japan. Auch dort ist es kaum einfach zu erwarten, dass ein benediktinischer Erzabt aus Deutschland ganz und gar eintaucht in den klösterlichen Alltag seiner buddhistischen Brüder, dazu in ein buddhistisches Mönchsgewand schlüpft, sich barfuß in den Straßen seine Nahrung erbettelt, vier bis sechs Stunden am Tag »Zazen« (buddhistische Sitzmeditation) übt, »Sutren« (buddhistische Lehrsätze) rezitiert, ohne Berührungsangst ins heiße Gemeinschaftsbad steigt und tagaus, tagein akribisch den Putzdienst im Tempel erledigt.

Der »Ertrag« könnte reicher nicht ausfallen. Viele der im eigenen Kloster bekannten spirituellen Erfahrungen und Hilfen finden die Mönche auch im je »anderen« Kloster wieder. Das macht es leichter, eine gemeinsame Wahrheitssuche ohne Rechthaberei zu betreiben – und es schützt vor Idealisierung. Das ist die vielleicht wichtigste Vorraussetzung dafür, dass die gegenseitige Wertschätzung von Dauer sein kann. »Dass wir in diesem Dialog nicht zu Pseudo-Buddhisten werden«, gehört für Erzabt Notker zu den wichtigsten Erfahrungen. »Unsere buddhistischen Brüder wollen ja authentischen Christen begegnen, genauso wie wir authentische Buddhisten kennenlernen möchten. So haben wir alle vielleicht zum ersten Mal wirklich etwas von der buddhistischen oder der christlichen Botschaft erfahren.« Ja, eine andere Religion lernt man am besten kennen – und schätzen – durch Menschen, die diese leben und ihr Leben lang durch sie geprägt worden sind.

Der intermonastische Austausch hält bis heute an. Längst braucht es keine großen Institutionen mehr, die den Dialog organisieren. Die tiefen Freundschaften zwischen einzelnen Mönchen oder ganzen Klöstern dienen als tragfähiges Netz, das sich praktisch um die ganze Erde spannt. Diese überaus positive Entwicklung verdankt sich vielen und vielem. Sie verdankt sich auch Erzabt Notker, der in den Anfängen bereitwillig Türen aufsperrt. Mehr als dreißig Jahre sind seitdem vergangen und erzählen in ihrer Vielzahl Typisches für das Schaffen des selbst oft so schnelllebig wirkenden Notker Wolf: Sosehr manches von dem, was er tut, auch »Eventcharakter« hat, so wenig geht es ihm nur um punktuelle Highlights, die wie ein Feuerwerk verpuffen. »Zusammenleben, zusammenarbeiten, füreinander da sein – verlässlich und auf Zukunft hin«, darum geht es ihm. Noch heute.

Die Sorge um eine gute Zukunft drückt sich im Laufe der Jahre auch vor Ort in Sankt Ottilien durch zahlreiche Veränderungen aus. Zu den weithin sichtbaren gehört die umfangreiche Renovierung der Abteikirche, die sich zwischen 1992 und 1994 von einem »düsteren Tempel« in ein »lichtes Gotteshaus« verwandelt, wie es der heutige Erzabt von Sankt Ottilien, Jeremias Schröder, dankbar formuliert. Nicht weniger dankbar erzählt Notker Wolf davon. Dabei gilt sein Dank vor allem Pater Prior Claudius Bals, Pater Walter Sedlmeier und dem Münchener Professor Franz Bernhard Weißhaar, an denen die damit verbundene jahrelange (Vor-)Arbeit hängt. Auch die Schule erfährt bauliche Erweiterungen, genauso wie die gesamten Außenanlagen des Klosterdorfs, in dem nicht nur die Zugänge zur Kirche und zum Exerzitienhaus »verschönert« werden. Auch der Klosterladen mit Filmsaal und Galerie, wie man ihn heute kennt, wird in den Jahren unter Erzabt Notker gebaut. Und schließlich fällt auch die Renovierung des historischen »Andreasbaus«, des ältesten Teils des Klosters, noch in die letzten beiden Amtsjahre des Erzabtes, der »eigentlich« weder ein Bau- noch ein Reiseabt sein wollte.

»Wer Gott dient, der muss auf Überraschungen gefasst sein, der wird seine Abenteuer mit ihm erleben«, sagt Notker Wolf. So spricht es wohl für ihn, dass er sich Menschen, Dingen und Gegebenheiten stets so öffnet, wie sie es brauchen – und nicht auf dem irgendwann einmal Gesagten besteht. Dazu gehört auch, dass sich Erzabt Notker zu Entscheidungen durchringt, die seinem Naturell eigentlich völlig widersprechen. Die Schließung mehrerer von Sankt Ottilien abhängiger Häuser gehört dazu. Beständig auf der Suche nach der Tür, die sich öffnen lässt, übersieht Erzabt Notker doch das geschichtlich Gegebene nicht. Bereits in den 1970er-Jahren überlebt sich die alte Idee der Missionsseminare, deren Schüler nach dem Abitur schon lange nicht mehr den Weg ins Kloster finden. Obwohl viele Emotionen daran hängen – viele Ottilianer Mönche sind schließlich selbst dort zur Schule gegangen –, schließt Erzabt Notker die Kollegien in Laupheim (1981) und Dillingen (1986) und zu guter Letzt auch das Ottilienkolleg in München (1994), in das in den letzten Jahren immer weniger Benediktinerstudenten eingezogen sind. Die daraus gewonnenen wirtschaftlichen Möglichkeiten wiederum machen den Um- und Ausbau des Klosters Jakobsberg bei Bingen am Rhein und damit den Aufbau einer regen Exerzitien- und (Jugend-)Bildungstätigkeit dort ab Mitte der 1980er-Jahre überhaupt erst möglich. Daran lässt sich Entscheidendes ablesen:

Bei aller von Erzabt Notker mitverantworteten Bauerei ist und bleibt grundlegend wichtig, dass Räume entstehen oder erhalten werden, die sich unmittelbar mit Leben füllen. Nicht nur die Abteikirche soll sich durch ein lichtes Inneres auszeichnen, sondern idealerweise auch das ganze Kloster. Dazu gehört für den musikalischen Oberhirten auch eine Festkultur, die ihren Namen verdient. Vielleicht würde es ja allen guttun, auch die kirchlichen Feste nicht »nur« mit Andacht, sondern auch mit Freude zu »feiern« – und nicht mehr länger allein. Darum verlegt Erzabt Notker das Fest des heiligen Benedikt von Nursia im Jubiläumsjahr 1980, in dem »alle Welt« den tausendfünfhundertsten Geburtstag des Ordensgründers feiert, kurzerhand nach draußen. Genauso wie die 100-Jahr-Feier der Erzabtei vier Jahre später und die feierlichen Mai-Andachten in Zukunft auch. Feste des Klosters mit seiner ganzen Umgebung sollen es sein. Feste eines offenen Klosters, das gern einen Einblick gewährt in seinen sonst eher verborgenen Alltag hinter altehrwürdigen Mauern. Zu Klosterblasmusik und guter Klosterküche finden sich unzählige Menschen ein – die bis heute herzlich gern wiederkommen. Zum Benediktustag am 11. Juli eines jeden Jahres jedenfalls lädt die Erzabtei schon lange nicht mehr offiziell ein. Fünftausend Menschen finden auch so den Weg nach Sankt Ottilien. Und eine noch größere Anzahl Menschen bringen die Mönche beim besten Willen nicht unter!

Auch auf nahezu jeder anderen Ebene sucht Erzabt Notker nach neuen Wegen oder nimmt bereitwillig auf, was an Ideen kommt, um die alte »Mater Ottilia« in Bewegung zu halten. Das gilt für den Klosterkonvent genauso wie für die Schule oder das seelsorgliche Angebot der Abtei. Ob »Jugendvesper« oder »Circus Sankt Ottilien«, »Think Tank« oder »Internationale Studienwoche«, »Blasmusik« oder klassische »Weiherserenade«: die Höhepunkte im Ottilianer Kalender nehmen alle in den 1980er- oder

1990er-Jahren ihren Anfang. Erzabt Notker mischt entweder direkt mit oder lässt machen. Vor allem Letzteres zeichnet seinen »Führungsstil« aus. Das geht so weit, dass man heute auf die Frage danach, was eigentlich das Allerwichtigste in den Erzabtsjahren von Notker Wolf gewesen sei, von den Mönchen der Erzabtei eine durchaus ungewöhnliche Antwort erhält: »seine unbedingte Art, Vertrauen in Menschen zu setzen«.

Das gilt vor allem auch den Jungen gegenüber. »Sooft etwas Wichtiges im Kloster zu behandeln ist, soll der Abt die ganze Gemeinschaft zusammenrufen und selbst darlegen, worum es geht. Er soll den Rat der Brüder anhören und dann mit sich selbst zu Rate gehen. Was er für zuträglicher hält, das tue er. Dass aber alle zur Beratung zu rufen seien, haben wir deshalb gesagt, weil der Herr oft einem Jüngeren offenbart, was das bessere ist«, steht in der Regel Benedikts (Kapitel 3, Verse 1–3). Erzabt Notker nimmt sich das zu Herzen – nicht zuletzt aus der schmerzlichen Erinnerung an die eigenen jungen Klosterjahre –, und mit ihm das ganze Generalkapitel von 1992, auf dem der so genannte »Think Tank« (Denkfabrik) ins Leben gerufen wird: eine Gruppe vor allem junger Mitbrüder, die ausdrücklich und sehr konkret mit der Aufgabe betraut werden, in den nächsten Jahren kontinuierlich daran zu arbeiten, »wie das missionsbenediktinische Charisma in unserer Zeit glaubwürdig verwirklicht werden kann«. Neben konkreten Eingaben für das Alltagsleben im Kloster oder das Prozedere bei großen Versammlungen und den Kapiteln entstehen daraus unter anderem die »internationalen Studienwochen«, zu denen die jungen Mitbrüder aus der gesamten Kongregation bis heute alle zwei Jahre zusammenkommen. Zunächst finden die Treffen in Sankt Ottilien statt, nach und nach dann auch in den verschiedensten Klöstern weltweit: damit sich die Kongregation besser kennenlernt und eine gemeinsame Identität wachsen kann.

»Wir Benediktiner sind nicht einfach eine große Organisation, sondern Gemeinschaften von Menschen, die konkret spüren müssen, dass die anderen ihnen nahe sind. Der benediktinische Stil wird immer sehr persönlich sein, mit allen Vor- und Nachteilen«, sagt Notker Wolf. Von dieser Gemeinschaft sollen auch andere profitieren können. Dem Erzabt liegt daran, dass die Klosterfamilie nicht zu selbstgenügsam wird. Im Ernst des Lebens darf sich zeigen, was in dem Konvent steckt. Als im Jahr 1995 der »Helferkreis Asyl« aus Planegg-Krailing um Unterstützung bei der Unterbringung einer kurdischen Familie bittet, der nach sechs Jahren im Asylverfahren die Abschiebung in die Türkei droht, entscheiden sich die Ottilianer Mönche schnell für eine Unterbringung von Halil und Besna Ömürlü und deren vier Kindern: »Wir haben doch Platz genug. Willkommen!«

Als nach negativem Asylbescheid, Revision, gut begründeten und doch abgelehnten Folgeanträgen die »Rückkehr« der Ömürlüs in ihr Heimatland erzwungen werden soll, hält die Erzabtei das stille Kirchenasyl aufrecht. Über Jahre. Alle vor Ort hängen sich mit rein, vor allem Pater Prior Claudius Bals und Bruder Ludwig Kastl. Die rechtliche Verantwortung freilich trägt Erzabt Notker.

Zahlreiche Versuche, der Familie die Ausreise in ein sicheres Drittland zu ermöglichen oder doch noch ein Bleiberecht in Deutschland zu erwirken, schlagen fehl. Auch zwei angestrebte gesetzliche Altfallregelungen für langjährig in Deutschland lebende Asylbewerber bringen keine Lösung – weil Kirchenasyle davon ausgeschlossen sind! So vergehen die Jahre, in denen die inzwischen achtköpfige Familie in der Erzabtei ein echtes Zuhause findet. Mutter Besna hält die Familie zusammen, Vater Halil arbeitet in der Landschaftsgärtnerei und in der Hausmeisterei des Klosters mit, die Kinder gehen zur Schule. Die Größeren aufs Ottilianer Gymnasium, die Kleineren auf die Grundschule in Windach: »Vater Erzabt, was Sie können, können wir auch«, bekräftigt der Rektor dort mit kräftigem Händedruck.

Hinter den Kulissen aber wird kräftig weiter an einer humanitären Lösung für die Ömürlüs gearbeitet. Dazu rückt Erzabt Notker auch dem bayerischen Innenminister höchstpersönlich auf die Pelle. Günter Beckstein ist nicht gerade begeistert, will aber »unter keinen Umständen Polizisten in den Kirchenbereich schicken«. Als allerdings im Juni 2000 zwei Bundesgrenzschutzbeamte Halil Ömürlü, der sich nicht ordnungsgemäß ausweisen kann und als ausreisepflichtig registriert ist, während eines Spaziergangs knapp außerhalb des Abteigeländes verhaften, droht die Situation zu eskalieren. Der Familienvater landet in Windeseile in Stadelheim in Abschiebehaft. Doch auch dort lässt Erzabt Notker nicht lange auf sich warten. Wie soll es jetzt bloß weitergehen?

Es geht weiter. Und es geht gut weiter. Der Helferkreis aus Plannegg, die Gemeinschaft der Mönche und die Schüler von Sankt Ottilien sowie eine größer gewordene Schar an Sympathisanten trotzen den Behörden letztlich doch noch die Ausreise der Ömürlüs ins für sie sichere Polen ab. Erzabt Notker stellt die nötigen Kontakte zur Ortskirche her, die sich in Breslau um alles Weitere kümmert. Ein enger Kontakt bleibt. Im August 2007 gelingt es gar, die Familie – »legal« – nach Deutschland zurückzuholen. Sie lebt seither in Wessobrunn, dem Landwirtschaftsgut der Erzabtei, wo Halil Ömürlü Arbeit hat und für den Familienunterhalt aufkommen kann – an dem sich inzwischen aber auch die älteren Kinder beteiligen, die ihren Weg haben machen können: als Koch, als Forstwirt oder Schneiderin. Der älteste Sohn, hochbegabt, studiert Volkswirtschaft an der Breslauer Uni: mit Stipendium, das er als Bester seines Abiturjahrgangs erhält.

Im Rückblick auf dreiundzwanzig Jahre »Erzabt Notker« weiß man eigentlich kaum, wo man anfangen und wo man aufhören soll, zu erzählen. Das ist beeindruckend. Ein wenig »beängstigend« ist es auch. Wie schafft ein Mensch das alles? Natürlich ist er nicht bei allem, was sich da in der missionsbenediktinischen Welt tut, unmittelbar beteiligt. Immer wieder gibt Erzabt Notker auch »nur« seinen großzügigen Segen. Doch so ein jahrzehntelanger Grenzgang zwischen Himmel und Erde hinterlässt Spuren. Auch Notker Wolf macht im Laufe der Jahre heftige Krankheitsphasen durch – und gönnt sich doch kaum Ruhe. Das bekommt auch seine Herkunftsfamilie zu spüren. Was in jüngeren Klosterjahren für Notker Wolf noch selbstverständlich ist, wird in Erzabtsjahren schlicht unmöglich: ein erholsamer Urlaub zu Hause in Grönenbach. Auch hier greifen jetzt zu viele Menschen nach ihm. So kommen die Eltern irgendwann lieber nach Sankt Ottilien. Sie genießen immer mal wieder ein paar Ferientage dort und freuen sich auf ein wenig gemeinsame Zeit mit ihrem Sohn – der dann doch meist viel unterwegs ist. Dennoch ist es ein sehr enger, herzlicher Kontakt, der in der Familie Wolf gepflegt wird. Erzabt Notker weiß seine Eltern im Hintergrund, die ihm im Stillen Geborgenheit schenken und ihn im Gebet tragen – »was sie sicher auch heute noch tun«, wie der Abtprimas anmerkt. In Gedanken begleiten sie ihren Sohn auf all seinen Missionsreisen. Nicht ohne Sorge. Vor allem Katharina Wolf erlebt ein ums andere Mal unruhige Zeiten, wenn ihr Sohn unterwegs ist. In den ersten Jahren und Jahrzehnten ist es ja noch kaum möglich, von unterwegs her wenigstens einmal anzurufen.

Auf der Feier zum 80. Geburtstag seines Vaters schießt es Notker Wolf durch den Kopf: »Eines Tages werden meine Eltern nicht mehr sein. Und ich habe eigentlich nie Zeit für sie gehabt.« So soll es nicht bleiben. Darum beginnt noch im Herbst des selben Jahres, im November 1986, eine Familientradition, die bis heute Bestand hat: gemeinsame Urlaubstage in Südtirol, wo man um diese Jahreszeit immer noch den »Goldenen Herbst« genie-ßen kann. Als Josef Wolf 1992 stirbt, möchte die Mutter mit ihren beiden Kindern die Tradition beibehalten. Für alle sind und bleiben es doch einfach schöne, wenn nicht gar die schönsten Zeiten. Ähnlich empfinden es Notker Wolf und seine Schwester Rita, die auch nach dem Tod der Mutter im Jahr 1999 die kleine Auszeit an lieb gewonnener Stätte im Herbst eines jeden Jahres fortsetzen.

»Immerhin«, wie manche Weggefährten am Lebenslauf des Notker Wolf bemerken. Seine Tanzerei auf (zu) vielen Hochzeiten, das beständige Unterwegssein und eine gewisse innere Unruhe haben ihren Preis: Überarbeitung, Übermüdung und Unkonzentriertheiten nehmen im Laufe der Jahre spürbar zu, Aufmerksamkeit und Präsenz leiden oder finden sich für Dinge und Gelegenheiten, die nicht »alle« im Lebensumfeld des Erzabtes für so wichtig ansehen wie der Oberhirte selbst. Kritik wird laut. Muss Erzabt Notker jede Einladung, jeden Vortrag annehmen und jeden Auftritt mitnehmen? Ja, offensichtlich »muss« er das. Je prominenter, desto besser.

»Ab einem bestimmten Zeitpunkt vergeht kein Tag mehr, an dem Erzabt Notker nicht ins Auto steigt«, beklagen nicht wenige Mönche. Das führt zu Irritationen und Enttäuschungen – gerade auch im eigenen Kloster. Es wird immer schwieriger, dem eigenen Abt zu begegnen und sich mit ihm auszutauschen. Neid weckt »das alles« freilich auch: das Gefragtsein und Bewundertwerden, die Auftritte in Rundfunk und Fernsehen, die Präsenz in der Presse, der Kontakt mit den »oberen Zehntausend«, die Dauerkarte für den Platz in der Mitte auf (fast) jeder Bühne – ganz gleich, ob mit Querflöte oder E-Gitarre. Ja, der unkonventionelle Erzabt von Sankt Ottilien macht auch außerhalb des Klosters Karriere. Doch zu welchem Preis? Von »unnötigen Opfern, die der Erzabt auf dem Altar der Eitelkeit bringt«, wird im Kloster gesprochen.

Gehässig hört sich das alles nicht an. Sorge klingt mit und fast eine gewisse Trauer: »Notker, das hast du doch gar nicht nötig!«

Als Notker Wolf im Oktober 1977 zum Erzabt von Sankt Ottilien gewählt wird, beginnt für ihn von einem Tag auf den anderen ein Leben, in dem er »seinen Koffer eigentlich gar nicht mehr auszupacken braucht«, wie er selbst sagt. Der »Aufbruch«, der ihm »zur Gewohnheit wird«, steckt die ganze Kongregation in positiver Weise an, auch wenn nicht alle mit der Art und dem Tempo ihres Oberhirten zurechtkommen. Doch »Freund und Feind« – und die Freunde bilden die übergroße Mehrzahl – lernen die offene, herzliche Atmosphäre schätzen, die im Laufe der Jahre in Sankt Ottilien einzieht. Ja, unter Erzabt Notker lässt es sich »leben«. Die Möglichkeiten für die Zukunft, die daraus in Fülle wachsen, machen den eigentlichen »Erfolg« dieser Zeit aus – weltweit und weit über die klösterlichen Mauern hinaus.

Nur selten ist die Frage nach dem Erfolgs*geheimnis* eindeutig zu beantworten. Das ist sicher auch im Blick auf ein knappes Vierteljahrhundert »Erzabt Notker« so. Und doch scheint es eine Antwort zu geben. Dass es Erzabt Notker gelingt, Christus in seinem Leben aufstrahlen zu lassen und das auch für andere erlebbar zu machen, liegt vielleicht ganz einfach daran, dass er »nicht Herr über den Glauben der Menschen sein will, sondern Diener ihrer Freude« (vgl. 2. Korintherbrief, Kapitel 1, Vers 24).

Das Bunte ist schöner als das langweilig Uniforme.
Und dieses Schöne ist ein Zeichen der Schönheit unseres Gottes.

NOTKER WOLF

Abtprimas – oder: »Mission impossible«

Das Jahr 2000 ist für viele Menschen rund um die Erde ein besonderes Jahr. Für die Kirche ist es ein »Heiliges Jahr«. Auf was die einen mit Mega-Party und bombastischem Feuerwerk aufmerksam machen, das würdigen die anderen eher mit stiller Nachdenklichkeit – wenngleich ihre Freude über den zweitausendsten Jahrestag der Geburt Jesu und den Beginn des neuen Jahrtausends sicher nicht geringer ausfällt. Welchen Weg wird die zerrissene Menschheitsfamilie nehmen? Worum werden sich ihre Anstrengungen drehen? Was wird ihr (noch) heilig sein? Wenn die Äbte und Konventualprioren der Benediktinischen Konföderation alle vier Jahre zum Äbtekongress zusammenkommen, bringen sie neben den Anliegen ihrer Klöster immer auch das Stückchen Welt mit nach Sant'Anselmo, in dem die einzelnen Mönchsgemeinschaften beheimatet sind. So ist es auch im September 2000. In dieser so besonderen Zeit – ein »Heiliges Jahr« wird schließlich nur alle fünfundzwanzig Jahre ausgerufen – soll es gar ein wenig mehr Raum geben, über das Leben der (klösterlichen) Welt nicht »nur« zu beraten, sondern es miteinander im Gebet vor Gott zu tragen: in einem Gebetsgang der ganz besonderen Art.

Abtprimas Marcel Rooney ist »erst« seit vier Jahren im Amt. Er hat also gerade einmal die Hälfte der üblichen acht Jahre hinter sich, die für den obersten Benediktiner als Amtszeit vorgesehen sind. Darüber hinaus können die Amtsinhaber immer wieder noch für je vier Jahre in ihrem Amt bestätigt werden. Eine sonst wichtige und zeitaufwendige Aufgabe des Äbtekongresses, die Wahl des Abtprimas, steht in diesem Jahr also nicht auf dem Programm. Daher soll die große Versammlung ganz im Zeichen des »Jubeljahres« stehen. »Christus gestern, heute und in Ewigkeit« lautet das offizielle Motto des Heiligen Jahres 2000. Ja, mögen doch auch die benediktinischen Gemeinschaften ein Teil dieser guten Zukunft für die Welt sein. Entsprechend wird den Teilnehmern des Äbtekongresses die Gelegenheit gegeben, in traditioneller Weise die sieben großen römischen Pilgerkirchen zu besuchen. Vor allem für die Mitbrüder aus den südlichen Kontinenten bedeutet die Teilnahme an dieser jahrhundertealten Wallfahrtstradition eine einmalige Gelegenheit.

Doch wie so oft in der jüngsten Geschichte der Benediktiner kommt es anders als gedacht. Denn kurz nach Beginn des Äbtekongresses erklärt Marcel Rooney »aus Gesundheitsgründen« seinen Rücktritt vom Amt des Abtprimas. Im Großen und Ganzen überrascht dieser Schritt niemanden, da bekannt ist, dass Abtprimas Marcel mit der großen Belastung, die das Amt mit sich bringt, zu kämpfen hat. Der tatsächlich gewählte Zeitpunkt allerdings bedeutet für die versammelte Ordensobrigkeit (mal wieder) eine überraschende Wendung des aktuellen Geschehens. Nun also doch: In Windeseile muss eine Abtprimas-Wahl vorbereitet und durchgeführt werden.

Die 232 wahlberechtigten Äbte und Prioren aus allen Ecken der Welt entscheiden sich schließlich am 7. September 2000 – im Grunde erwartungsgemäß – für den Kandidaten aus ihren Reihen, den sie auch schon vor vier Jahren gern an die Spitze ihrer Konföderation gestellt hätten: den Ottilianer Erzabt Notker Wolf. »Jetzt ist es mir so ergangen, wie meinem Vorgänger als Erzabt von Sankt Ottilien, dem jetzigen Augsburger Bischof Viktor Josef Dammertz, der vor dreiundzwanzig Jahren zum Abtprimas gewählt wurde«, schreibt Notker Wolf nur einen Tag später in einem offenen Brief an die engere und weitere Ottilianer Klosterfamilie. »Es fällt mir nicht leicht, Sankt Ottilien zu verlassen. Doch die Äbte setzen großes Vertrauen in mich. So blieb mir nichts anderes übrig, als die Wahl anzunehmen.« – In dem Augenblick, als Notker Wolf in Sant'Anselmo auf die Frage: »Sind Sie bereit, das Amt des Abtprimas anzunehmen?«, zustimmend antwortet, verlieren die Erzabtei Sankt Ottilien und die Kongregation der Missionsbenediktiner den Oberen, der sie als Erzabt und Abtpräses dreiundzwanzig Jahre lang geführt hat. Nur ungern lassen die missionarischen Mönche ihren Oberhirten gehen. Nicht nur, weil sich dieser Abgang nun doch so plötzlich vollzieht. Alle spüren, dass eine Ära zu Ende geht, die für die gesamte Kongregation eine innere und äußere Expansion gebracht hat, wie sie es seit den 1920er-Jahren nicht gab. Das erkennen auch die an, die sich vom Tagesgeschehen betont unberührt zeigen oder eher »froh« darüber, dass sie den »Erzabt Vagabundus« nun endlich los sind!

Natürlich steht seit Jahren im Raum, dass die jetzt eingetretene personelle Entwicklung irgendwann in den nächsten Jahren auf die Missionsbenediktiner hätte zukommen könnte. Doch »eigentlich« war ja nicht vor 2004 damit zu rechnen. In diesem Sinne kommt die Wahl in das höchste benediktinische Amt auch für Notker Wolf selbst ein wenig (zu) früh – obwohl er als stellvertretender Abtprimas in die seit Jahren nicht unproblematische Lage an der Ordensspitze eingeweiht ist. Welche Aufgaben erwarten Abtprimas Notker nun an seiner neuen alten Wirkungsstätte?

Versucht man sich über das Amt des Abtprimas kundig zu machen, stößt man nahezu überall auf ähnliche Reaktionen: »Das ist ein eigentlich unmöglicher Job!« Überraschend ist, dass das höchste benediktinische Amt keine besonders lange Tradition hat. Denn gerade einmal seit knapp hundertzwanzig Jahren gibt es das Amt des »Primas«, also des »ersten« oder »höchsten« unter allen Benediktineräbten. Was sich »mächtig« anhört, entpuppt sich bei näherem Hinsehen zudem »nur« als eine Art »Ehrenamt«.

Die Benediktiner gelten landläufig als ältester »Orden« der katholischen Kirche. Kirchenrechtlich gesehen bilden sie jedoch keinen Orden im klassischen Sinn. Stattdessen sind hunderte selbstständige Abteien und Klöster samt ihren abhängigen Häusern in »Kongregationen« zusammengeschlossen, denen jeweils ein eigener »Abtpräses« vorsteht. Diese auch ihrerseits unabhängigen Klosterverbände bilden die »Benediktinische Konföderation«, deren höchster Repräsentant der Abtprimas ist: mit Sitz in der »ersten« oder »höchsten« unter den Benediktinerabteien der Welt, in der »Primatialabtei« Sant'Anselmo auf dem Aventin in Rom.

Abgesehen davon, dass der Abtprimas die heute gut 24.000 Benediktiner und Benediktinerinnen aus aller Welt beim Papst und beim italienischen Staat vertritt, soll er »die authentische benediktinische Tradition wahren und ihr geistliches und wissenschaftliches Erbe schützen«, so die offiziellen Statuten. Was wäre daher das konkrete Anforderungsprofil? Versucht man in der guten alten benediktinischen Sprache alle denkbaren Ansprüche unter einen Hut zu bringen, dann könnte sich das etwa so anhören (vgl. gesamte Benediktsregel):

Der Abtprimas muss ein im täglichen guten Kampf erprobter Krieger sein, der dem Gottesdienst nichts vorzieht. Er soll die Regel des heiligen Benedikt von Nursia beispielhaft vorleben und nicht nur lehren. Bewährte Traditionen muss er heilig halten und dennoch für das notwendige »aggiornamento«, die lebendige Übertragung ins Heute, bei sich selbst und den ihm Anvertrauten sorgen. Er darf sich nicht zu große Sorgen um (fehlende) materielle Mittel machen und hat trotzdem den Auftrag, die Geschäfte der Konföderation – insbesondere die der Abtei Sant'Anselmo samt ihrer Hochschule – finanziell ausgeglichen zu führen. Der Abtprimas soll möglichst oft in Rom vor Ort sein, um in Sant'Anselmo – der Tradition der Klöster entsprechend – stets die letzte Verantwortung des guten Hausvaters wahrzunehmen. Er soll aber auch mit Begeisterung an den wichtigsten Ereignissen der rund 800 benediktinischen Klostergemeinschaften rund um die Erde teilnehmen: an denen der Mönche genauso wie an denen der Nonnen und der Schwestern.

Die Worte seines Ordensvaters im Ohr wird sich der Abtprimas davor hüten, als nichtsnutziger Knecht zu gelten, er wird rechtzeitig aufstehen vom Schlafe, da die Stunde dazu gekommen ist; er wird sein Herz nicht verhärten, sondern voll Aufmerksamkeit hinhören auf das, was der Geist ihm und seinen Mitbrüdern sagt; ja, der Abtprimas wird laufen, so lange er das Licht des Lebens hat, damit ihn nicht die Finsternis des Todes überfällt. – »Mission impossible«, ist man geneigt zu sagen. Oder lässt sich die »unmögliche Mission« des Abtprimas doch in konkrete Alltagsarbeit übersetzen?

Als Notker Wolf im September 2000 das höchste Amt unter seinen Mitbrüdern einnimmt, steht die Primatialabtei der Benediktiner wirtschaftlich auf wackeligen Beinen. Und auch die Hochschule Sant'Anselmo verlangt die ganze Aufmerksamkeit des neuen Hausherrn, will die Einrichtung nach den bildungspolitischen Umstrukturierungsprozessen innerhalb der Europäischen Union auch in Zukunft noch Bestand und Bedeutung haben. Zu den internen Fragen von Sant'Anselmo kommen die Anliegen der Benediktinerabteien »Sankt Paul vor den Mauern« in Rom, »Hagia Maria Sion« auf dem Zionsberg in Jerusalem, »Saint Benoît de Port-Valais« in Le Bouveret am Genfer See, der

Klöster »Mount Saviour« und »Weston Priory« in den USA sowie des Klosters »Sankt Cosmas und Damian« in Ćokovac auf der Insel Pašmanu in Kroatien, die direkt dem Abtprimas unterstellt sind. Diese Gemeinschaften gehören also nicht einer der einundzwanzig Kongregationen an, in die die Benediktinische Konföderation zu jener Zeit noch unterteilt ist (heute sind es »nur« noch zwanzig). Für die Slawische Kongregation nimmt der Abtprimas ohnehin bislang noch selbst die Rolle des Abtpräses ein.

Zu all dem nimmt der Abtprimas der Benediktinischen Konföderation die Funktion des Primas auch für die »Communio Internationalis Benedictinarum« (unter diesem Namen ab 2001) wahr, die höchste Repräsentanz also auch im Blick auf die internationale Vereinigung der benediktinischen Schwestern- und Nonnenklöster.

So viel Zuständigkeit vertreibt den Gedanken der »Mission impossible« freilich nicht. Immerhin ist Notker Wolf in vielerlei Hinsicht ausgezeichnet auf sein neues Amt vorbereitet. Als ehemaliger Student und Dozent von Sant'Anselmo wird er nach seinem Umzug von Sankt Ottilien nach Rom kein völliges Neuland betreten müssen. Er weiß um die Gegebenheiten genauso wie um die Probleme, die man in Sant'Anselmo zum Teil schon seit mehr als hundert Jahren mit sich herumschleppt. Sein Italienisch spricht er bereits mit dem unverwechselbar weichen Akzent Roms. Darüber hinaus weiß sich Abtprimas Notker auch auf Englisch, Französisch und Spanisch ganz ordentlich zu verständigen; leidlich geht es auf Luxemburgisch und Kiswahili. Zur Not hilft sein fließend gesprochenes Latein, jedenfalls innerhalb kirchlicher Räume. Die aber sind ja vor allem in Rom alles andere als rar. Aktuell plagt sich der Abtprimas übrigens – freiwillig – mit Kroatisch und Koreanisch. Hut ab!

Auch die Reiseerfahrung des neuen Oberbenediktiners ist schon vor Amtsantritt derart reich, dass er die Abflugzeiten wichtiger internationaler Flüge auswendig weiß. Zudem wird Notker Wolf für sein musikalisches Talent in Sant'Anselmo, wo nicht nur liturgisch gern gefeiert wird, ein reiches Betätigungsfeld und begeisterte Mitstreiter finden. Und nicht zuletzt erleichtert ihm wohl tatsächlich die gute römische Küche am ehesten den Abschied von Semmelknödeln und Weißwürstchen. Nichts also scheint im September 2000 einer erfolgreichen Amtsführung im Wege zu stehen: als Abtprimas der benediktinischen Welt, Abt von Sant'Anselmo und Großkanzler der ordenseigenen Päpstlichen Hochschule gleichen Namens.

Zunächst aber geht es Notker Wolf wie allen seinen Amtsbrüdern: Er ist mit nicht viel mehr als einem Koffer zum Äbtekongress nach Rom angereist. So macht auch er sich am Ende der großen benediktinischen Zusammenkunft erst einmal wieder auf den Weg nach Hause. Nicht nur zum Kofferpacken. Etliche Termine und Verpflichtungen, die er noch bis zuletzt angenommen hat, warten auf ihn – und nehmen mehr Zeit in Anspruch als erwartet. »Nach dreiundzwanzig Jahren als Abt in einem bayerischen Kloster kann man sich nicht einfach aus dem Staub machen«, schreibt Abtprimas Notker darum fast entschuldigend in seinem ersten Rundbrief im neuen Amt.

Bereits zehn Tage nach seiner Wahl zum benediktinischen Oberhirten macht sich Notker Wolf ein weiteres Mal auf nach China, um hoffentlich und endlich die offiziellen Verträge für die Aimin-Klinik in Meihekou unter Dach und Fach zu bringen. Und tatsächlich: Nach vier Jahren zäher Verhandlungen und einem geplatzten Vertrag auf halber Strecke, setzen Mutter Irene Dabalus, die Generalpriorin der Missionsbenediktinerinnen von Tutzing, und der Abtprimas – ausnahmsweise mit Anzug und Krawatte – am späten Abend des 22. September 2000 ihre Unterschriften unter einen Vertrag, mit dem beide Seiten leben können: der chinesische Staat und die missionarischen Schwestern und Brüder aus Bayern. Seit dem 29. September 2000 ist das Krankenhaus in Betrieb (eingeweiht wird es ein Jahr später); zehn Benediktinerinnen gehören zur Belegschaft. Kaum jemand hätte das noch vor kurzem für möglich gehalten.

Das gemeinsam von der Stadt Meihekou und den Benediktinerinnen und Benediktinern aufgebaute und eingerichtete Krankenhaus trägt den Namen »Aimin«, zu Deutsch: »Liebe zum Volk«. Der Name ist Programm. Abtprimas Notker freut sich, mit der Verwirklichung dieses ganz und gar abenteuerlichen Projekts ein Fünkchen der Liebe Jesu unters chinesische Volk bringen zu können – auch wenn die verantwortlichen Funktionäre der Volksrepublik China das vermutlich ganz anders verstehen. Egal. Die Liebe Christi beseelt Notker Wolf. Und darum wird er sich auch von Rom aus weiter in China (und Nordkorea) engagieren. Die Menschen dort sind ihm ans Herz gewachsen Sie haben es verdienst, dass man sich für sie und mit ihnen engagiert. Mühe, viel Geld und Nerven sind also bestens investiert.

Zurück in Europa und nach so manchem Hin und Her zwischen Sant'Anselmo und Sankt Ottilien wird am 19. November in der Erzabtei offiziell Abschied gefeiert. Eher im kleinen Rahmen, wie Erzabt – pardon! – wie Abtprimas Notker es sich erbeten hat. Bis dahin spielt sich hinter den Klostermauern Ähnliches ab, wie dreiundzwanzig Jahre zuvor. Weniger vom Himmel fallend zwar und darum nicht mit einer so dramatischen zeitlichen Enge stehen »mal wieder« Erzabtswahl und Generalkapitel auf dem Programm der Missionsbenediktiner. Ordensrechtlich ist und bleibt auch Notker Wolf im Amt des Abtprimas Mönch von Sankt Ottilien. Nur zu sagen hat er dort nun nichts mehr. Das ist ungewohnt für ihn. Alle spüren das.

Aus der geheimen Wahl am 5. Oktober 2000 geht Jeremias Schröder als neuer Erzabt und Abtpräses hervor. Mit seinen gerade einmal fünfunddreißig Jahren ist der Theologe mit Hang zu den historischen Wissenschaften und ehemals enger Mitarbeiter von Notker Wolf der jüngste Abt der Welt. Da die Klosteroberen bei den Ottilianern in der Regel auf Lebenszeit gewählt werden, muss man nicht viel rechnen, um zu erkennen, was das heißen kann. Offensichtlich aber kann das Beispiel, das der (fast) ebenso junge Erzabt Notker gegeben hat, getrost Schule machen.

Auf die Fragen der interessierten Öffentlichkeit danach, was »der Neue« nun in Zukunft anders machen wird, gibt es dann auch eine entsprechend unspektakuläre Antwort: »Nichts. Ich werde versuchen, das Schiff auf Kurs zu halten«, sagt Erzabt Jeremias, der weiß, dass das gar nicht so einfach sein wird. – Könnte es ein schöneres Kompliment für seinen Vorgänger geben?

Notker Wolf und Jeremias Schröder sind völlig unterschiedliche Typen, angefangen von der äußeren Gestalt. Auch, wenn sich nicht gleich die ganze Hauspolitik ändert, so kehren doch unweigerlich andere Zeiten in Sankt Ottilien ein. Und die Loyalität für die Neuerung ist hoch. So ist das eben bei den Benediktinern: »Der Abt vertritt im Kloster die Stelle Christi. Und die Mönche seien ihrem Abt in aufrichtiger und demütiger Liebe zugetan« (Benediktsregel Kapitel 2, Vers 2 und Kapitel 72, Vers 10).

Nach dem Motto: »Der König ist tot! Es lebe der König!«, läuft schnell alles auf den neuen Erzabt zu – auch wenn der alte im Haus ist. Das fühlt Abtprimas Notker auch am Tag seines offiziellen Abschieds aus Sankt Ottilien. Nichtsdestotrotz verbringen alle ein schönes kleines Fest miteinander, das von tiefer Dankbarkeit und ehrlicher Zuneigung geprägt ist. Notker Wolf bezeichnet die Erzabtei an diesem grauen Novembertag als »mein geliebtes Heimatkloster«. Und das spürt man auch: dass der »Erzabt Vagabundus« seine Wurzeln doch tiefer in die schwere Erde der Ottilianer Moorlandschaft getrieben hat, als alle je dachten – und wohl auch stärker, als er selbst es all die Jahre hindurch bewusst wahrnimmt.

Trotzdem geht er alles andere als ungern nach Rom (zurück). »Besser« hätte es doch eigentlich gar nicht kommen können. Nicht vielen Menschen bietet sich in späteren Lebensjahren eine solche Herausforderung, wie sie Notker Wolf als Abtprimas nun vor sich hat. Er ist fähig und er ist mutig genug, sie anzunehmen. Sogleich stehen auch einige Highlights auf dem Programm: die Eröffnung des akademischen Jahres an der Hochschule sowie die Hundertjahrfeier der Weihe der Abteikirche Sant'Anselmo. Und ähnlich wie Pater Frumentius Renner einst in der Klosterchronik von Sankt Ottilien den beeindruckenden Aktionsradius des jungen Erzabtes Notker als weit reichend und »rapidissimo« beschrieb, könnte man es heute für Abtprimas Notker tun. Nach wenigen Monaten im Amt allerdings reichen die tausend erwähnten Kilometer von damals nicht mehr aus, um den obersten Benediktiner auf seinen Wegen zu begleiten. In seinem ersten offiziellen Rundbrief vom April 2001 unterrichtet er seine Mitbrüder und Mitschwestern auf der ganzen Welt auch über seine Reisen nach China, Indien, Kolumbien und Israel.

Das Alltagsgeschäft des Abtprimas sieht freilich anders aus. Dazu gehört in erster Linie die konstruktive Auseinandersetzung mit den Gegebenheiten in Sant'Anselmo. Primatialabtei und Hochschule sind eine Herausforderung für sich! Dazu hilft ein Blick in die Geschichtsbücher: Mit Geldern von Papst Leo XIII. sowie nach Plänen des ersten Abtprimas und Hobbyarchitekten Hildebrand de Hemptinne erbaut, soll das Kloster Sant'Anselmo ab seiner feierlichen Einweihung am 11. November 1900 als eine Art Zentrale der bis dahin kaum organisierten Benediktinerklöster dienen. »Leider« wird es versäumt, die Primatialabtei mit einem gebührenden »Patrimonium« auszustatten, das heißt, ihr fehlt eine gewisse materielle Grundausstattung und damit die wirtschaftliche Selbstständigkeit. Bis heute gehört die stattliche Klosteranlage auf dem Aventin dem Vatikan. Sie wird den Benediktinern zwar unentgeltlich zur Verfügung gestellt, muss aber komplett von der Benediktinischen Konföderation unterhalten werden: Gebäude, Ausstattung, Personal. Doch über die Jahre und Jahrzehnte erweist sich vor allem diese gemeinschaftliche Finanzierung von Sant'Anselmo als eine derart harte Nuss, dass sich ganze Generationen von Äbten und Offizialen die Zähne daran ausbeißen.

Offensichtlich weiß auch schon der heilige Benedikt von Nursia um die Not, die eine fehlende oder ungenügende materielle Versorgung für ein Kloster und insbesondere für den Abt bedeutet. Doch rät er in seiner Regel dem Abt eindringlich, sich »wegen des vielleicht allzu geringen Klostervermögens nicht zu beunruhigen«. Vielmehr solle er das Wort aus der Heiligen Schrift beherzigen: »Sucht zuerst das Reich Gottes und seine Gerechtigkeit, dann wird euch alles andere dazugegeben.« Und ferner: »Wer den Herrn fürchtet, der leidet keinen Mangel« (vgl. Benediktsregel, Kapitel 2, Verse 35–36).

Es braucht im Jahr 2000 wohl schon einen Mönch vom Format des Notker Wolf, der mit einem entsprechend verwegenen Maß an Gottvertrauen und Unerschrockenheit im Gepäck bereit ist, seinen genauso angesehenen wie einflussreichen Posten als Erzabt von Sankt Ottilien aufzugeben, um sich der kaum lösbaren Aufgabe anzunehmen, dem angeschlagenen Sant'Anselmo wieder auf die Beine zu helfen. Das gilt sowohl im Blick auf den Zustand der hundert Jahre alten Gebäude als auch für die personelle Besetzung von Abtei, Kolleg und Hochschule.

Die Dächer von Sant'Anselmo sind undicht; ein Großteil der gut vierhundert alten hölzernen Fensterrahmen fault; Elektroleitungen und Telefonanlage stammen aus den 1930er- bis 1950er-Jahren und sind völlig unzureichend ausgelegt für die heutigen Bedürfnisse einer Ordenszentrale und Hochschule. Ähnliches gilt für die Ausstattung der Zimmer und Unterrichtsräume, deren

Einrichtung auch schon seit mehr als einem halben Jahrhundert dem Leben, Lernen und Lehren in Sant'Anselmo ein Obdach bietet. Eine besondere Herausforderung stellt die statische Sicherung ganzer Gebäudeteile dar, wie etwa die des Kirchturmes; seit Jahren schon läuten in Sant'Anselmo die einst weithin vernehmbaren Glocken nicht mehr zum Gebet oder zum Gottesdienst – die Einsturzgefahr des Turms ist einfach zu groß. Überhaupt könnte die ganze Kirche eine Reinigung und Auffrischung gebrauchen. Die personelle Besetzung des gesamten Hauses bereitet nicht weniger Kopfzerbrechen. Es ist und bleibt schwierig, die Anzahl der Studierenden und Dozenten aus den eigenen Reihen einigermaßen konstant zu halten. Das Auf und Ab macht das Wirtschaften mit den ohnehin knappen Mitteln nicht einfacher. Entsprechend schwierig ist für den Abtprimas auch das immer neue Aufspüren geeigneter »Offizialen«, die das Haus an seiner Seite kompetent leiten: Prior, Subprior, erster Sekretär und Generalprokurator der Benediktinischen Konföderation, Finanzchef, Betriebsleiter, Rektor der Hochschule, Dekan für die Theologische Fakultät, Dekan für die Philosophische Fakultät, Präses des Liturgischen Instituts, Rektor der Kirche.

Wegen all dieser Anliegen ist der Abtprimas vor allem als erster und höchster »Bettler« unter seinen Brüdern und Schwestern unterwegs. Da gleicht ein Arbeitsjahr dem anderen. Die einzelnen Klöster sind ja oft selbst nicht mehr so gut aufgestellt wie zu früheren Zeiten. Viele Konvente in den wohlhabenden Weltgegenden schrumpfen und dementsprechend lassen auch ihre wirtschaftlichen Möglichkeiten nach. Gute Leute werden zu Hause dringend gebraucht und können immer seltener für ein paar Jahre nach Rom in die Primatialabtei entsandt werden. Das gilt auch für die jüngeren Gemeinschaften in den südlichen Kontinenten, wenn auch aus anderen Gründen. Dort wird (noch) jede Hand für den Aufbau der Klöster benötigt.

Manchmal werden Hand, Herz und Kopf auch bei Abtprimas Notker Wolf müde. Ein ruhiger Spaziergang über den Aventin bringt dann die dringend benötigte Pause und auch ein wenig Erholung. Stille und Gebet lassen in Geist und Seele durchatmen. Und auch die geliebte Musik hilft beim Abschalten, mal mit klassicher Querflöte, mal mit E-Gitarre. Wenn die Zeit dafür reicht, schwimmt er auch gern ein paar Runden im Gartenschwimmbad von Sant'Anselmo: äußere Bewegung um die innere Ruhe wieder zu finden, die der Abtprimas in all seinem Schaffen unbedingt braucht. Mit zu den schönsten Unterbrechungen im übervollen Arbeitsalltag aber gehören die Museumsbesuche, die sich Notker Wolf schon mal gönnt – wenn es der enge Terminkalender denn zulässt. Und es sind nur wenige Objekte, auf die er es dann abgesehen hat: Raffaels »Madonna« oder Leonardo da Vincis »Mona Lisa« im Louvre in Paris, de Goyas »Erschießung der Aufständischen« oder »Las Meninas« von Diego Velázquez im Prado von Madrid, der »Pergamonaltar« oder das »Ischta-Tor« im Berliner Pergamonmuseum. Nach Möglichkeit besucht der Abtprimas auch regelmäßig mit Freunden die »Documenta« in Kassel. Er weiß um das Geschenk, darum, dass das alles absolut privilegierte Momente sind, die er da genießen darf – und nimmt sie dankbar an.

Trotz aller Probleme und Aufwendigkeiten gehört Abtprimas Notker zu denen, die Sant'Anselmo auch auf längere Sicht nicht aufgeben wollen – auch wenn es längst andere Stimmen in der Konföderation gibt. Er weiß einfach zu gut um die Chance, die das Haus bietet. So versucht er auf Zukunft hin das Unmögliche möglich zu machen. Unermüdlich bittet er seine Mitbrüder und Mitschwestern auf der ganzen Welt um Unterstützung jedweder Art. Und er sucht auch nach institutionalisierten Wegen außerhalb der Klöster. Dazu ruft er zwei Stiftungen ins Leben: Die »Saint Benedict Education Foundation« (2006) in den USA und die »Foundation Benedict« (2007) mit Sitz in der Schweiz für den europäischen Raum. Zudem ist in der Schweiz schon seit längerem der »Fondo Accademico«, der sich ausschließlich für akademische Belange einsetzt, für Sant'Anselmo tätig. Bei allen drei Stiftungen handelt es sich um kleine Institutionen, die im Auftrag des Abtprimas – und immer wieder mit seiner tatkräftigen Unterstützung – Mittel einwerben, die den Fortbestand von Kloster, Kolleg und Hochschule in Sant'Anselmo sichern helfen.

Von der Alltagsmühe des Abtprimas bekommt die Öffentlichkeit wenig mit. Da fällt er durch anderes auf. Dadurch zum Beispiel, dass er Ecken und Kanten hat und selten ein Blatt vor den Mund nimmt. Das gefällt nicht allen, doch einer zunehmend größeren »Fangemeinde« schon. Auch seine Fröhlichkeit nimmt die Menschen ein. Plötzlich hat man wieder Lust, sich mit einem Kirchenmann über Gott und die Welt zu unterhalten. Andere lesen seine Bücher gern, durch die Abtprimas Notker spätestens seit 2006 in jeder Buchhandlung »zu haben« ist. Mit dem Titel »Worauf warten wir? Ketzerische Gedanken zu Deutschland« erobert er damals die Bestsellerlisten. Überraschend. Heute sind seine Buchtitel von den Auslagetischen nicht mehr wegzudenken: »Die Kunst, Menschen zu führen«, »Aus heiterem Himmel«, »Regeln zum Leben«, »Gönn dir Zeit«, »Von den Mönchen lernen«, »Begegnungen mit Chinas Christen«, »Wohin Pilgern wir?«, »Erfüllte Zeit«, »Die Botschaft Benedikts«. Die Palette der Themen, zu denen Abtprimas Notker sich in seinen Büchern äußert, ist breit gefächert – und hier nicht einmal vollständig aufgeführt. Auch die Verlagslandschaft, in der er publiziert, ist ungewöhnlich weit. Nein, da ist offensichtlich kein Verleger, der nicht gern ein Buch des Oberbenediktiners in seinem Programm hätte. Das gute Geschäft scheint garantiert.

Offenbar fasziniert auch das permanente Unterwegssein des Abtprimas. 300.000 Flugkilometer im Jahr klingen so ungeheuerlich, dass auch die prominentesten Fernsehtalker neugierig werden und Notker Wolf in ihre Sendungen einladen. Ein paar Reizthemen, mit denen er in so ziemlich jede Diskussionsrunde passt, hat der Abtprimas freilich auch auf Lager. »Kondome« als Nicht-Lösung für das HIV-infizierte Afrika, Kürzung von »Hartz IV« oder auf »Entzug gesetzte Banker« etwa gehören zu den immer und immer wieder nachgefragten Lieblingsthemen der Medien. Dem Abtprimas allerdings ist nicht lieb, wenn dabei verkürzt auf die ewig gleichen Schlagwörter abgehoben wird. Doch Sendezeiten sind kurz und ein Absatz Text in vielen Printmedien schon viel. Missverständnisse sind vorprogrammiert – und um der »Schlagzeile« willen manchmal wohl auch gewollt.

Eine unbedingt positiv besetzte Nachfrage aber gibt es im Blick auf die Person Notker Wolf auch (fast) immer und überall: Was ist das für ein Typ »Mönch«, der da mit seinen ehemaligen Schülern auf die Bühne geht, um dort in aller Öffentlichkeit Rockmusik zum Besten zu geben? Den Mann will man einfach kennenlernen!

So oder so ähnlich sehen die Mosaiksteinchen aus, aus denen sich das Öffentlichkeitsbild von Notker Wolf zusammensetzt. Das Bild des »rockenden Abts« scheint das mit Abstand beliebteste zu sein – was vielen seiner Mitbrüder nicht unbedingt gefällt. Binnen weniger Jahre hat das den Abtprimas in der Medienlandschaft weit nach vorn gebracht. Ungewöhnlich weit. Warum eigentlich? Weil sich da in einem Menschen Welten treffen, die sonst keiner zusammenbringt? Das mag ein wichtiger Teil der positiven Antwort sein. Denn darum geht es Abtprimas Notker ja tatsächlich. Dabei versteht er es nicht nur, Mönchsgewand und E-Gitarre gekonnt ins unkonventionelle Bild zu setzen. Er will auf seinem Grenzgang ganz anderes miteinander verbinden. Größeres. Den Himmel will er nahe holen und die Welt zusammenbringen, jedenfalls (zunächst) die benediktinische. Dafür ist er so viel unterwegs. Dafür möchte er Sant'Anselmo erhalten. Als einen Ort, an dem das benediktinische Leben ein Zuhause hat, mit dem sich »alle« identifizieren können.

Argentinien, Belgien, Brasilien, Chile, China, Deutschland, Ecuador, Frankreich, Guatemala, Haiti, Italien, Indien, Israel, Japan, Kanada, Kenia, Kolumbien, Kongo, Kroatien, Liechtenstein, Litauen, Luxemburg, Mexiko, Namibia, Niederlande, Nigeria, Nordkorea, Österreich, Philippinen, Polen, Puerto Rico, Sambia, Schweiz, Senegal, Spanien, Südafrika, Südkorea, Taiwan, Tansania, Togo, Trinidad, Tschechien, Uganda, Ungarn, USA, Venezuela. Unglaublich, aber wahr: All diese Länder hat Notker Wolf seit seiner Wahl zum Abtprimas im September 2000 bereist – zum größeren Teil mehrfach.

Jedes Jahr eine Weltreise. Ob Präsidessynode oder Visitation, Professfeier oder Priesterweihe, Grundsteinlegung oder Jubiläum, Vortrag oder Exerzitienwoche, Kapitel oder Einzelgespräch, Kirch- oder Klosterweihe, Taufe, Firmung oder Hochzeit, Beratung oder Beschluss: Abtprimas Notker kommt gern, wenn er weiß, dass seine Anwesenheit gefragt ist. Und er ist eben nicht nur dann vor Ort, wenn es brennt oder die ganz großen Jubiläen zu feiern sind. Weggefährte will er sein, Bruder und Freund. So schleppt er in seinem Reisegepäck unermüdlich die oft so unterschiedlichen Erlebnisse der Brüder und Schwestern um die (benediktinische) Welt, damit alle möglichst breit von den Erfahrungen der anderen profitieren können. Dazu kommt er in der Regel »ganz einfach« daher. Zusehen und Zuhören, das ist ihm vor allem wichtig. Beides bezeichnet er als »eine Form der Liebe«.

Diese Liebe kommt an. Spürbar. Am 25. September 2008 wird Notker Wolf mit überwältigender Mehrheit vom Äbtekongress in seinem Amt bestätigt. Bei niemandem sonst scheint die »Mission impossible« der Konföderation besser aufgehoben.

»Das Bunte ist schöner als das langweilig Uniforme. Und dieses Schöne ist ein Zeichen der Schönheit unseres Gottes«, sagt der alte neue Abtprimas. Man kann verstehen, dass sich in einer solchen Weite viele, nein: fast alle gut aufgehoben fühlen.

Längst stellt Notker Wolf nahezu alles, was er ist und was er hat, in den Dienst der gemeinsamen benediktinischen Sache. Seine Popularität und damit die Tantiemen seiner Bücher genauso wie die Honorare für seine immer umfangreichere Vortragstätigkeit. Ja, Notker Wolf ist gefragt. Auf ziemlich breiter Front sogar: Wirtschaft, Politik, Kirche, Kultur. Und er lässt sich (gern) fragen. Denn er hat ein Anliegen. Ein weithin sichtbares Zeichen dafür ist der riesige Baukran auf dem Aventin, den er »aus den Erträgen seiner Vortragreisen und Buchpublikationen bar bezahlt hat«, wie er nicht ohne Stolz erzählt. Vieles kann sich dadurch bewegen:

Ein Teil der Dächer von Sant'Anselmo ist inzwischen erneuert, von den gut vierhundert Fenstern sind immerhin sechzig nach genauen Vorgaben der (in Rom äußerst strengen) Denkmalschutzbehörde ersetzt. Die Elektroinstallationen wurden der in Italien geltenden Normen angepasst und nach modernstem Standard erneuert – inklusive einer leistungsfähigen Notstromgruppe, welche das gesamte Haus bei den regelmäßig vorkommenden Stromausfällen vor allem im römischen Frühwinter mit elektrischer Energie versorgt. Alle Büros und Zimmer im Haus wurden an ein neues Kommunikationssystem angeschlossen. Die zentrale Serverfarm dient zweihundert internen Nutzen; darüber hinaus den Studierenden und den Professoren, die nur zu den Lehrveranstaltungen nach Sant'Anselmo kommen. Rund sechshundert Personen können nun also ohne Probleme und mit verlässlicher Technologie forschen, lernen oder lehren. Dazu zählt sicher auch die im Sommer 2010 neu eingerichtete »Aula multimediale«. Neben den Büros des Rektors, der Dekane und des

Generalsekretariats konnten auch etliche Verwaltungsräume und Studierendenzimmer aufgefrischt und neu möbliert werden. Alles in allem kann man also durchaus von »neuem Glanz« in alten Mauern sprechen.

Dafür, dass weitergehen kann, wofür die Söhne und Töchter Benedikts seit tausendfünfhundert Jahren beten und arbeiten, nimmt ihr Primas vieles in Kauf. Dass er sich dabei auch manchmal übernimmt, nehmen andere eher wahr, als er selbst. Nicht ohne Sorge. Und manchmal auch mit (heftiger) Kritik. Die Fragen bleiben seit Jahren dieselben: Muss das »alles« sein? Jede Einladung, jeder Vortrag, jeder Auftritt? Und zunehmend die öffentlichen Provokationen? Ja, es »muss«. So ist er nun mal, der »Abtprimas Vagabundus«. Er liebt es, »ab und zu ein Bömbchen zu legen«, wie er selbst sagt. Auch von »Koalitionszwang« hält er nichts. Vielmehr hat Notker Wolf »den Mönch« seit jeher als »Freiheitskünstler« interpretiert. Demnach ist er nicht unbedingt ein Typ für »political correctness«. Damit muss man zurechtkommen, was für die Menschen in seiner Nähe – und auch schon mal fürs Publikum – nicht immer einfach ist.

Weil Notker Wolf ein Typ ist, der auffällt, fällt mit ihm auch das Amt des Abtprimas in einer vorher nicht gekannten Weise auf – auch, wenn sich »die« Öffentlichkeit bis heute immer noch nicht recht merken mag, was der Abtprimas ist (und was nicht). Es macht sich einfach gut, Notker Wolf immer und immer wieder als »Chef des ältesten Ordens der Christenheit«, als »Herr« über rund 25.000 Mönche und Nonnen – die Schwestern werden hier immer gern vergessen – oder als »Top-Manager im Ordensgewand« anzukündigen. Das lässt sich wohl ebenso gut vermarkten, wie der »rockende Abt«. Dass Abtprimas Notker eigentlich ein »Kaiser ohne Land« ist und seine »Kunst« vor allem darin besteht, Dinge und Menschen zu bewegen, ohne dass sie das müssten, geht dabei (leider) unter.

Das funktioniert durch Raum und Zeit, wie es scheint. Menschen jeden Alters und rund um die Erde bewegen sich mit Notker Wolf – und er sich mir ihnen. Seit siebzig Jahren. Das könnte ein Grund zum Feiern sein. Doch im Leben des Notker Wolf bleibt dafür (mal wieder) kaum Zeit. Am 18. Juni 2010 kommt er vom Generalkapitel der »Amerikanisch-Cassinesischen Kongregation« zurück nach Sant'Anselmo: aus der Abtei »Saint Bernard's« in Cullmann im Bundesstaat Alabama. Per Nachtflug. Kaum zurück in der Primatialabtei, beginnt die Finanzkommission mit ihrer jährlichen Buchprüfung. Da darf der Abtprimas nicht fehlen. Auch am nächsten Tag nicht.

Der Sonntag dient dazu, wenigstens halbwegs aufzuarbeiten, was während der letzten Abwesenheiten liegen geblieben ist. Und die Ratssitzung für den 21. Juni gilt es ebenso vorzubereiten. So arbeitet sich Abtprimas Notker während der nächtlichen Stunden hinüber in den Tag seines 70. Geburtstags – der dann doch nicht gänzlich in Arbeit untergeht. Die Hausgemeinschaft bereitet ihrem Abt ein festliches Mittagessen mit einem fröhlich-herzlichen Rahmenprogramm. Unterbrechung.

Doch schon bald gehen die Sitzungen weiter. Heute. Und auch morgen. Die Woche über reiht sich ein Termin an den anderen. In Italien, in den Niederlanden. Nur gut, dass die Ottilianer auf einer Geburtstagsfeier »bestehen«. Denn so wie an Notker Wolf selbst die Jahre und Jahrzehnte, in denen er sich auf hoher oder höchster Ebene für die Belange der Benediktiner (und Benediktinerinnen) einsetzt, nicht spurlos vorübergehen, so soll sein runder Geburtstag nicht ohne Spur zumindest in der heimatlichen Klosterchronik bleiben. Das letzte Juni-Wochenende wird dafür in der Erzabtei gebucht genauso wie der blaue Himmel und der strahlende Sonnenschein. Eine große benediktinische Geburtstagsgesellschaft kommt zusammen. Von Trier bis Inkamana/Südafrika sind Mitbrüder und Mitschwestern nach

Sankt Ottilien gekommen. Und natürlich fehlen auch die Familie, Freunde und Bekannte nicht.

Kräfte erschöpfen sich. Die des Körpers genauso wie die des Herzens und der Seele. Das ist auch bei Notker Wolf so. Wie aber kehrt immer aufs Neue eine so impulsive Kraft in diesen zierlichen, älter gewordenen Mann zurück? Auf der Suche nach einer Antwort deutet vielleicht der Titel des Liedes, das am Ende der Geburtstagsmesse in der Abteikirche von Sankt Ottilien gespielt wird, auf die richtige Spur. Das Schülerblasorchester kennt die angemessene Tonlage für das, was dem Leben von Abtprimas Notker Sinn und Mitte gibt. Es ist die Quelle, aus der er nahezu unendlich schöpfen kann: Jesus Christ Superstar.

Christus folgen.
Von der Liebe nicht lassen.
Nicht heilig genannt werden, bevor man es ist,
sondern es erst sein, um mit Recht so genannt zu werden.
Nach einem Streit noch vor Sonnenuntergang zum Frieden zurückkehren.
Und an Gottes Barmherzigkeit niemals verzweifeln.

AUS DEN »WERKZEUGEN DER GEISTLICHEN KUNST«,
BENEDIKTSREGEL, KAPITEL 4.

Herzlichen Dank – oder:
Zur Entstehung dieses Buches

Die Anfrage, eine Biografie über Abtprimas Notker Wolf zu verfassen, kam spät. Eigentlich zu spät. Kann man neben einer ohnehin starken beruflichen Beanspruchung in wenig mehr als einem halben Jahr ein Buch über einen Menschen schreiben, mit dessen Leben man sich bisher nicht beschäftigt und den man bis dato nie getroffen hat? Ich habe mich schließlich auf dieses verrückte Projekt eingelassen, weil ich dafür eine Lebenswelt zu betreten hatte, die mir die Mühe zu rechtfertigen schien: das Mönchtum – freilich kein einfaches Pflaster für eine (noch relativ) junge Frau.

Ich hatte Türen zu öffnen und dahinter Räume zu erschließen, die in den Mönchsklöstern äußerst selten von Menschen berührt werden, die so sehr von außen kommen, wie ich. Das war in der Tat oft Mühe-voll. Doch die Mühe hat sich gelohnt. Links und rechts der Lebensspur, die ich im Detail über siebzig Jahre mitzugehen versuchte, wurde ich reich beschenkt: in Begegnungen mit Menschen, die mich weit, mitunter sehr weit haben eintreten lassen in das Licht und in die Dunkelheiten ihres Lebens und Glaubens. Dennoch hätten die Sache, das Publikationsprojekt »Biografie«, und vor allem der Mensch Notker Wolf eine intensivere Auseinandersetzung verdient, die Autorin mehr Zeit für die Recherche und vor allem fürs Schreiben nötig gehabt. Doch der 70. Geburtstag von Abtprimas Notker verlangte die Umsetzung »jetzt oder nie«.

Einen Menschen in all seinen Lebensräumen kennen zu lernen, braucht Zeit. Die Zeit, die dazu fehlt, ist durch nichts anderes zu ersetzen. Das ist und bleibt der Schatten dieses Buches, in dem Schwerpunkte gesetzt werden mussten. Man kann siebzig Jahre Leben nicht »einfach so« zwischen zwei Buchdeckel pressen – erst recht, wenn sie so ereignisreich verlaufen, wie die Lebensjahre von Notker Wolf. Auch gab es einen im Vorfeld festgelegten Seitenumfang. Wo verzichtet man unter diesen Umständen am ehesten auf die Ausführlichkeit? Da, wo sich die Leserschaft (vermutlich) schon bestens auskennt: im gerade vergangenen Jahrzehnt.

Spannend für alle dürfte die Antwort auf die Frage danach sein, wie Notker Wolf zu dem Mann geworden ist, den ein Millionenpublikum heute über seine Bücher, durch Rundfunk und Fernsehen oder aus persönlichen Begegnungen kennen. Dazu bietet dieses Buch intensive Einblicke, erzählt Geschichten, weckt Erinnerungen an alte Zeiten – ohne Anspruch auf Vollständigkeit.

Möglich wurde das vor allem dadurch, dass *Notker Wolf* es zuließ, ihm nah und intensiv zu begegnen. Ich hatte nicht unbedingt damit gerechnet, dass ich ihn während unserer Gespräche lachen *und* weinen sehen würde. Doch das Leben hat und braucht beides, um sich auszudrücken. So einfach ist das eigentlich. Und es war schön zu erleben, wie präsent der Abtprimas seine Gefühle hat. Er verkneift sich das Leben einfach nicht. Das ist beeindruckend. Alles in allem danke ich ihm sehr für seine unkomplizierte Offenheit, für seine Herzlichkeit und für jeden Freiraum, den er über Monate mühsam aus seinem übervollen Terminkalender schaufelte, um dieses Biografie-Projekt überhaupt zu realisieren.

Darüber hinaus waren viele Mosaiksteinchen nötig, um das Bild von Notker Wolf nicht »nur« lebendig, sondern auch vielseitig erscheinen zu lassen. Dazu haben viele Menschen beigetragen, die mit ihm irgendwann eine Wegstrecke gegangen sind. Von ihnen durfte ich manches hören, was auf diesen Lebensetappen wichtig war: Familie, Freunde, Mitbrüder. Nicht alle können oder wollen hier namentlich erwähnt sein.

Dennoch möchte ich es an dieser Stelle nicht unterlassen, *Pater Claudius Bals*, *Pater Remigius Rudmann* und *Pater Martin Trieb* ganz herzlich dafür zu danken, dass sie mir all die Male, wo ich nach Sankt Ottilien kam, das Gefühl gaben, dort ein wenig zu Hause sein zu dürfen.

Pater Eduardo López-Tello García und *Pater Henry O'Shea* waren mir verlässliche Begleiter in den langen Fluren und nicht gerade unkomplizierten Strukturen von Sant'Anselmo und der Benediktinischen Konföderation. Die eigene Zeit war oft knapp. Danke.

Mit *Abt Pius Engelbert* wäre ich gern noch viel länger durch die benediktinische Geschichte gelaufen, als »nur« die siebzig Jahre, die wir für den Hintergrund der nun vorliegenden Biografie unter die Lupe nahmen. Stundenlang hätte ich seinen bewundernswert präzisen Erzählungen zuhören können – und mögen. Vielleicht darf es ja eine Fortsetzung geben. Jedenfalls danke ich ihm sehr für die ganz und gar originellen Stunden, die er mir während meiner Recherchen zu diesem Buch geschenkt hat.

Wenn ich nur einen einzigen benediktinischen Ort nennen dürfte, an den es mir nach Abschluss dieses Buches gestattet wäre, zurückzukehren, dann wäre das die Abtei Sankt Matthias in Trier. Ich war nur ein einziges Mal dort, um ein Gespräch mit *Bruder Ansgar Schmidt*, dem Abtpräses der »Kongregation von der Verkündigung« zu führen. Es war so etwas wie »der schönste Tag« während der doch Kräfte zehrenden Zeit der Arbeit an diesem Buch – nicht nur, weil es ein strahlender Frühlingstag war. Vielmehr war etwas von dem Zauber zu spüren, den der 1. Vers des 53. Kapitels der Benediktsregel verheißt: »Alle Fremden, die kommen, sollen aufgenommen werden wie Christus.« Danke.

Schließlich gibt es zwei Menschen, ohne die es mir nicht möglich gewesen wäre, dieses Buch in all seinen Einzelheiten auch tatsächlich fertig zu stellen: *Pater Cyrill Schäfer* und *Pater Markus Muff*. Sie haben unzählige Türen, Schubladen und Ordner geöffnet, an die ich allein nie herangekommen wäre. Ich danke ihnen von Herzen für all ihre Unterstützung und Freundlichkeit, die sie mir über Wochen und Monate haben zukommen lassen. Ebenso unermüdlich wie herzlich.

Nicht zuletzt gilt mein Dank dem *Vier-Türme-Verlag* der Abtei Münsterschwarzach, der mich als Autorin für die Biografie von Abtprimas Notker Wolf ausgewählt und damit ein ungewöhnliches Buchprojekt möglich gemacht hat.

Man muss die Menschen einfach mögen.

NOTKER WOLF

Personenregister

A

Amrhein, Andreas • 104

B

Bals, Claudius • 222, 226, 253
Bals, Helmut (Adelhelm) • 92, 118
Beckstein, Günter • 227
Benedikt XVI. (Josef Ratzinger) • 178, 184
Béthune de, Pierre • 220
Beusker, Gerdi • 69, 112
Biko, Steve • 205
Botha, Oieter Willem • 205
Bottner, Reinhard (Franz) • 92
Braganza, John • 184
Brechter, Suso • 56, 61, 70, 91, 106, 113, 114, 116–119, 124, 138, 154, 166, 194
Brendel, Gerhard • 26
Bucher, Zeno • 114, 125
Bücki, Gabriel • 114

C

Cardine, Eugène • 132
Chanel, Pierre • 37–41

D

Dabalus, Irene • 237
Damm, Fabian • 58
Dammertz, Viktor Josef • 97, 100, 101, 106, 137–140, 144, 170, 194, 196, 197, 200, 233
Dlouhy, Richard • 35
Dörr, Lambert • 197
Drexl, Dominikus • 201, 202

E

Engelbert, Pius • 253
Erhardt, Willigis • 50, 51, 55, 56, 154

F

Faßnacht, Patrick • 142

Die Foundation Benedict

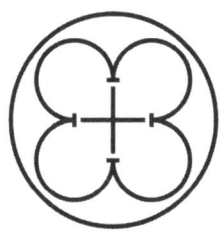

Die Arbeit von Abtprimas Notker Wolf, die Bildung und Betreuung in Sant'Anselmo sowie die vielen gemeinnützigen Aufgaben der Benediktinerklöster weltweit werden von der Foundation Benedict untertsützt, die mit einem geringen Verwaltungsaufwand im Auftrag der Benediktiner Zuwendungen sammelt.

Informationen zu Sant'Anselmo finden Sie im Internet auf der Homepage *www.santanselmo.org*, Informationen zu den Benediktinern unter *www.osb.org*. Mehr über die Foundation Benedict erfahren Sie auf der Seite *www.foundation-benedict.org*.

Wenn auch Sie die wertvolle Tätigkeit der Benediktinischen Konföderation weltweit unterstützen möchten, stehen Ihnen dazu folgende Bankverbindungen zur Verfügung:

UBS AG, Luzern; Konto: 0248–248248.01X;
IBAN: CH 72 0024 8248 2482 4801 X; BIC: UBSWCHZH80A

Über die Missionsprokura St. Ottilien: Sparkasse Landsberg-Dießen, BLZ: 750 520 60; Konto-Nr: 14 654; Vermerk: Für Foundation Benedict

Für weitere Unterlagen und Anfragen steht Ihnen die Geschäftsstelle der Foundation Benedict gerne zur Verfügung:

Foundation Benedict	**Delegierter des Stiftungsrates:**
Im Hof	P. Markus Muff OSB
St. Leodegarstraße 6	Office Rome
CH–6006 Luzern	Piazza Cavalieri di Malta 5
Tel. 0041 / (0)41 / 420 20 20	I–00153 Roma
info@foundation-benedict.org	Tel. 0039 / 06 5791 323
	m.muff@foundation-benedict.org

Bildnachweis

Soweit nicht anders vermerkt hat uns Abtprimas Notker Wolf dankens-
werterweise die Bilder des Fototeiles aus seinem privaten Archiv zur
Veröffentlichung zur Verfügung gestellt.

Weitere Bilder stammen mit freundlicher Genehmigung aus der
privaten Sammlung von Rita Wolf, von Freunden und Mitbrüdern des
Abtprimas, aus dem Archiv der Erzabtei Sankt Ottilien (Rechte hier-
für beim EOS-Verlag der Erzabtei Sankt Ottilien: *www.eos-verlag.de*)
sowie von: Band Feedback (*www.feedback-rock.de*, S. 180), Daniele
Purrone (*www.stargazer.it*, S. 181), Christian Wyrwa/NDR (2008, S.
188, 189), Christopher Adolph (*www.eventfotograf.com*, S. 190 oben),
Vera Krause (*www.vera-krause.de*, Seite 192).